현대 관음기도
영험록

오성일 지음

불광출판부

현대 관음기도
영험록

머 리 말

　온 산야에 단풍이 곱게 물드는 서정의 계절에 우리는 이 책을 세상에 빛 보게 하느라 많이 서둘렀습니다.
　이 책에 수록된 내용들은 지난 10년 기도 중 수많은 불자들이 가피를 입은 이야기를 모은 것입니다. 이는 이미 '현대관음기도영험록'이라는 이름의 녹음테이프로 1, 2집이 제작되어 6만 부나 법보시한 바 있고, 많은 사람들이 이 설법테이프를 듣고 지극한 정성으로 열심히 기도하여 기도 가피로 어려움에서 벗어나고 각자 원하는 바를 성취하였습니다.
　이 설법테이프를 인연으로 죽으려던 사람들도 많이 살아났습니다. 사업이 망해서 자살하려던 사람도 이 설법테이프를 듣고 '아! 부처님께 기도하면 살아날 수 있구나' 하는 희망으로 열심히 기도하여 사업을 일으키고 살아나고, 병이 들어 도저히 살 수 없다고 고층아파트에서 떨어져 죽으려던 우울증 환자도 이 테이프를 듣고 열심히 기도하여 살아났습니다. 또한 자녀의 바른 성장을 위하여, 시험합격을 위하여, 자식을 얻기 위하여, 부부 화목을 위하여 가지가지 중생의 소원이 성취된 실제로 겪었던 이야기들이기 때문에 알아두시면 살아가시는 데 큰 도움이 될 겁니다.
　이 책은 신흥사의 불사 가피와 신도들의 가지가지 기도 가피의 이야기로 먼 옛날의 이야기가 아니고 오늘날 우리와 함께 사는 가까운 불자들의 지극한 기도 가피의 실화들입니다. 이러한 이야기들을 테이프뿐만 아니라 활자화시켜 더욱 많은 사람들에게 보급하여 희망을 주자는 건의가 빗발쳐 이 책을 내게 된 것입니다.

물론 기도 성취가 불교의 근본 목표는 아닙니다. 우리 인생의 목표는 성불이고, 성불해서 많은 중생을 구제하는 것입니다. 그러나 아직은 성불을 하지 못했고, 성불하기 위해 노력하는 과정에서 갖가지 고난을 만날 수 있습니다. 이러한 어려움이 닥칠 때 이 책을 통해 그 때 그 때마다 관세음보살님의 가피로 해결해 나갈 수 있는 지혜를 찾을 수 있을 것입니다.

그렇게 아시고 '부처님한테만 오면 모든 일이 다 어떻게 될 것이다.' 하는 무조건적인 바람은 갖지 말고, 모쪼록 지극한 마음으로 기도하는 생활을 영위하시길 빕니다.

기도는 될 때까지 하면 꼭 됩니다. 업과 복과 정성의 차이로 시간이 걸릴 뿐입니다. 끊이지 않고 계속되는 신흥사의 기도, 그 가피로 올해도 엄청난 불사를 하였습니다. 그 회향식에 맞추어 이 책을 펴내느라 불광출판부 여러분들도 노고가 컸습니다. 모두 모두 부처님의 한없는 가피가 내리시기를 기도드립니다.

불기 2545년 10월 낙엽 쌓이는 날
신흥사·청소년 수련원 상담실에서
오성일 합장

차 례

1. 기도에 대하여

왜 기도하여야 하는가　13
만 중생이 기도 드리는 관세음보살은 어떤 분이신가?　16
수없이 외우는 신묘장구대다라니의 위력　18
가피(加被)란? 몽중가피, 현전가피, 명훈가피　22
불교시식의 유래와 필요성　26
천도(薦度), 시식(施食)이란?　30
구병시식하고 병 낫다　32
많은 중생 소원 다 들어주시는 부처님　35
집에서 기도하는 방법　38
기도하는 마음 자세 - 참회, 확신, 간절　40
천주교로 개종하려던 마음 참회하고　42
부처님이 계신다면 이럴 수가 없어요, 기독교로 가버릴래요　44
부처님 앞에서 목을 매달고 싶은 심정입니다　46

아직도 정성이 모자랐나봐요　48
지극한 기도로 열아홉번째 해외 취업시험 합격　50
폐암 3기에서 살아난 원주스님　52

2. 두문불출 10년기도 가피

건축불사 기도가피　57
포교불사 가피　60
절에서도 보시를 많이 해야 불사가 잘 된다　62
관세음보살님이 나에게 약을 들려 보내셨다　65
죽으려던 사람들 많이 살려준 기도영험록 테이프　67
지하수가 터진 것은 부처님의 크신 가피　70
이 좋은 카페트는 힘드는 기도 하시는 스님이 깔으셔야　73
저 여자는 나보다 못사는데 시주는?　75
바닷가 언덕에서 부처님 두 분이 신나게 목탁을 치시면서…　77
사고 잦은 군부대에 독경하고 물 뿌리고 무사고 부대로　79
병든 베살리에 물 뿌리고 전염병 퇴치하신 부처님　82
군부대에 안택 독경하고 악몽 퇴치　84
이것은 부처님 뜻이니 길을 돌려야 합니다　86
숙원불사 해우소 신축　88
10년 개근 자랑스런 모범불자　90
20년 한결같은 신심 참 불자　92
칭찬할 만한 2,600일 기도재자　94

3. 가난과 질병에서 살아난 이야기

천도재 구병시식으로 25년 된 귀신병 낫다　99
동생의 49재를 지내 주고 병도 낫고 형편도 좋아지고　104
부처님께서 직접 주신 약사발　107
의술로는 고칠 수 없는 피부병　108
조상면례하고 얼굴이 문둥병 환자 같았는데…　110
신들린 병이 낫다　112
시어머니 영가 장난으로 죽음 직전에서 살아난 며느리　114
외아들에 대한 집착으로 떠나지 못한 어머니　116
제초제 마시고도 죽음에서 살아나다　118
허리병으로 꼼짝 못하던 젊은 부인이 1000배 기도로 허리병이 낫다　122
척추와 관절병이 108배, 3000배 기도로 낫다　124
푸른 구렁이가 된 불쌍한 여인을 천도하고 병이 낫다　126
100일 기도로 다시 살아난 간암 환자　129
개종하여 부처님께 귀의한 정신병 환자　132
어머니의 간절한 기도로 정신병자인 딸의 병이 낫다　133
엄마의 지극한 기도 정성으로 다시 걷게 된 딸아이　135
27년 된 피부병이 낫다　137
잃어버린 시력을 기도로 회복하다　138
어린 아들의 연골병 기도로 낫다　139
태어나면서 울기만 하던 애기 인등기도 가피로…　140
이제는 살 수 있습니다　141
기억상실증 환자가 기억이 돌아오다　143

가족들의 지극한 기도로 죽음에서 살아나다　148
부처님께 절을 하고 가야지　152
음주운전 차에 오르신 관세음보살님　154
그 빛은 바로 부처님빛 저를 살려주셨습니다　157
큰법당 부처님이 스쳐가면서 파도에서 살아났습니다　159

4. 자식을 위한 기도

불효한 자식은 악연으로 만났으니 기도로 악연소멸　163
가출한 아들을 위하여 개종하고 부처님께 귀의　165
기도로 복을 도와 주어야　167
정신이 산만한 아이들은 기도와 참선으로 마음을 안정시켜라　171
신경질이 심한 아들을 위해 3년을 기도한 부모　174
감인대(堪忍待 : 견디고, 참고, 기다리고) 이야기　178
어머니의 3년 기도 정성으로 대학 합격해　181
자식의 대학합격을 위해 맹추위에 천수 3000독을 하신 아버지와 어머니　183
입시생 딸을 데리고 성인수련대회에 함께 참가한 아버지　185
아들의 취직을 위하여 지성으로 기도하신 늙은 아버지의 기도성취　187
어머니를 원수처럼 대하는 딸을 위하여
천수경 1,000독 기도 후 효녀로⋯　189
도벽이 심한 아들을 위하여 200일 기도 후에 고치다　192
두 학교에서 퇴학을 당한 아들을 기도로 건지다　195
중 3인데 임신 6개월 기가 막혀　199
아들을 위해 3년을 하루에 천수 300독씩 기도한 어머니　201

신심과 원력의 기도 가피   203
모자(母子)의 불심(佛心)은 기도성취를 이루고   204
기도와 조상 천도재를 올리고 아들이 공부 잘하다   208
결혼 못한 두 아들을 위해 기도하고 인연 상봉   209
서른 여섯 살 난 딸 결혼을 위한 기도   211
딸 셋인 부부가 생남기도 하고 아들 낳다   213
7년 반 만에 아들 낳다   215
100일 기도 두 번 하고 결혼 11년 만에 아들 낳다   216
지극한 기도로 참으로 어려운 아들을 낳다   218
결혼 9년 반 만에 낳은 아들   220

5. 가정 화목, 사업 성취

전생의 나쁜 인연으로 만난 부부 이야기   223
별거하던 부부 천도재와 100일 기도로 화목해지다   227
아내를 찔러 죽이려던 젊은 남편의 기도가피   229
남편의 학대로 자살하려던 부인이 기도로 행복 찾다   231
노름하는 아내를 기도로 고치다   233
가정의 평온 되찾게 한 일요가족법회   236
큰 서원으로 불교 위해 큰 일 하신 거사님   238
큰 서원으로 신묘장구대다라니 기도로 사업 성취   240
사업 실패로 불면증 환자가 기도하고 병도 낫고 사업 회복   241
절에 다닌다고 사업이 잘 되냐던 어느 젊은 거사님 이야기   242
사업이 어려워 고전하던 여사장이 기도하고 사업을 회복시키다   244

시골 장 전 날 꼭 보시 올리고 부자 된 시골 장터 완구점 245
부처님 가피로 마음이 안정되었어요 246
지극한 기도로 가난에서 벗어나다 247
자살할 힘으로 기도해서 살아야지 249
직장에 열심히 다니게 되다 251
기도 가피로 사업이 성공의 궤도에 오르다 253
종불사 시주하고 사업이 잘 되다 254
마음먹기에 따른 두 사람의 행과 불행 255
저런 팔자가 바꿔지려면 얼마나 기도를 해야 하나 258
부처님이 도우셨나봐 260
부동산이 잘 팔리지 않을 때 신중불공의 가피 262
갑작스런 재난을 만났을 때 대자 대비하신 부처님의 신통력 264
더 큰 정성으로 기도하고 진급하다 266
팔기 어려운 연립주택 기도 드리고 팔다 268
삼천불 불사증 보고 잃어버린 통장 보내 오다 269
불사비 송금한 공덕으로 가스에 날아갈 집 구하다 270

6. 신행, 기도영험 수기

주지스님의 설법을 듣고 불문에 들어간 '나' 혜운 김찬규 273
고향처럼 편안한 안식처 선행월 조영언 276
정신병 환자가 된 아내가 부처님께 귀의하고 병이 낫다 안상현 279
방탕한 생활을 부처님께 귀의하며 청산하고 문용득 282
부처님 감사합니다 원일성 황수용 285

기도가피로 사십 세에 얻은 아들 　보현심 윤순례　288

부처님, 저의 아들 다만 인간다운 인간이 되게 해 주소서 　김 신행화　292

두 달밖에 살지 못한다는 남편, 기도 정성으로 살아나다 　노승란　298

실직의 아픔을 기도와 봉사로 극복하고
부처님의 가피로 새 직장에 나가다 　정법 신현덕　301

남매 다 명문대학에 입학한 것은 부처님의 가피입니다 　자연성 정지윤　303

진정한 참회와 간절한 기도로
남편의 어려웠던 직장은 안정이 되고 　묘련화 이은희　306

10년기도 회향 만등 불사에 등 달고 남편이 취직되다 　김영순　310

2,500일 기도 가피로 남편의 사업은 번창하고 　보련화 장세란　312

영험록 테이프를 듣고 　선정심 이형선　316

50년을 다닌 고향 절 　자인혜 홍정자　318

1. 기도에 대하여

"관세음보살은 중생이 원하는 모습(32가지)대로 이 세상에 몸을 나투어 제도하며 해탈케 하느니라. (중략)
그대들은 한 마음으로 관세음보살에게 공양하라. 이 관세음보살마하살은 두렵고 위급한 환난 가운데에도 두려움을 없애 주시니 이 사바세계에서 그를 일러 두려움이 없는 것을 베푸는 이라고 하느니라."

『법화경』「관세음보살보문품」 중에서

왜 기도하여야 하는가

우리 불교에는 『관세음보살 영험록』이라는 책이 있습니다. 지극한 기도로써 관세음보살님의 가피로 모든 어려움이 소멸되고 중생들의 소원이 성취되는 것, 우리가 현실적으로는 도저히 생각할 수 없는 불가사의한 일들이 일어나는 것을 바로 영험이라고 합니다.

관세음보살님께 기도드려 가피 입은 불가사의한 영험 이야기를 모은 책이 서너 권 있지만 옛날에 있었던 이야기여서 이런 영험록에 대해 이야기하면 오늘날 사람들은 이를 '전설의 고향' 처럼 생각하고 실생활에 적용하지 않으려고 합니다. 그래서 특별히 '현대기도영험록' 즉 우리 신흥사 신도분들이라면 누구나 다 경험한 기도 가피에 대해서 얘기해 줌으로써 신행생활에 도움이 되고자 합니다.

잘 들으시고 힘들고 어려울 때 지극한 정성으로 기도해서 고난을 극복하고 매사에 희망이 솟고 자신감이 넘쳐나 이루지 못하는 일이 없도록 열심히 기도하여 불가사의한 기도 가피를 입으시기 바랍니다.

불교는 실천 종교입니다. 그렇기 때문에 기도를 하든지, 참회절을 하든지, 주력(呪力)·염불(念佛)을 하든지, 참선을 하든지 자기 스스로가 해야 합니다. 우리 불자들이 항상 생각해야 할 궁극적인 목표는 성불(成佛)입니다. 성불하여, 즉 부처가 되어 모든 중생 구제하는 것이 최종 목표이지만 이 사바세계에서 성불(成佛)의 길을 추구하면서 살아가다 보면 어려운 일들이 참 많습니다. 그렇기 때문에 일단 성불의 길을 향하는 큰 서원을 세워야 하고 서원을 성취하기 위해서는 무엇보다도 부처님을 향한 신심이 절대적이어야 합니다. 우리보다 먼저 성불하신 부처님께 절대적으로 귀의하고, 절대적인 신심(信心)이 우러나야 지성으로 기도를 할 수 있고 염불을 할 수도 있습니다.

『화엄경』에 말씀하시기를 "중생의 죄업은 무거워서, 언제까지 가도 부처님을 만나 뵙지도 못한 채 거짓된 세계를 계속하여 헤매면서 일어나는 고통을 받고 있다. 부처님은 이런 중생들을 구하고자 이 세상에 나타나신다. 부처님은 시방의 중생들 앞에 나타나서 온갖 세계에 있는 중생의 고통을 없애 주신다." 하셨듯이 중생들은 업장이 두텁기 때문에 기도를 많이 해야 합니다.

우리 마음속에 간직한 불성(佛性) 안에는 우리가 원하는 모든 보배가 다 갖추어 있는데 우리는 다겁생래로 지은 업장이 그 보배창고를 꽉 둘러싸고 있어서 지혜로워지고자 해도 마음대로 되지 않고, 건강하고 싶어도 경제적으로 부유하게 살고 싶어도 가지 가지 마음대로 되지 않는 것이 다 업장 때문입니다.

저도 예전에는 기도의 힘을 몰랐던 적이 있었습니다. 매일 하루에 세 번씩 예불을 올리면서도 '특별히 무엇을 위해서 기도를 할 필요가 있겠는가.' 그런 생각을 가지고 있었습니다. 그런데 이 곳 주지 소임을 맡고 6년 후에 신흥사 산 문제 때문에 3년 6개월 동안 재판을 했습니다. 그 당시만 해도 재판을 위해서 기도할 생각은 내지 못하고 그 일이 빨리 잘 되게 해주지 않는다고 부처님을 원망했습니다. 스님도 부처님이 그렇게 원망스러운 적이 있는데 하물며 신도분들은 말할 것도 없겠지요. '이게 다 부처님 일인데 왜 좀 빨리 되게 해주시지 않는가.' 이런 원망만 했지 기도할 생각을 하지 못했습니다. 지금 생각해 보면 참으로 어리석었다는 생각이 듭니다.

 우리는 어떠한 일을 성취하기 위해서든 지극한 마음으로 기도를 해야만 합니다. 대부분의 불교 신자들은 그냥 법회에 참석해서 법회 순서에 따라 잠깐 동안 기도하고 마는 경우가 태반입니다. 또 어떤 법회는 기도는 전혀 하지 않고 법문만 듣는 법회도 있습니다. 그러다 보니 자기 스스로 기도할 기회는 거의 갖지 못하는 분들이 많습니다. 그렇게 평소 기도를 열심히 하지 않으면서도 어떤 문제에 부딪치게 되면 '왜 부처님은 나를 좀 돌보아 주시지 않는가' 하고 원망을 하는 것입니다.

 우리가 똑같이 법회에 참석해도 어떤 사람은 괜찮고 또 어떤 사람은 어려움이 있는데, 그것은 업(業)이 틀리기 때문입니다. 사람들이 함께 법회에 왔다고 해서 업이 똑같을 수는 없습니다. 어떤 사람은 더 어려운 업을 지어 놓은 사람도 있고, 또 어떤 사람은 복을 많이 지어서 잘 지내는 사람도 있습니다. 한마디로 우리 인생은 자기가 스스로 얼마나 더 노력을 하고 참기도를 열심히 하느냐에 따라서 달라지게 마련입니다. 지극한 기도로 우리의 나쁜 운명을 좋은 삶으로 바꾸어야 합니다.

만 중생이 기도 드리는 관세음보살은 어떤 분이신가?

때에 무진의보살이 자리에서 일어나 오른 어깨를 드러내고 합장하며 부처님을 향하여 이렇게 여쭈었다.
"세존이시여, 관세음보살은 어떤 인연으로 이름을 관세음보살이라고 합니까?"
"선남자여, 셀 수 없는 백천 만 억 중생이 온갖 고뇌를 받는다 해도 지극 정성으로 이 관세음보살의 이름을 부르면 관세음보살이 즉시에 그 소리를 듣고 모두 해탈을 얻게 하느니라. (중략)
만일 관세음보살을 부르면 큰 불 속에 들어가도 불이 태우지 못하고, 큰물에 떠내려갈지라도 물에 빠져 죽지 않고, 나찰(사람 잡아먹는 귀신)이나 악귀들이 해치려 해도 해치지 못하고, 가령 죄가 있든 없든 수갑을 찼을 때도 저절로 부서지고, 흉악한 도적을 만나도 무사히 벗어나게 되리라. 이는 관세음보살마하살의 위신력이 높고 높아 이와 같느니라. (중략)
만일 어떤 중생이 음욕과 성냄과 어리석음이 많아 번민할지라도 관세음보살을 부르면 그것들을 여의게 됨이니라. (중략)
만일 한 여인이 있어 아들 낳기를 원하면 복덕과 지혜로운 아들을 낳고 딸을 낳기를 원하면 단정한 딸을 낳으리니, 이는 전생에 덕을 심었으므로 많은 사람이 사랑하고 공경하느니라. 무진의여, 관세음보살은 이와 같이 큰 힘이 있느니라. (중략)

무진의여, 중생이 이 관세음보살의 이름을 부르고 예경하고 공양하면 끝이 없고 가없는 복덕과 이익을 얻느니라."

무진의보살이 또 부처님께 여쭈었다.

"세존이시여, 관세음보살은 이 사바세계의 중생을 어떻게 제도하시며, 어떻게 설법하십니까?"

"관세음보살은 중생이 원하는 모습(32가지)대로 이 세상에 몸을 나투어 제도하며 해탈케 하느니라. (중략)

그대들은 한 마음으로 관세음보살에게 공양하라. 이 관세음보살마하살은 두렵고 위급한 환난 가운데에도 두려움을 없애 주시니 이 사바세계에서 그를 일러 두려움이 없는 것을 베푸는 이라고 하느니라."

이 설법을 듣고 무진의보살과 많은 회중의 대중들이 갖은 보배를 관세음보살께 올리니, 관세음보살이 받아서 둘로 나누어 하나는 석가모니부처님께 받들어 올리고, 하나는 다보부처님 탑에 받들어 올리었다.

『법화경』「관세음보살보문품」

수없이 외우는 신묘장구대다라니의 위력

우리는 지난 10년 기도 중에 많은 시간 동안 수없이 『천수경』을 외웠습니다. 그래서 오늘은 다시 한번 왜 이렇게 혀도 잘 돌아가지 않는 '신묘장구대다라니'를 많이 외우는가에 대해서 얘기해 보겠습니다.

우리 신흥사는 신묘장구대다라니를 많이 외워서 기도 가피가 크다고 합니다. 다른 곳에서는 천수경을 보통 세 편 정도밖에 읽지 않지요. 이렇게 1시간씩 21편씩 읽는 곳은 별로 없습니다. 또한 앉은 자리에서 신묘장구대다라니를 천 독 하는 사람도 많습니다. 이 천수다라니를 천 번을 외려면 보통 처음 하는 사람은 19시간, 또 천수경을 많이 읽어서 빨리 읽는 사람은 13시간, 아주 빠른 사람은 11시간 걸려서 합니다. 천 독 기도는 사실 3000배 하는 것보다 더 힘든 기도입니다. 그 전 날부터 음식을 조절하고 밥도 먹지 말아야 하고 화장실도 가지 않고 앉은 자리에서 천 독을 한다는 것은 정말 어려운 기도입니다.

이 신묘장구대다라니 대비주가 들어있는 천수경은 원래 경 이름이 『불설 천수천안 관세음보살 광대원만 무애대비심 다라니경(佛說 千手千眼 觀世音菩薩 廣大圓滿 無碍大悲心 多羅尼經)』이며 『대비신주경(大悲神呪經)』이라고도 합니다.

경 이름의 뜻을 풀이하면 '부처님이 설하신 천의 손과 천의 눈을 가지신 관세음보살님의 넓고 크고 원만하여 걸림이 없는 큰 자비심의 총지경'이라는 뜻입니다. 범어 다라니는 총지(總持)로 모든 것을 다 가졌다는 뜻입니다. 우리가 원하는 것은 그 안에 다 가졌다는 뜻으로 관세음보살님께서 모든 중생을 고통에서 구제하시고 원하는 바 다 이루어주시는 대주문(呪文)의 경이라는 의미입니다.

또 신묘장구대다라니는 업장을 소멸하고 업장을 파한다고 해서 '파업장다라니'라고도 하며, 지옥·아귀·축생 등 나쁜 곳에 떨어지지 않게 한다고 해서 '멸악취다라니'라고도 하며, 또 아주 딱한 사람을 구해주는 데 아무 걸림이 없다고 해서 '무애다라니'라고도 하고, 수명이 짧은 사람이 열심히 기도하면 오래 살 수 있어서 '수다라니'라고도 하고, 또 속히 불도를 이룬다고 해서 '속초상지다라니'라고도 합니다.

이와 같이 신묘장구대다라니는 그 뜻에 따라서 여러 가지로 구분해서 말해지기도 하는데, 이 신묘장구대다라니는 모든 다라니의 근본이기 때문에 불공할 때에도 천수경을 외우면서 하고, 돌아가신 분들을 극락세계로 가게 하는 49재나 천도재 때에도 하며, 또한 사람이 아파서 병을 낫게 하는 구병시식문에서도 하고 있습니다. 즉 꼭 빠뜨리면 안 될 근본 염불이 바로 다라니 염불인 것입니다. 관세음보살님께서 수억 겁 전부터 우리 중생을 구제하시기 위해서 원을 세우시는데 이 세상에서 갖가지 고통을 받는 불쌍한 중생을 구제하시기 위해서 석가모니부처님께 이렇게 사룁니다.

"제가 아득한 옛날에 대비신주경을 가지고 중생을 구제하기 위해서 원을 세우던 그 때를 생각하옵니다. 천광왕정주여래께서 세상에 출현하시어 저와 모든 중생들을 가엾이 여기시고 저에게 대비신주를 말씀해 주시면서 금빛 손으로 저의 이마를 어루만지고 수기를 하시며 '너는 이 주문을 가지고 미래의 악세 중생을 크게 이익케 하라.' 이렇게 부촉을 하셨습니다.

그 때 부처님께서 천수다라니를 주시면서 모든 중생을 이익케 하라는 말씀을 듣고 저는 초지보살에서 팔지보살로 뛰어 올랐습니다. 그 때 저는 이렇게 맹세했습니다. '만일 내가 미래에 능히 일체 중생을 이익되게 할 수 있다면 내 몸에서 팔만사천의 금강 같은 머리와 팔만사천의 거룩한 눈과 팔만사천의 결인한 팔이 생기소서.' 하고 발원하니 곧 제 몸에 팔만사천의 머리와 눈과 팔이 구족되었습니다.

그 때 온 천지가 여섯 가지로 진동하고 시방세계의 모든 부처님께서 다 광명을 놓으시어 저의 몸을 비추어 주셨습니다.

만일 모든 중생이 누구든지 아주 큰 대비심을 일으켜서 지극한 마음으로 저의 이름을 부르고 저의 본사이신 아미타불을 일념으로 생각한 후 일념으로 대비신주를 지성껏 하룻밤에 다섯 번만 외워도 백천 만 겁 동안에 지어온 무거운 죄를 소멸하고 목숨을 마칠 때에 서방의 아미타부처님이 오셔서 손을 이끌어 소원대로 극락세계에 왕생하게 해주시나이다.

또 열다섯 가지 좋은 데 나는 과보를 얻고 열다섯 가지 악하게 죽는 업보를 받지 않나이다."

열다섯 가지 좋은 데 나는 과보를 받는다는 것은 첫째 가는 곳마다 훌륭한 임금을 만나고, 둘째 항상 좋은 나라에 태어나고, 셋째 항상 좋은 시절을 만나며, 넷째 항상 좋은 벗을 만나며, 다섯째 온전한 몸을 받으며, 여섯째 항상 도 닦는 마음이 돈독하며, 일곱째 도덕이나 계율을 어기지 않으므로 마음이 편하고 즐거운 생활이 되며, 여덟째 집안 식구와 항상 화목하며, 아홉째 재물과 의식이 항상 풍요하며, 열 번째 다른 사람들이 항상 공경하고, 열한 번째 재물을 남에게 뺏기지 않으며, 열두 번째 하고자 하는 바를 모두 이루며, 열세 번째 불보살이나 선신들이 항상 옹호하고, 열네 번째 부처님 계신 곳에 태어나 불법을 만나게 되며, 열다섯 번째 마침내 불법의 진리를 깨달아 성불한다는 것입니다. 나쁜 것 열다섯 가지는 지난 번에도 얘기했으므로 생략하겠습니다.

"마땅히 이 사람은 부처님의 몸과 다름없어서 모든 부처님이 사랑하시고 아끼시는 까닭이옵니다. 이 주문의 위신력은 불가사의하여 이 주문으로 가피 입은 이는 무엇이든 생각만 하면 그대로 이루어집니다."

이와 같이 관세음보살님은 부처님께 대비신주의 공덕을 사뢰었습니다. 다시 말하지만 우리 신흥사가 이렇게 많은 불사를 이룰 수 있었던 것도 부처님의 가피이지 법문을 잘한 테이프가 제작되어서 그런 것은 아닙니다.

가피(加被)란? 몽중가피, 현전가피, 명훈가피

우리가 흔히 말하는 '가피'라는 것은 부처님이나 불보살들이 자비를 베풀어서 모든 중생을 이롭게 하는 힘을 말합니다. 이런 가피가 나타나는 모습에는 세 가지가 있습니다.

몽중가피로 병이 나은 노보살님

첫째는, 꿈속에서 부처님이 나타나는 경우가 있지요. 그 예를 하나 말씀드리겠습니다. 오늘 아침에도 만나보았던 할머니인데 1990년 10월 28일 삼천불 모실 때 부처님 복장 다라니를 모시는데 부처님 뱃속에 15가지 다라니경이 경명주사로 쓰여져 들어 있어요. 그 때 우리는 모두 마스크와 흰 장갑을 끼고 복장을 모셨는데 할머니가 그 날 밤 꿈을 꾸셨대요. 큰법당 앞자리, 복장을 모실 때 앉았던 바로 그 자리에 자기가 앉아 있는데 부처님께서 다가오시더니 약을 한 사발 주시더랍니다. 그리고는 그 다음 날부터는 몸이 날아갈 듯 가볍고 지금까지 아픈 곳이 없고 아주 건강하시다고 해요. 그런 것이 바로 꿈에 나타나서 도와주시는 몽중가피이지요.

현전가피로 등창병이 나은 세조대왕

두 번째는 현전가피가 있습니다. 현전가피라는 것은 눈앞에 나타나서 구제하시는 가피를 말합니다.

　유명하게 잘 알려진 이야기로 조선시대의 세조대왕과 문수동자에 얽힌 이야기가 있습니다. 세조대왕은 조카인 단종을 영월로 귀양 보내고 왕위를 빼앗은 분인데, 어느 날 밤 세조대왕의 꿈속에 형수인 단종의 어머니가 나타나더니, "나쁜 놈, 조카를 죽이고 왕위를 빼앗고 잘 될 줄 알았느냐? 두고보자!" 하고 침을 온몸에 퉤퉤 뱉으면서 저주를 퍼부었습니다. 그런데 그 다음날 아침에 일어나 보니 온몸에 고름이 고이고 진물이 줄줄 흐르는 등창병에 걸려 있었어요. 백방으로 치료를 하기 위해서 노력해 보아도 전국의 명의가 모두 고칠 수가 없었습니다.

　그래서 오대산 상원사 적멸보궁에 가서 기도를 하기 시작했습니다. 기도가 거의 끝나갈 무렵 날씨는 덥고 몸은 고통스러워서 계곡으로 내려가 목욕을 하는데, 저만큼 바위 위에 7, 8세 된 어린 동자가 앉아 놀고 있는 것이 눈에 띄었습니다.

　"얘야, 여기 와서 내 등 좀 씻어 주겠니?"
　"네, 임금님!"
　그 동자가 와서 등을 밀어주는데 그렇게 시원할 수가 없었어요.
　"얘야, 어디 가거든 짐의 옥체를 보았다고 말하고 다니지 말아라!"
　"예, 임금님. 저는 약속을 잘 지킬 수 있지만 임금님도 어디 가셔서 문수동자를 보았다고 말씀하지 마세요."
　세조대왕은 깜짝 놀라서 뒤를 돌아보았지만 이미 문수동자는 사라지고 난 뒤였습니다.
　'내가 문수보살을 친견하고도 내 업장이 두터워서 알아보지 못했구나!'

그는 심히 후회하고 한탄을 하였는데, 어쨌든 그 날 이후로 그 지긋지긋하던 등창병이 깨끗이 나았다고 합니다. 문수보살은 세조대왕이 부담없이 부탁할 수 있는 어린 남자아이의 모습으로 나타나서 세조대왕을 도와주셨던 것입니다. 그것이 바로 현전가피입니다. 기도 성취로 나타나는 가피이지요. 세조대왕은 그 때부터 신심이 더욱 깊어져서 불사를 많이 했지요. 월정사를 중건할 때도 왕궁의 시주로 중건되었다는 기록이 월정사에 보존되어 있습니다.

상원사와 세조대왕에 얽힌 이야기를 하나 더 얘기할까 합니다. 세조대왕이 적멸보궁에서 기도하던 어느 날 새벽이었습니다. 기도가 끝날 무렵이 되었는데 어디선가 고양이 한 마리가 나타나서 곤룡포 자락을 세 번 물고 잡아당기는 것이었습니다. 이상해서 주위를 살펴보았더니 탁자 밑에는 자객이 한 명 숨어서 세조대왕의 목숨을 노리고 있었습니다.

세조대왕은 조카인 단종에게 왕위를 빼앗았기 때문에 세조대왕에게 죽음을 당한 사람도 많고 그만큼 적도 많았는데, 고양이가 나타나서 목숨을 구해 주었던 것입니다. 상원사 법당 앞의 돌계단에 고양이 상이 조각되어 있는데 그 때 본 고양이 상을 조각해 놓은 것이라고 합니다. 그리고 상원사 부처님 옆에 서있는 동자상은 세조대왕의 병을 낫게 한 그 문수동자 상입니다.

명훈가피로 기도 성취한 신흥사의 많은 불자들

세 번째는 '명훈가피' 입니다. 명훈가피란 꿈속에서도 나타나지 않고 눈앞에도 나타나지 않으면서 생각만 하면 그대로 다 이루어지는 가피로 세 가지 중에서 가장 뛰어난 가피입니다. 몽중가피나 현전가피는 꿈속에서나 눈앞에 나타나기를 바라는 망상이 생기기 때문에 축원할 때에는 마음만 내면 모든 것이 다 이루어지는 명훈가피력으로 축원합니다. 우리 신흥사의 많은 불자들은 지극한 기도로 명훈가피를 입어 기도성취한 사람이 수도 없이 많습니다.

불교시식의 유래와 필요성

우리가 이 세상을 살아가면서 해결해야 할 문제는 한도 없이 많습니다. 당장 먹고 사는 것도 문제이지만 질병이나 인간 관계 또한 큰 문제가 되는 것을 볼 수 있습니다. 그런 문제들을 해결하기 위해서는 두말할 것도 없이 기도를 하셔야 하고, 또한 특별히 부처님께 불공을 드려야 합니다. 앞에서도 말씀드렸지만 불공을 드리고, 또 조상 천도재를 지내서 조상들을 극락세계로 보내드려야 하는 것입니다. 이렇게 천도재를 지내는 것을 불교에서는 '시식(施食)'이라고도 합니다.

『구면년아귀경』이라는 불교 경전을 보면 시식의 유래와 동기에 대해 잘 나타나 있습니다. '아귀'라는 것은 항상 배가 고파서 그 고통으로 인하여 목구멍에서 불이 나고, 물을 보아도 불로 보이고, 또 음식을 먹으려고 하면 그 업보 때문에 음식이 불로 확 변해버리는 그런 과보를 받은 귀신을 말합니다.

『인과경』에 의하면 음식을 함부로 대하는 사람들이 그런 보를 받게 되어 있습니다. 그『구면년아귀경』에 다음과 같은 이야기가 나옵니다.

아란 존자가 어느 날 밤 꿈을 꾸었는데 면년이라는 아귀 귀신이 나타나서 이렇게 말했습니다.

"아란아, 네가 3일째 되는 날 반드시 죽어서 우리 아귀의 몸을 받을 것이다."

"어떻게 하면 그 보를 면할 수 있겠는가?"

"항하사처럼 수많은 우리 아귀들에게 음식을 베풀어서 배부르게 먹을 수 있게 해 준다면 그 공덕으로 오래 살 수 있을 것이다."

'항하사' 란 인도 갠지스 강변의 아주 가늘고 보드라운 수많은 모래를 뜻하는 말로서 부처님께서 많은 숫자를 말씀하실 때에는 이 항하사라는 표현을 많이 사용하셨습니다. 불교 경전에 보면 자주 나오는 말이지요.

그래서 아란 존자가 부처님께 다음과 같이 말씀드렸습니다.

"세존이시여, 제가 어제 밤에 면년이라는 아귀를 만났사온데 몸은 아주 깡마른 나무처럼 말랐고 더러운 얼굴에 불은 활활 타고 있었으며 목구멍은 바늘 끝 같았고 손톱 터럭이 길고 날카로운 모양을 해가지고 저에게 하소연하기를, 3일 후에 죽어서 아귀 귀신이 될 것이나 항하사처럼 수많은 아귀들을 배부르게 먹을 수 있게 해 주면 그 공덕으로 오래 살 수 있다고 하였습니다. 그 아귀 귀신의 말을 모두 믿지는 않지만 어떻게 하면 그 액난을 면할 수 있겠습니까?"라고 여쭙자, 부처님께서 말씀하시기를,

"아란아, 너는 조금도 걱정하지 말아라. '무량위덕자재광명승묘력변식진언' 이라는 다라니가 있으니 음식을 깨끗한 소반에 차려 놓고 이 주문을 일곱 번 외우면 그 음식이 수없이 많은 그릇으로 변해서 아귀들이 모두 배부르게 먹을 수 있을 것이다. 그렇게 하면 배도 부를 뿐만 아니라 그 아귀들은 모두 천상에 태어나리라."고 하셨습니다.

아란 존자는 부처님께서 시키시는 대로 하였고, 그 날 고통받는 아귀들이 다 천상에 태어났다고 부처님께서 말씀하셨습니다.

이 진언이 우리가 매일 마지를 올리고 요령을 흔들면서 하는 염불입니다.

'나막 살바다타 아다 바로기제 옴 삼바라 삼바라 훔.'

이 진언이 바로 마지를 올릴 때 하는 것인데 부처님께 마지 한 그릇 올려놓고, "시방세계에 모두 계시는 수많은 부처님, 모두 오셔서 잡수십시오."
라고 말하면 모자라지 않습니까? 그런데 이 변식진언을 하면 부처님 천 분이 오시면 천 그릇이 되고, 만 분이 오시면 만 그릇으로 변하기 때문에 아무리 많은 분이 오셔도 모자라는 일이 없는 것입니다. 부처님 말씀대로 한 아란 존자는 삼 일 후에 죽지도 않고 40년 동안 부처님을 정성껏 시봉했습니다.

불교에서의 시식은 이렇게 시작된 것입니다. 그렇게 귀신을 배부르게 먹이고 좋은 법문을 해서 좋게 보내 주어야지 억지로 복숭아 회초리를 가지고 쫓는다고 해서 쫓겨가는 게 아닙니다. 산 사람들도 그냥 쫓아내면 악담을 하고 오히려 해코지를 하는데 귀신이야 더할 나위 있겠습니까? 잘 대접해서 천도를 시켜주어야 하는 것입니다.

또 『부모은중경』에 의하면 부모님께 효도하는 일이 이 세상에서 제일 복 받는 일이라고 말씀해 놓으셨습니다. 천도재 또한 조상들께 대접하는 일이기 때문에 참 효도가 되는 겁니다. 그 공덕으로 또 복을 받게 되는 겁니다.

일본 사람들은 사업을 시작하거나 무슨 일을 하면 반드시 제사를 아주 크게 지낸다고 합니다. 또 그 나라에는 유산한 아기들 영혼만 제사 지내는 절도 육백 몇십 군데가 있답니다. 그처럼 낙태한 영혼들도 제사를 지내주어야 하는 것입니다.

그러니까 우리는 항상 기도와 함께 불공을 올리고 천도재를 지내서 우리에게 닥친 어려운 문제를 근원적으로 해결해야 합니다.

천도(薦度) 시식(施食)이란?

"만약 어떤 사람이 살아 있을 때에 착한 일을 하지 못하고 죄만을 지었더라도 목숨을 마친 후에 대소권속들이 그를 위하여 복을 닦아주면 그 모든 공덕의 7분의 1은 망인에게 가고 나머지 7분의 6은 살아있는 자신에게로 돌아가게 되는 것이니, 이런 까닭으로 미래나 현재나 모든 사람들은 이 말을 잘 듣고 스스로 잘 닦으면 그 모든 공덕을 얻게 되느니라."

"장자여, 그러므로 남염부제 중생이 만약 그의 부모나 권속을 위하여 능히 그 목숨을 마친 뒤에 재를 베풀고 공양하되 지극한 마음으로 부지런히 정성을 다하여야 하니, 이와 같이 하면 산 사람과 죽은 사람이 다함께 큰 이익을 얻게 되느니라."

『지장경』

천도는 천혼(薦魂), 천령(薦靈)이라고도 하는데, 불보살님께 재를 올리고 독경이나 시식을 하여 불보살님의 가피를 의지하여 돌아가신 분(亡靈)들을 극락세계에 왕생하도록 기원하는 의식을 말합니다.

또한 시식이란? 죽은 영가를 좋은 곳에 보내기 위하여 영가에게 법식(法食)을 주면서 법문을 말해 주고 경전을 독송하고 염불하여 영가의 모든 탐·진·치 삼독의 애착과 집착을 벗어버리고 해탈한 마음, 자유로운 마음으로 극락세계에 왕생하라는 뜻입니다.

특히 자신의 부모나 조상, 또는 가까운 혈육이 삼악도에 떨어져 고통을 받고 있다면 그 고통을 알고도 외면할 수 없는 일이 아닙니까? 그래서 앞서 목련 존자가 그랬듯이 부모님이나 조상을 삼악도의 고통에서 벗어나도록 불보살님께 기원하는 의식이 천도재입니다.

그러나 단지 자손으로서의 도리, 또는 효심이나 혈육의 정에 의해서만 천도재를 봉행하는 것이 아니라는 것입니다. 왜냐하면 자기의 주변에 삼악도에 떨어져 고통받고 있는 인연 있는 영가가 있게 되면 그 집안도 편안하지 못합니다. 왜냐하면 천도를 바라는 망령이 끊임없이 고통을 호소하고 있기 때문입니다.

그러므로 천도는 단지 삼악도에 떨어져 고통을 받는 망자만을 위한 일이 아닙니다. 앞의 지장경의 말씀처럼 살아 있는 자손 친지들에게도 한없는 공덕이 있습니다. 그러므로 우리 불자들은 단지 죽은 사람을 위해서만이 아니라 살아있는 자기 자신을 위해서도 자기 주변의 고혼들을 천도하여 좋은 곳에 태어나도록 정성을 쏟아야 하는 것입니다.

우리가 어떠한 일을 성취하기 위해서는 부처님께 열심히 기도드리고 또 모든 조상님 인연 있는 영가를 천도하여야만 기도성취가 빠른 것은 그런 이유 때문입니다.

구병시식하고 병 낫다

 '안택불공'이라고 해서 집에서도 독경을 잘할 필요가 있습니다. 이 세상에는 모든 사물마다 주인이 있습니다. 그 주인을 우리는 '신'이라고도 합니다. 예를 들면 집에는 가신(家神)이 있고, 물에는 하신(河神), 나무에는 목신(木神), 바다에는 해신(海神), 정랑(화장실)에는 칙신(廁神)이 있지요. 이런 주인들에게도 대접을 잘해야 합니다.
 제가 이 곳에 온 바로 다음 해에 있었던 일입니다. 그 무렵 부처님 옷을 새로 입혀 드리고 큰스님을 모시고 점안식을 올려야 하는데 화장실이 너무 헐어서 걱정이었습니다. 그 당시 형편으로는 잘 지을 수도 없고 해서 어느 날 갑자기 뜯어내고 막 되는 대로 급히 지었습니다.
 그런데 3월 6일, 날짜도 잊혀지지 않습니다. 점안식이 끝나고서 감기처럼 욱신욱신 아프기 시작하더니 어깨가 아주 무겁고 정신은 멍하고, 다른 사람들이 볼 때는 멀쩡한데 본인은 죽을 지경이었지요. 아침에 일어나도 정신이 하나도 없고 책도 한 페이지 이상 읽을 수 없었습니다. 하도 증세가 심각해서 병원에 가서 X-레이까지 찍어 보았더니 촬영 결과 코가 다 썩었다며 축농증 수술을 하라고 하는데, 수술한 사람들의 이야기를 들으면 수술해도 잘 낫지 않는다더군요. 그래서 전에 동학사에 있을 때 아침 저녁 미지근한 소금물로 물리요법을 해서 완전히 나은 적이 있습니다.
　그것도 아닌 것 같고 해서 어느 날 아침 새벽 예불 후에 가만히 앉아서 생각했습니다. '내가 왜 병이 났을까?' 물도 소화가 되지 않을 정도로 심각한 상태였거든요. 그래서 가만히 생각해보니까 아무래도 화장실 때문인 것 같았습니다.
　그래서 구병시식을 해 보려고 부산 고산 큰스님 계신 곳으로 기차를 타고 갔습니다. 구병시식은 아무나 해서는 안 되기 때문에 그 멀리까지 내려간 것입니다. 부산의 그 절에는 모두 비구스님들만 계시는데 처음에 제가 가니까, "무슨 비구니가 구병시식하러 경기도에서 여기까지 왔나?"
　이렇게 말씀하시는데 너무나 창피스러워서, "몇 달 전에 경도 한 편 안 읽고 화장실을 뜯어서 새로 지었는데, 그것 때문에 병이 난 것 같습니다."라고 대답했습니다.
　"칙신(厠神)이 노했나 보군. 아주 고약한 신이지."
　화장실 신은 칙신인데 칙신이 노하게 되면 아파서 죽게 하든지 아니면 그 집에서 못 살도록 쫓아낸다고 합니다. 어쨌든 사정없이 아팠으니까 그 날 저녁에 급히 준비해서 구병시식을 했습니다. 그런데 이게 웬일입니까? 이튿날 새벽 세 시에 예불 시간이 되어서 일어났는데 머리가 맑고 아주 날아갈 것만 같았습니다. 언제 아팠는가 싶게 싹 나았던 것입니다. 그래서 절로 돌아오자마자, "아이구 칙신님, 미안합니다."
하고 그 화장실을 삼 일 동안 출입금지 시키고 깨끗이 청소하고 공양물 올리고 그 앞에서 경을 읽었습니다.
　그 뒤에 일타 큰스님으로부터 비구니계율 강의를 듣는데 다음과 같은 말씀을 하셨습니다.

"이 세상에는 모두 주인이 있는데 예고도 없이 남의 영역을 함부로 파헤치면 나중에 집을 잘 지어준다고 해도 우선 기분이 나빠서 거부하는 것입니다. 계율문에도 스님들이 함부로 수풀을 해치고 수행하다가 그 수풀신이 노해서 나쁜 장애가 일어나 중도에 수행을 그치는 이야기들이 나옵니다."라는 큰스님 강의를 들으면서, '아, 참 세상일이 모두 그렇겠구나!' 하는 생각을 하면서 모든 것을 소중하게 대하게 되었습니다.

그 이후부터는 신도분들이 집을 짓는다든지 집에서 작은 공사를 해도 반드시 독경을 하시라고 일러 드립니다. 모든 게 다 정성입니다. 꽃 한 포기 나무 한 그루에도 정성을 드리고 소중하게 공양하면 그 공덕이 다 자신에게 돌아오기 마련이고, 함부로 대한 만큼 해가 따르기 마련입니다. 우주만물이 다 한 뿌리라는 소식을 거기에서도 깨달을 수 있는 것입니다.

많은 중생 소원 다 들어주시는 부처님

옛 절터의 관세음보살님

　서해 바다가 내려다보이는 사적 217호로 지정된 구봉산 당성(唐城)을 배경으로 자리잡고 있는 본 신흥사는 1934년 덕인(德仁) 스님이 한영석 거사의 시주로 창건하였습니다.
　원래 이 당성 안에 절이 있었는데 오랜 세월이 흐르면서 절은 없어지고 무심히 세월만 흘러가던 어느 날 구봉산 아랫마을에 살고 있는 한영석 거사의 꿈에 위풍이 당당한 도승(道僧)이 나타나 현몽하기를 "당성 안에 옛 고려 시대의 석불이 계시니 잘 모셔다 새로이 절을 일으키라."고 하였습니다. 이렇게 현몽을 받은 거사가 새떼들이 인도해 준 옛 절터에서 석불을 찾으니 키가 2m 정도이고 서 계시는 불상이었습니다.
　오랜 세월 비바람에 깎이고 시달렸는데도 그 상호(相好, 얼굴)에는 자비로운 미소가 감돌고 있었으니 현재 큰법당에 모셔진 관세음보살님이십니다.

불도섬 바다에서 건져 올린 부처님

　그리고 얼마 후에 또 불도섬에서 부처님을 모셔 오니 가운데 주불로 모셔진 아미타부처님입니다. 이 부처님께서 불도섬에 계시게 된 연유는 다음과 같습니다.

옛날 이 섬에 사는 어부가 고기잡이를 하러 나가서 그물을 건져 올리니 고기는 한 마리도 없고 시커먼 석상(석불)이 그물에 건져 올려졌습니다. 어부는 깜짝 놀라 부처님이신지도 모르고 바다에 버리고 또 버리고 집으로 돌아가 밤에 잠을 자는데 꿈에 낮에 버렸던 석상이 나타나 "야! 어부야 내가 부처인데 너 왜 날 두 번이나 버렸느냐? 나를 갖다 잘 모시면 부자가 될텐데…." 하고 사라졌습니다.

어부가 깜짝 놀라 깨어 보니 꿈이었고, 이튿날 바다에 나가 또 고기잡이를 하는데 그 날도 고기는 한 마리도 잡히지 않고 석불이 그물에 건져 올려지니 어부는 드디어 "이 석상이 부처님이시구나." 하고 현재의 그 절터에 모시고 공양도 정성껏 올리고 하여 큰 부자가 되었습니다.

그래서 절도 짓고 부처님을 잘 모셨는데 오랜 세월이 지나면서 어부는 돌아가고 절은 허물어지고 부처님만 언덕에 서 계신 것을 우리 절로 모셔 오게 된 것입니다.

이 부처님을 불도섬에서 모시고 올 때 작은 고깃배로 장정 20여 명이 모시고 오는데 중량으로 봐서는 그 작은 고깃배가 벌써 바다에 가라앉았을 텐데 뱃전에 물이 찰랑찰랑하면서도 가라앉지 않고 편안하게 모셔온 것이 참으로 신기하다고 사하촌에 사는 그 당시에는 청년이었던 할아버지가 말씀하셨습니다. 그분들도 이제 다 돌아가셨지만….

현몽으로 모셔진 대세지 보살님

10년 기도 시작하고, 얼마 되지 않아 수원에 사는 한 보살님이 와서 이야기하기를 "어제 저녁 제 꿈에 주지스님이 저의 집에 오셔서 꿈속에서도 '아니 주지스님, 두문불출 기도 중이신데 어떻게 저의 집까지 오셨습니까?' 의아해 말씀드렸더니 '보살님이 신흥사 부처님을 한 분 모셔야겠습니다' 하고는 차도 안 드시고 나가버리셨어요. 하도 생생한 꿈이고 이상해서 오늘 두 번째 신흥사에 왔습니다. 와서 보니 법당에 부처님이 두 분 뿐이시네요. 보통 세 분이신데, 부처님 한 분을 제가 모셔드리겠습니다."라고 하였습니다.

그렇게 현몽을 받은 보살님이 큰 시주를 하여 우보처 대세지 보살님을 모셨습니다. 부처님의 유래가 이렇게 유서 깊고 또 불가사의한 일로 모셔져서 신흥사는 신도들이 열심히 정성껏 다니면 다 형편이 나아지고 병도 잘 낫고 아들도 잘 얻게 되고 부처님의 살아있는 가피가 많습니다.

집에서 기도하는 방법

다섯 가지 원칙

　기도는 절에서 하거나 집에서 하거나 우선 다섯 가지 원칙을 정해놓고 하여야 합니다. 첫째 기간을 정하는데 백일이면 백일, 천일이면 천일 기간을 정하였으면 하루도 빼먹지 말고 하여야 합니다.

　두 번째 시간인데 절에서는 하루 네 번 사분정근으로 기도드립니다마는 집에서는 직장 가고 살림 사느라 그렇게 할 수 없고 최소한 새벽기도 저녁기도 두 번은 하여야지요. 자기가 가장 편안히 기도할 수 있는 시간을 정하여 그 시간을 지켜야 합니다. 시간이 들쑥날쑥하면 조금 있다가 해야지 하다가 끝내는 못하는 수가 많습니다. 기도를 하기 위해서 잠도 줄여야 되고 일도 줄여야 합니다. 잘 것 다 자고 할 것 다 하고는 기도 못합니다.

　세 번째 기도내용인데 천수경 21편 읽고 관세음보살 천 번 부르고 입지발원 한 번 읽고 소원 세 번 발원합니다.

　천수경은 대비주 신묘장구대다라니를 21편 계속 읽고 정근, 관세음보살을 많이 부르고 발원과 축원을 올립니다.

　네 번째 집에서 기도해도 공양을 올려야 합니다. 깨끗한 상에 향, 다기물, 공양미, 기도비 정성껏 올리고 기도 끝나고 나서 다기물은 먹으면 감로다로 변해 있어서 심신이 맑고 건강해집니다. 공양미, 기도비는 봉투에 모아 두었다가 절에 갖다 올리면 됩니다. 물론 기도 드릴 때마다 공양을 다 올려야지요.

다섯 번째 입재(시작)와 회향(마침)은 절에 와서 올려야 하는데 준비로는 공양미, 향, 초, 과일 3가지와 기도비를 준비하여 절에 와서 입재하면 절에서도 올려놓고 매일매일 기도해 드립니다.

부처님도 영험스러우셔야 하고 또한 스님도 정성껏 기도해 드려야 하지만 가장 중요한 것은 본인들의 지극한 정성입니다. 절에서만 기도해서 기도성취가 100일 걸린다면 본인들이 같이 하면 50일로 단축됩니다. 무엇보다 지극한 정성이 필요합니다.

우리가 기도하고 도 닦는 그 주변이 모두 도량입니다. 도량이 항상 깨끗해야 불보살님들이 내려오시고 또 선신들이 내려와서 도와주시는 겁니다. 그런데 '깨끗하다'는 것은 먼지도 쓸고 닦아야 하지만 첫째로 마음을 깨끗하게 해야만 합니다. 어떤 사람들은 비린 음식을 먹고 양치질만 하면 입이 깨끗해지고 그것으로 '정구업진언(淨口業眞言)'이 되었다고 생각하는데 그건 오산입니다. 정구업진언이 되려면, 입으로 짓는 네 가지 죄, 즉 거짓말, 꾸밈말, 이간질, 나쁜 말한 죄가 다 없어지고 그 반대로 진실한 말, 참된 말, 화합하는 말, 덕담으로 남을 칭찬하고 축원하는 것이 정구업진언입니다.

그러니까 몸과 마음을 깨끗이 하고, 주변도 깨끗이 하고, 깨끗한 상에다 향 올리고, 다기물 올리고, 마지를 올려야 하므로 생미도 올리고, 또 불전도 올리고, 그리고 전깃불이 있기 때문에 집에서는 촛불은 켜지 않아도 됩니다.

기도하는 마음 자세 – 참회, 확신, 간절

　기도를 드릴 때는 첫째, 참회하고 감사하는 마음, 둘째, 확신(꼭 믿는)하는 마음, 셋째, 간절하고 지극한 마음으로 해야 합니다.
　첫째, 항상 기도를 드릴 때는 먼저 참회와 감사를 드려야 합니다.
　"부처님 제 모든 업장을 진심으로 참회합니다. 부처님, 감사합니다. 오늘 이렇게 건강하게 부처님께 예배를 드릴 수 있도록 해주셔서 감사하옵니다. 오늘 이 시간이 있기까지 일어난 모든 일들도 감사를 드립니다."
　우리들은 항상 참회하는 마음은 잊어버리고 모든 잘못된 일은 남의 탓으로 돌리고 감사하는 마음 대신에 늘 바라는 마음이 앞섭니다. 친지에게 도움을 청할 때 이미 도움 받는 것에 대해 감사한 마음을 전하지 않는다면, 그 친지는 은혜를 알지 못하는 인간이라고 더 도와줄 마음이 없을 것입니다. 아낌없이 베풀어주시는 부모님께도 무엇을 구할 때 이제까지 주신 모든 것에 감사를 먼저 드리는 것이 순서입니다.
　부처님께 이제까지의 모든 일들에 감사하는 마음을 가져 보세요. 얼마나 진실 되어지고, 마음이 즐거워집니까? 바로 그 깨끗하고 진실한 마음이 부처님께 통하여 기도가 이루어집니다.
　둘째, 꼭 믿는 마음을 가져야 함은 제일 중요한 마음입니다. 기도에는 확신이 없으면 아무런 이익이 없습니다. 아무리 어려운 기도라도 확신만 가지고 열심히 하면 부처님께서는 꼭 나의 기도를 들으시고, 이루어 주신다는 굳은 믿음이 있어야 합니다.

셋째, 기도를 드리는 데 간절하고 지극한 마음도 믿음만큼이나 중요한 마음입니다.

어느 날 철이는 이런 질문을 해 왔습니다. 그렇게 모든 것을 다 하실 수 있는 부처님이라면 우리가 기도하지 않아도 도와주시면 될텐데 왜 부처님께 기도를 잘하는 사람만 도와주실까요?

그 답으로 예를 들면, 하늘에 있는 태양이 빛나고 빛나서 온 세계를 고루 비추지만, 깊은 굴 속이나 4면을 검은 장막으로 둘러친 방 안에는 그 빛이 비출 수 없습니다. 그와 같이 부처님의 지혜의 빛도 중생들에게 모두 비추고 있지만 중생들이 받아들이려고 하지 않으면 비출 수 없습니다. 어리석고, 성내고, 탐내고, 번뇌로 가득 찬 중생들의 검은 마음에는 비출 수가 없는 것입니다.

부처님의 자비심은 자석과 같고 전기와 같아서 우리들이 간절한 마음으로 부처님께 기도할 때 우리들의 정성을 끌어당깁니다. 그 간절하고 지극한 정성이 부처님께 전해지면 감전되듯이 부처님의 지혜와 자비와 신통력이 우리의 심령 속에 감응되어서 가피를 입는 것입니다.

천주교로 개종하려던 마음 참회하고

　60대 되는 보살님이신데 남편이 아주 큰 회사의 중역으로 계시다가 교통사고로 그 자리에서 즉사하였습니다.
　그 보살님은 관악산에 있는 절에 다녔는데 부처님이 너무 원망스러워서 '그래도 내가 20년을 넘게 부처님을 믿었는데 그 자리에서 남편을 죽게 할 수 있나' 하고 1년 동안 절에 안 나가고 천주교로 개종을 하려고 하는데 친구가 준 우리 영험록 테이프를 듣게 되었대요. 그리고 곰곰이 생각해 보니 '내가 전생에 업장이 두터워서 남편과 사별을 하게 된 것이구나. 과연 내가 남편의 짧은 목숨을 구할 수 있도록 무슨 복을 지었나. 부처님께 뭘 그리 큰 정성을 드렸나?' 하는 생각이 들더랍니다. 생각해 보니 가끔씩 마음 내키면 한 번씩 절에 가서 절 몇 번 하고 밥만 먹고 왔지 자기 남편을 위해서 한 일이 아무 것도 없더랍니다.
　'내가 내 업장을 생각하지 않고 부처님께 잘한 것도 하나도 없으면서 그렇게 거룩하신 부처님을 잠시라도 원망을 했으니 내 업장만 두텁게 하지 않았을까' 하고 반성했다는 그 보살님은 절에 오셔서 손자들 이름으로 장삼도 해주고 하는 것을 보니 천주교로는 안 갈 모양입니다.
　또 하루는 어떤 젊은 엄마가 오더니 아들이 연세대학교에 시험을 봤는데 떨어졌다고 합니다. 자기는 부처님께 기도를 한다고 했는데 아들이 떨어지니까 주변 친척들이 기독교로 개종을 하라고 하고 아이들도 그러자고 해서 개종을 하려고 마음먹고 있었대요. 그런데 누가 이 테이프를 들어 보라 해서 듣다 보니 참회를 하게 되었답니다.

'내 자식이 업장이 두텁고 공부할 복이 모자라서 시험에 안 되었는데 반성을 하지는 못하고 부처님을 원망만 했구나!' 하고 후회가 된다며 다시 한번 더 큰 신심을 내어 기도를 해보겠다고 절에 오셨습니다. 그런 이야기들을 죽 들어보면 테이프를 듣고 많은 사람들이 생각의 변화를 일으키고 신심을 내는 등 좋은 일이 참 많습니다. 그래서 못 들은 분도 많고 해서 이런 희망을 심어 주기 위해서 2집 테이프도 내고 책도 내게 된 것입니다.

부처님이 계신다면 이럴 수가 없어요. 기독교로 가버릴래요

1차 전기 대학 시험 합격자 발표가 난 지 이틀 후에 서울에 사는 한 보살님이 울었다고 하면서 눈이 퉁퉁 부어서 왔습니다.

"스님, 부처님은 안 계시나 봐요. 계신다면 이럴 수가 없어요. 저의 아들이 삼수를 했는데 또 떨어졌어요. 그 동안 삼각산에 있는 절에 가서 매일 108배씩 절을 하면서 기도하고, 또 울진에 있는 한 선방에서 스님들께 대중 공양도 하고, 내가 부처님께 할 것은 다 했는데 아들이 또 떨어졌으니 부처님이 안 계시나봐요. 이럴 수가 없어요. 기독교로 가 버릴래요."

그래서 그 때 나는 그 보살님에게 "보살님 같은 사람은 빨리 기독교로 가 버리는 것이 우리 불교에도 이로워요. 보살님처럼 그렇게 욕심으로 꽉 차 있으면 기도가 이루어 질 수 없습니다. 우리가 부처님께 기도비도 올릴 만큼 올리고 시주도 올리고 또 기도도 열심히 하고 그래도 안 되거든 '아직도 내 업장이 남아 있고 내 정성이 부족하고 복이 모자라는구나.' 하고 신심을 더 내서 기도를 하다가 보면 업장이 소멸되고 원하는 바가 다 이루어집니다. 여기 그 아들 인등 올리고 3년이 넘었는데 인등비 한번 내지 않아 놓고 부처님께 뭐 할 것을 다했다고 합니까? 얼른 기독교로 가버리세요. 내 정성 부족한 탓은 안 하고…."

그 보살님은 그 아들이 고등학교 1학년 때 생일 날 인등을 올려

놓고 그 때까지 한 번도 인등비를 내지 않았습니다. 그런 사람이 다른 절에 가서는 부처님께 무엇을 얼마나 잘 했겠습니까? 내가 여기 수련원을 짓고 빚이 1억 2천만원인 상태로 아주 고생할 때였습니다. 그 때 그 상황을 누구보다 잘 알면서도 자기들 집은 몇 억을 들여서 후암동에서 제일 잘 지었다고 세 번씩이나 자랑하면서도 돈 10만원도 시주를 하지 않는 사람이었습니다. 이런 사람이 무슨 부처님께 할 것은 다했다고 부처님이 계시니 안 계시니 하냐고 야단을 쳐서 보냈습니다.

대학 시험 2차 합격 발표 나고 그 다음날 이 보살님이 새벽에 바깥 거사님과 함께 공양미 한 가마와 쿨사비 한 봉투를 싣고 와 올리고 스님, "부처님이 도우셨어요. 이 사람이 성북구청에 국장 진급 차례가 아직 아닌데 국장으로 진급되었다고 우리 도반들이 절에 잘 다녀서 복을 받아 진급되었다고 해요. 그리고 우리 아이가 이번 2차로 서울 안에 있는 대학에 합격이 되었어요. 1차 시험에 떨어지고 속상해서 바람 쏘이러 신흥사에 들렀다가 스님한테 야단맞고 돌아가면서 곰곰이 생각하니까 스님 말씀이 모두 옳으셨어요.

잠시라도 부처님을 원망한 건 큰 잘못이었고 반성하고 참회하면서 새로운 마음으로 다시 가르쳐 주신 대로 기도를 열심히 정성껏 하였습니다. 그래서 오늘 이렇게 좋은 결과를 가져 왔습니다."

부처님 앞에서 목을 매달고 싶은 심정입니다

앞에 보살님 다녀간 다음날 사시 마지를 올리고 있는데 50대의 깨끗하게 생긴 거사님 한 분이 법당에 들어오더니 두 손으로 법당 마루를 힘껏 치면서, "부처님! 부처님!" 하면서 오체투지를 하며 절을 하는 것이었습니다. 그리고 기도를 끝내고 내려오는데 방안까지 따라 들어와서 이렇게 말하는 것이었습니다.

"제가 부처님이 계시면 부처님 앞에서 목을 매달고 싶은 심정입니다. 천수경 108독 기도를 1년을 했는데 아들이 한의대 시험에서 떨어졌습니다. 이럴 수가 있습니까?"

이제까지 부처님께 이렇게 원망 섞인 어조와 태도를 취하는 사람은 처음 보았습니다. 그 사람이 하는 말인즉, 학교에서는 자기 아들 성격이 소심하다고 해서 한의대를 넣어야겠다고 원서를 써달라고 했더니 조금 성적이 부족하다고 하면서도 써주더래요. 그래서 천수 다라니를 하면 모든 소원이 이루어진다는 어떤 스님의 법문을 듣고 매일 잊지 않고 108독 기도를 했는데도 떨어졌다면서 부처님 앞에서 목을 매달고 싶은 심정이라고 하더군요.

그 때는 대불련수련대회 중이었고 스님들도 많이 와서 기다리고 계셨기 때문에 공양을 마치고 얘기를 하자고 했지요. 점심 공양을 하면서 '이 처사를 어떻게 혼내 줄까.' 궁리를 했지요. 그리고는 물어 보았습니다.

"처사님, 어떻게 기도를 하셨습니까?"

"천수 다라니경만 열심히 하면 된다고 해서 가면서 오면서 하루에 108독을 외웠지요."

"기도라는 것은 부처님께 기도비도 올리고 또 기도 공양도 올리고 제대로 의식을 갖추고 해야지 입으로만 한다고 되는 것이 아닙니다. 또 설사 기도하는 자세가 되었다 하더라도 이루어지지 않으면 '내 정성이 부족하고 아직도 업장이 두텁구나.' 생각하고 참회를 하면서 기도를 더 해야지요. 아들이 없어진 것도 아니고 또 2차 시험도 있고 얼마든지 기회가 더 있습니다. 그렇게 참회하고 기도하지 않으면 화병이 생길 테니까 그렇게 하십시오. 될 겁니다."

2차 시험 합격 그 다음날은 부처님 앞에서 목을 매달겠다던 그 거사님이 부인과 아들을 데리고 와서 하는 말이,

"그날 스님께서 하시는 말씀을 가만히 들어보니 반성이 되어서 참회를 하고 다니던 절에 가서 더 열심히 기도를 했습니다. 그래서 아들이 다른 한의대에 합격하게 되었는데 오히려 더 잘 되었어요. 그 때 스님께서 야단을 쳐주지 않으셨더라면 이렇게 되지 못했을 텐데 힘을 주셔서 정말 감사합니다."

하고 인사를 하면서 감사 시주를 하고 갔습니다.

그래서 우리가 기도하는 데에는 법문이 필요한 것입니다. 신묘장구 대다라니 기도를 하면 모든 소원이 이루어진다는 말이 15가지 공덕 중 맨 끝부분에 있습니다. 어떤 스님의 법문 이야기가 아니고 대비 신주 대다라니 중에 부처님께서 직접 말씀해 놓으신 것이기 때문에 틀림없습니다. 그러나 기도 도중에 신도 분들이 잘 참지를 못해요. 이것이 문제입니다.

아직도 정성이 모자랐나 봐요

앞 이야기의 두 부모에게 지금 이 부모의 이야기를 들려주었습니다. 이 댁에는 아들이 둘인데 다른 걱정은 아무 것도 없고 공부를 못하는 것이 큰 걱정이었어요. 두 아들 모두 재수를 해서 고등학교를 들어갔는데 그 해에 큰 아들이 대학 1차 시험에서 떨어졌습니다. 그리고 재수하던 작은 아들은 고등학교에 들어가야 했고요.

그래서 그 어머니가 이 곳에 와서 일주일 동안 열심히 기도를 하였습니다. 그 정성으로 큰 아들이 2차에 4년제 대학에 잘 들어가고 작은 아들 역시 고등학교에 잘 입학하였습니다.

그리고 그 해에 우리 신흥사에서 10년기도 중 처음 1000일 기도를 시작했기 때문에 그 어머니한테 "작은 아들을 위해 3년 동안 기도하세요."라고 하니, 3년 동안 그 어머니가 아들을 위해서 집에서 기도를 아침, 저녁 하면서 매일매일 천수다라니 300독을 하였습니다. 절에도 매달 평균 대여섯 번씩 와서 했지요.

그 아버지는 우리 큰법당 짓는데 큰 시주를 하셨고, 3년동안 정말 정성껏 보시하고 기도를 열심히 하였습니다. 그런데 작은 아들이 대학 1차 시험에 뚝 떨어졌습니다. 후기 모집까지는 일주일 정도 남은 기간인데 그 어머니가 절에 쫓아와서 "스님, 아직도 업장이 남아 있고 기도 정성이 모자랐나 봐요. 조상님 천도재를 다시 한번 지내드리고 일주일 기도를 더 정성껏 올려야 겠습니다."하고는 천도재를 드리고 기도를 드렸습니다.
 그 아둘이 후기모집에서 그 대학 원하는 과에 된 것은 물론이지요. 처음 시험을 치룬 대학은 원하던 학과가 아니었는데 더 잘 된 일이지요. 우리가 볼 때참으로 부처님께 드릴 정성은 다 드렸는데도 아들 시험 낙방하고 한마디도 부처님 원망하는 말도 생각도 없이 잘 하니까 이렇게 좋은 결과가 있다고 봅니다.

지극한 기도로 열아홉번째 해외 취업 시험 합격

　세상을 살아가면서 여러 가지 중요한 일도 많고 소원도 많겠지만 취직처럼 중요한 것도 없을 것입니다. 특히 한집안의 경제를 전적으로 책임지고 있는 가장이 실직하고 있을 때처럼 답답한 경우는 없을 것입니다. 그러기에 그 기도가 더욱 간절할 수밖에 없을 것입니다.
　어느 날 한 보살님이 찾아와 남편의 취업을 위해서 본인이 할 수 있는 거라면 무엇이든 하겠노라며 하소연하는 보살님에게 정식으로 기도를 입재해서 열심히 기도하면 이루어질 것이라고 조언을 해주었습니다.
　그렇게 해서 보살은 기도를 시작했지요. 그런데 절에 와서 입재를 하고는 집에 가서 기도를 하는 중인데 꼭 이틀 만에 입사원서를 낸 회사에서 일하러 나오라는 연락이 왔다고 합니다.
　그리고 그 뒤에도 외국에 나가려고 취업 시험을 열여덟 번을 보았는데 다 떨어졌답니다. 이번에도 간절한 마음으로 3일기도를 드렸는데, 기도 마지막날인 회향날이 마침 그 시험을 보러 가는 날이었습니다.
　시험 보러 가는 남편의 아침 밥을 해줘야 하는데 기도를 마치고 식사준비를 하면 너무 시간이 늦어서 남편이 아침식사를 굶고 갈 수밖에 없는 그러한 상황이었다고 합니다.

그런데 그 남편이, "내가 라면을 끓여 먹고 갈 테니까 당신은 기도를 마저 마치구려." 하고는 직접 라면을 끓여 먹고 시험을 보러 갔답니다.

그렇게 기도하는 데 남편까지 협조를 한 그 날 열아홉 번째 시험에 합격이 되었던 것입니다. 합격통지서를 받은 날 서울에서 여기로 바로 찾아와서 부처님을 참배하고 불가사의한 기도가피의 이야기꽃을 피웠습니다.

폐암3기에서 살아난 원주스님

　기도는 하면 누구나 다 이루어집니다. 얼마만큼 확고한 믿음과 정성으로 기도를 했느냐가 문제입니다. 부처님께 기도를 드려 가피를 입은 영험 이야기는 수없이 많습니다. 그 중에서 근래에 일어난 이야기 두 가지만 하겠습니다.
　불기 2526년 여름불교학교를 마치고 이날 불교학교 선생님들과 낙산사 참배를 하러 갔습니다. 시원한 동해 바다가 한 눈에 내려다 보이는 의상대에서 수원 포교당 원주스님을 만났습니다. 한 1년 만에 만난 스님은 전보다 무척 건강해 보였습니다.
　지금 홍련암에서 100일 기도 중이라고 하시면서 건강이 무척 나빠 병원에 가서 진찰을 받았더니 폐결핵 3기로 대수술을 받으라는 진단이 나왔다고 합니다.
　1000만원이나 드는 거액의 수술비도 마련할 수 없고 하여 부처님께 기도하다가 몸을 바꾸어야지 하는 각오로 밀양 표충사에서 겨울 한 철을 일념으로 100일 동안 정말 목숨을 걸다시피한 간절한 마음으로 기도하였답니다.
　100일 기도 80여 일이 지난 어느 날 새벽에 추운 법당에서 2시간이나 기도하다가 그만 각혈을 하고 졸도를 하였습니다. 의식이 가물가물하는데 하얀 가운을 입은 의사 두 분과 간호원 셋이 들어와서 자기의 벌레 먹은 허파를 가슴에서 떼어내어 썩은 곳은 오려

내고 꿰매고 붙이고 하더니 제 모습을 갖춘 허파를 다시 가슴에 붙여 주고는 나가버리더라는 거예요. 생시도 아니고 꿈도 아닌 비몽사몽간에 허파의 대수술이 눈 앞에서 이루어졌습니다. 정신을 차리고보니 3시간 반이나 법당에 쓰러져 있는 사이에 일어난 일이었습니다.

 그 이후로 폐결핵 3기의 병은 깨끗이 나았고, 이렇게 건강해졌다며 부처님께 감사를 드리는 마음으로 곳곳의 기도처를 찾아 1000일 기도를 하는 중이라고 하였습니다.

2. 두문불출 10년기도 가피

'우리의 모든 불행이, 나의 모든 잘못이 내 업장 탓이지 남을 원망할 일이 아니구나, 내 복이었구나.' 하고 반성하고, 열심히 기도해서 업장을 소멸하고 부처님의 가피를 입은 이야기를 듣고 '아주 절망적이었을 때도 이렇게 살아날 수 있구나.' 하고 그 테이프가 많은 사람들에게 희망과 기쁨을 주었다는 얘기를 많이 들었습니다.

— 본문 중에서

건축불사 기도가피

신흥사 건축불사는 기도가피가 아니면 도저히 이루어 질 수 없는 일입니다.

지난 10년 동안 주지가 절 문 밖에 한 발짝도 나가지 않고 전국에서 불자들이 물어물어 찾아와서 시주하여 이 장엄하고 엄청난 불사를 이룬 것은 지극한 기도의 가피가 아니고서는 상상도 못할 일입니다.

86년도 11월에 준공한 수련원 건축빚이 1억2천만원이었는데 2년을 죽자고 갚아도 1억이 그대로 남았습니다. 그 때의 그 경제적인 어려움은 말로 다할 수가 없습니다. 그러면서도 수련도 법회도 여전히 하면서 수련원 빚도 갚아야 큰법당도 지어야 예불도 드리고, 교육관을 지어야 수련도 하고 법회도 하는데 이 일들은 사람의 힘으로는 도저히 될 수 없다는 것을 느꼈습니다. 부처님의 크신 가피가 계시지 않으면 안 될 일이었습니다. 부처님의 크신 가피가 계시려면 크게 기도를 드려야 하는데 과연 누가 그 기도를 할 것인가?

주지소임은 세 가지 책임이 있습니다.

가람수호와 신도포교, 사찰행정으로 절이 노후하면 고쳐야 하고, 새로 지을 것은 새로 짓고, 신도포교 교육과 사찰의 크고 작은 행정 등이 주지의 책임입니다. 이러한 책임을 맡은 주지가 기도도 해야겠지요. 기도를 해야 된다고 생각은 하면서 결단을 내리지 못하고 있었습니다. 여기저기 설법교화하러 다니고 또 단체의 소임을 맡아서 일주일에 절에 3일 있으면 잘 있을 정도로 나다니는 상황이었기에 들어앉아 기도한다는 것이 그리 쉬운 일은 아니었습니다.

그럴 때 70년도에 이 곳 신흥사에서 1,000일 기도를 하고 무슨 불사든지 마음먹은 대로 다 된다고 기도하기를 조언하는 온양 보문선원 주지스님의 말씀도 계셨고 제 자신도 들어앉아 기도하고 싶은 생각이 간절하였습니다. 내 일생에 지극한 기도를 정말 한번 해보고 싶은 생각이 간절하여 88년도 음력 4월 24일 관음재일에 두문불출 1,000일기도를 시작하여 하루 사분정근으로 여덟 시간씩 열심히 기도하였습니다. 이 기도는 보통사람들이 일주일만 해도 입이 부르트는 힘든 기도였습니다.

그러한 것을 아는 신도분들이 '스님이 과연 천일 동안 기도를 하실 수 있을까?' 하고 걱정을 하였는데 기도하고 건강도 더 좋아졌고 그 많은 일을 하면서도 10년기도를 참 별 장애없이 잘하였습니다. 이렇게 지극한 기도의 가피는 처음 천일기도 시작하고 기도한다고 신문에 내지도 않았는데 어떻게 알고 전국에서 물어물어 찾아와서 시주하여 다섯 달 만에 수련원 빚 다 갚고, 바로 큰법당 건축 시작하여 천일기도 끝나기 전에 넓고 시원하고 장엄한 큰법당이 이루어졌습니다. 이천일째 기도 중에는 640평의 대규모 교육관 건축을 시작했는데 빚 안 지고 잘 지어지기를 발원하여 열심히 기도하였더니 정말 빚 안 지고 잘 마쳤습니다.

삼천일째 기도 중에는 구법당을 새로 지어서 어린이 법당으로 현판을 달았고 사리탑을 세우고 절 양쪽 옆산 만여 평을 샀습니다.

그리고 거액의 상금을 준비하여 전국의 어린이 · 청소년 · 특수포교 지도자들에게 포교대상도 시상하였습니다. 10년기도를 채우면서 범종각 불사와 수선당 불사까지 완성하고 10년기도 회향을 하였습니다. 그리고 그 10년기도 중에 어린이, 청소년, 신도포교지침서 책이 4권 나왔습니다. 이 곳 신흥사의 포교 30년 자료를 정리한 것이지요.

이 신흥사 불사는 전국의 스님들도 모두 놀래는 불사입니다. 이 시골 오지에 이름난 사찰도 아닌 곳에 이렇게 엄청난 불사가 이루어졌다는 것이 참으로 놀라운 일이라고들 하십니다. 이 모든 것은 크신 부처님의 가피이시고 사력을 다한 기도의 가피입니다.

그리고 10년기도 회향하고 바로 시작한 새 천일기도가 지난 8월 29일에 회향하면서 2000일 기도입재하여 기도 중인데 그 3년 동안에 옛 절터에서 모셔온 약사여래를 모신 야외법당과 전법륜상을 조성하였고, 사천왕문을 건축하고 수련원과 교육관 단청을 아름답게 하여 하얗던 양식 건물이 웅장한 절 건물로 바꾸는 장엄한 큰 불사를 하였습니다.

이렇게 경제가 어려운 시절에 계속 이런 불사를 할 수 있는 것은 오로지 기도 가피입니다.

포교불사 가피

지난 10년기도 시작하면서 바로 시작한 '일요 가족 법회'는 한 달에 두번 첫째, 셋째 일요일로 부부가 함께 동참하는 말 그대로 가족 법회입니다.

어린 자녀가 있는 젊은 부부는 아이들을 함께 절에 데리고 와서 어린이들은 어린이 법당에서 법회를 보고 어른들은 큰법당에서 10시에서 12시까지 사시마지 기도 드리고 12시에서 2시까지 수련원에서 법회를 합니다. 그 동안 법회 교재는 팔만대장경을 축소시킨 불교 성전을 가지고 10년 동안 법회를 하였습니다.

그리고 매년 성도절 철야 봉축행사날에 상이름이 두타상인 개근상을 드렸는데 10년 개근상을 받은 가족도 몇 가족 있습니다. 이 일요 가족 법회 거사님들이 주축이 되는 화엄회가 조직이 되어 신흥사 크고 작은 행사 때는 많은 일을 맡아 해주었고 거사 합창단까지 만들어져 거사님들이 찬불가를 불러 많은 사람들에게 환희심을 주었습니다.

모든 것은 변하고 발전하므로 근래에는 더욱 많은 사람들이 동참할 수 있도록 법회 이름 '일요 가족 법회'에서 가족을 빼고 그냥 '일요 법회'로 바꾸었더니 훨씬 더 많은 사람들이 동참하고 아예 정기 법회의 자리 매김이 되어 일요일이면 누구든지 가벼운 마음으로 법회에 참석하고 있습니다. 법회 교재도 유마경을 하고 있어서 재가 불자로서 깨달음을 성취한 유마거사의 사상을 배우기에 아주 좋은 기회입니다.

또한 이 일요 법회는 참 잘 만든 것이 사찰의 법회가 거의 음력을 맞추어 하다 보니 평일이어서 직장을 가진 남자 신도들이 참석하기 어려운데 신흥사는 일요일이어서 남자 분들이 많이 동참할 수 있고, 또 큰 행사는 모두 일요일에 하기 때문에 남자분들, 어린이, 청소년, 대학생, 청년 모두가 참석할 수 있어 행사는 더욱 활기차고 생동감이 있습니다. 그리고 2시부터 4시까지는 불교대학 강의가 있어 일요일이면 하루종일 정말 바쁩니다.

일요 법회보다 먼저 시작한 관음재일 정기 법회는 매달 음력 24일 관음재일에 하는데 평일이어서 보살님들이 많이 참석하여 기도하고 법회를 하면서 법화경을 마치고 승만경을 교재로 하여 승만 부인의 큰 서원을 배우고 있습니다. 이 두 법회 모두 기도 법회 버스를 운행하기 때문에 더 편리합니다. 어린이 법회와 둘째, 넷째 일요일에 법회를 보고 있는 중·고등학생회, 대학생·청년회도 일요일이면 절에 봉고차가 교통이 불편한 시골 구석구석 찾아 들어가 아이들을 태워 옵니다. 그들을 사랑하는 정성으로 지난 10년기도 중에 완전히 자리가 잡혀 법회에 오는 학생들 숫자도 많고 우리 가락 풍물을 치는 소리로 일요일이면 도량이 큰 행사날처럼 떠들썩합니다. 이것은 기도 가피중에서도 아주 크신 가피입니다. 아무리 절을 크게 잘 지어 놓아도 부처님의 가르침을 배우려는 법회 대중이 오지 않으면 무슨 보람이 있겠습니까?

지난 10년 동안 다녀간 수많은 법회 대중과 수련생들, 그리고 연수 교육하러 오신 많은 스님들, 집 지어 놓고 이렇게 보람있게 쓰여지는 것 또한 부처님의 크신 가피입니다.

절에서도 보시를 많이 해야 불사가 잘 된다

　86년도 수련원을 짓고 건축빚이 1억2천이 있을 때도 포교를 위하여 신흥사 자체 수련활동에 들어간 경비를 제외하고도 군부대, 교도소, 인근 초등, 중‥고등학교 도서실에 도서기증 등 많은 보시를 하였습니다. 그로부터 10년기도 중 이 많은 건축불사를 하면서도 그 동안 불교병원 건립불사를 위시해서 여기저기 알게 모르게 포교를 위해서 보시한 것이 억을 훨씬 넘습니다.
　그렇게 하고도 우리 불사는 우리 불사대로 잘하고 있잖아요. 그런 것을 볼 때 우리 신흥사 불사는 지극한 기도와 아낌없이 베푸는 가운데서 성취되고 있다는 것을 알 수 있습니다.
　부처님 그늘에 와서 36년간 살면서 확신이 생긴 것이 있다면 모든 부(富)는 즉 부자가 되는 것은 보시에서 이루어지고, 또 모든 일들이 그렇게 뜻대로 성취되는 비결은 다른 게 아니라 참기도를 해서 업장이 소멸되면 바로 모든 것이 자기 뜻대로 이루어진다는 것을 알았습니다.
　신흥사 첫 불사였던 삼천불 봉안불사 때 시주자 제 1호가 주지입니다. 그 동안 연수교육 같은 데 가서 강의하고 받은 강의료 모아 두었다가 불사에 동참하였더니 어떤 보살님이 그 말을 듣고 "아휴, 주지스님은 매일매일 좋은 일만 하시는데 시주는 왜? 하세요?" 하길래 "좋은 일은 좋은 일이고 저도 불사하는데 시주하여 복을 지어야지요."라고 대답해 주었지요.

 또한 우리 상좌스님들도 모두 자기들 용돈 아껴서 다 불사에 시주하고 있습니다. 신도들만 복 지으라고 이를 것이 아니고 스님들도 복을 자꾸자꾸 지어야 합니다.

 원시경전에 보면 부처님께서 처음 만나는 사람들에게는 보시와 지계와 천상에 대해서 말씀하셨는데 그 중에서도 보시에 대해서는 자주 말씀하셨습니다.

 전에는 부처님께서 왜 이렇게 보시를 강조하셨는가? 때로는 거부반응도 일어났었는데 많은 세월이 흘러 지금은 부처님의 그 뜨거운 자비심을 이해할 것 같습니다. 중생들이 하도 박복하여 가난과 고통 속에서 살고 있으니 부처님께서 그런 박복한 중생들이 불쌍하셔서 빨리 그 고통에서 벗어나라고 그렇게 하신 것입니다.

 지금도 나중에 부자 되어서 시주해야지 하고 복 짓는 기회를 놓치는 사람들도 많습니다. 부자가 되기 위해서 자꾸자꾸 시주하는 것입니다.

 이 세상에 성인들이 많다고 해도 그 누구도 부처님처럼 복이 많은 분은 없습니다. 쌀 한 가마를 지고 높은 산을 오르려면 굉장히 힘이 들지요. 그래도 그 높은 산꼭대기에 부처님을 모셔놓으면 그 곳에는 누구든지 와서 밥을 먹을 수 있게 윤기가 흐르는 곳이 바로 부처님 집입니다. 그처럼 지혜와 복덕을 두루 구족하셨기 때문에 부처님을 양족존(兩足尊)이라 하는 것입니다.

 부처님께 귀의한 불교 신자들은 부처님 법을 자꾸만 배워서 정신적으로도 부유하고 또 열심히 보시하고 열심히 벌어서 물질적으로도 부유해서 참복을 지어가면서 살아야 합니다. 부처님께서는 당신이 받으실 이십년 복을 남겨서 제자들에게 물려주고 가셨습니다. 그렇기 때문에 부처님 제자들은 부처님이 남겨주신 복을 수용할 그런 인연이 미리 지어져 있는 것입니다. 그러니 자신들이 열심히 정성껏 불교만 잘 믿으면 그 복을 다 받을 수 있습니다. 우리 나라의 10대 재벌이나 지방 유지들 가운데도 불교신자들이 많은데 그것이 아무런 인연없이 그렇게 이루어진 것이 아닙니다.

다시 말하지만 자꾸만 복을 지어서 정신적으로도 물질적으로도 부유해지고 풍요로워져서 멋있게, 행복하게 잘 사는 것, 이것이 바로 우리 불교신자들의 인생이어야 합니다.

관세음보살님이 나에게 약을 들려 보내셨다

지난 10년기도 중 2000일 기도 때 초가을이었습니다. 거대한 교육관을 건축하고 위의 요사채에서 대중들이 이 교육관으로 옮기고 나니 집은 커졌고 관리할 사람들과 운영비 등 모두가 부쩍 늘어난데다 사람을 구하는 등 신경을 좀 썼습니다.

또한 정기 법회 동참율도 저조한 것 같고 어떻게 하면 활성화를 시킬 수 있을까 고민도 했지요. 새 교육관 2층 큰방에 경전 연구실을 만들어 경전을 읽고 차도 들 수 있게 준비를 하는 등 힘에 부칠 정도로 신경을 쓴 탓인지 새벽 예불을 하기 위해 일어났는데 어지러워서 간신히 세수하고 큰법당 계단을 세 단쯤 올라가는데 쓰러질 것만 같아 살살 기어서 방으로 돌아와 누웠습니다. 그 때부터 정신없이 토하면서 열이 나고 견디기 힘든 구토가 계속 되었지요.

우선 사강의 홍의원이 오셔서 응급 주사를 놓고나서는 열이 좀 내리고 토역질이 가라앉기 시작은 하였는데 머리가 들 수 없이 어지러운 것은 며칠째 계속 되었습니다.

신도님이 모셔 온 한의사의 진단에도 머리에 이상이 있다는 것이었습니다. 그래서 조 한약방 거사님이 수원 한일 병원장님은 독실한 불자이시니 그 병원에서 검사를 해보자고 검사 준비를 해 놓왔다며 병원에 가자 하고 나는 두문불출 기도 중이니 갈 수 없다 하고 전날부터 그 이튿날 낮에까지 상좌들은 병원에 가야 한다고 야단들이고 한나절을 실랑이를 하였습니다. 주변에서 하도 성화여서 막 가려고 일어서는데 이웃 자제정사 원장이신 묘희 스님이 30년 전에 청암사 강원에서 함께 공부하던 혜눌 스님과 같이 들어오셨습니다.

마침 병원을 가려고 한다는 이야기를 듣고 묘희 스님은 "큰 기도를 하는데 무슨 큰 병이 생기겠어요. 체한 기가 있어 어지러운 것이에요. 마침 내가 오면서 신흥사엔 없는 게 없을 것 같아 뭘 가져가나 생각하다가 어제 경남 제약 보살님이 가져온 약품 중에 소화제 한 통을 가져 왔어요. 이 약 우선 먹고 침을 가져와서 열 손가락 따고 뜸을 뜨면 괜찮을 것이니까 병원은 가지 않아도 돼요. 관세음보살님이 성일 스님 기도 잘 하라고 나에게 약을 들려 보내셨나 봅니다. 이상하게 여러 가지 약 중에서 소화제를 들고 나오고 싶더니."

그리고 자제정사에 전화하여 침을 가지고 오게 해서 손가락을 다 따고 뜸을 뜨고 나니 들지 못하던 머리를 들 수가 있었지요. 한 보름 동안 별 약도 치료도 없이 뜸 뜨고 하면서 서서히 일어났습니다. 묘희 스님이 5분만 늦게 오셨어도 나는 대중의 성화에 못 이겨 두문불출을 깨고 병원으로 떠났을 텐데 그 5분의 차이로 절 밖에 나가지 않게 되었고 두문불출 10년 기도를 회향할 수 있었습니다. 참으로 관세음보살님의 크신 가피셨지요.

그런 일이 있고는 별일없이 10년기도를 회향할 수 있게 한 건 강이 제일 크신 기도 가피라고 감사해 하고 있습니다.

죽으려던 사람들 많이 살려준 기도영험록 테이프

지난 10년기도 시작하고 400일째 되던 날 제작된 기도 가피 영험록 제1집 「부처님의 가피는 불가사의 하여라」 녹음테이프를 듣고 많은 사람들이 환희심을 내고 찾아와서 기도하고 가피를 입었습니다.

또 "불교에 대해서 새로운 인식을 하게 되었다. 기도에 대해서 새롭게 알았다. 보시의 진실한 의미를 알게 되었다."고 하면서 찾아오신 분들이 많습니다. 무종교인들이 불교에 귀의를 하고, 타종교인들은 개종을 하고, 한편 불교 신자들도 테이프를 들으면서 '지금까지 불교를 제대로 믿은 것이 아니었구나!' 하고 반성했다는 얘기도 많이 들었습니다.

그리고 지금까지와는 다르게 '우리의 모든 불행이, 나의 모든 잘못이 내 업장 탓이지 남을 원망할 일이 아니구나, 내 복이었구나.' 하고 반성하고, 열심히 기도해서 업장을 소멸하고 부처님의 가피를 입은 이야기를 듣고 '아주 절망적이었을 때도 이렇게 살아날 수 있구나.' 하고 그 테이프가 많은 사람들에게 희망과 기쁨을 주었다는 얘기를 많이 들었습니다.

구체적인 이야기를 몇 가지 해보겠습니다. 부천에 있는 큰절에 다니는 신도인데 어느 날 그 절에서 신흥사로 야외법회를 왔습니다. 그래서 그 대중들에게 신흥사 유래 및 수련원 건립에 대한 얘기를 잠깐 해주고 그 날도 테이프를 선물로 드렸습니다.

그리고 2, 3일 후에 한 거사님이 부인을 데리고 오셨습니다. 남편되시는 분은 중학시절부터 불교를 믿기 시작해서 신심이 아주 돈독한데 그 부인은 15년 동안을 절에 같이 나가자고 포교를 해도 안 듣더래요. 그런데 그날 야외법회에는 우연히 따라오게 되었는데 그 테이프를 듣고는 부처님을 믿겠다고 하였답니다. 그 남편은 30년 묵은 체증이 내려간 것 같다고 하면서 고맙다고 부인과 함께 와서 시주를 하더군요. 자기는 오랫동안 절에 다녀도 시주는 처음 하는 것이라고 하면서 말입니다.

이처럼 이 영험록 테이프가 큰 포교사 역할을 하고 있습니다. 우리 청소년 수련원에 음향 설비를 해 주신 일명 스님이 이 영험록 테이프를 제작하자고 할 때 "괜히 기도 가피 잘 못 이야기하면 현대 사람들은 불가사의한 부처님의 가피를 믿지 않고 나를 사이비라고 오해할 수도 있는데."라고 하며 내지 않겠다고 하였더니 그 스님 말씀이 "옛날 관음영험록은 요즘 사람들에게 전설의 고향쯤으로 알고 기도하지 않지만 이 신흥사 신도들의 기도 가피는 오늘을 함께 사는 현대인들에게 얼마나 큰 도움을 주겠습니까? 타종교인들은 조그만 일만 있어도 간증한다고 야단인데…"라고 하며 영험록 테이프를 하루라도 빨리 제작하라며 독려해 주었습니다.

그래서 제작한 이 테이프가 많은 사람들에게 신심을 증장시키고 또 신흥사 포교와 불사에 크나큰 힘이 된 것입니다.

1집 테이프가 나오고 그 후로도 1500여 일 동안 많은 사람들이 기도하여 가피 입은 이야기가 많고 제 2집 테이프를 찾는 사람이 많아서 10년기도 시작한 지 6년 만에 또 2000일 기도가피 테이프를 제작하여 6만여 부를 법보시하였습니다. 테이프 제작비만 하여도 근 3억원이 되어 갈 겁니다. 테이프는 하나도 판매한 적이 없고 모두 법보시하였습니다.

  그 테이프를 듣고 죽으려던 사람들이 많이 살아났습니다. 사업이 망해 자살하려던 사람들도 그 테이프 듣고 열심히 기도하여 죽지 않고 사업을 일으켜 잘 살고 있고, 또 병들어 도저히 살 수 없다고 자살하려던 사람들도 그 테이프 듣고 '아, 기도하면 살 수 있구나' 하여 열심히 기도하여 병 낫고 잘 살고 있습니다. 이처럼 가지가지 어려움에 처한 모든 사람들에게 희망을 준 테이프입니다. 그 테이프 듣고 전국에서 다 찾아오고 심지어 미국, 캐나다에서도 그 테이프를 듣고 찾아옵니다.

지하수가 터진 것은 부처님의 크신 가피

그 동안 기도도 잘 되고 또 신도 수가 갑자기 늘어나다 보니 먹을 물이 부족해서 큰 문제였습니다. 군부대에서 물을 실어다가 샘에 부어 주어서 그 물을 먹고 살고, 빨래는 모아가지고 서울에 있는 아는 절에 가서 빨아오는 등 물 때문에 힘든 일이 많았습니다. 기계로 여러 번 물을 파 보았는데도 물이 나오지 않는다고 그냥 다 가버리는데 어찌해야 할지 막막하였습니다. 천만원쯤 드는 비싼 기계가 와서 아주 깊이 파면 물이 나올 수 있다는 말은 어디서 들었는데 그걸 어디서 알아보나 아득했습니다.

그 무렵 불사를 할 때마다 돈이 없으면 수원 회장보살님이 어디서든지 돈을 빌려왔기 때문에 돈 빌리기가 아주 쉬운 줄 알았는데 제가 한번 빌려보니까 돈 빌리기가 아주 어렵더군요. 이 수련원을 지을 때 한번은 또 보살님께 빌려오라고 하기가 미안해서 제가 아는 스님에게, "공사하시는 분이 모레까지 천만원을 가지고 오라고 하는데 지금 당장 돈이 없습니다. 좀 빌려주십시오." 했더니 절마다 빌려줄 돈이 없다는 겁니다. 불사 한번 끝나면 다른 불사를 시작하기 바쁘기 때문에 절에는 도저히 여유가 없는 게 사실입니다.

그런데 바로 그 절 신도분이 옆에 있다가 하는 말이,

"스님 책을 읽어보니까 좋은 일을 참 많이 하고 계시더군요. 진작부터 한 번 뵙고 싶었습니다." 하면서 그 돈을 자기가 빌려줄 수 있다는 겁니다. 처음 보는 분이 아무 조건도 없이 이자도 없이 천만원을 선뜻 빌려주셔서 수련원 공사할 때 참 잘 썼습니다. 그런데 급한 돈부터 갚아 나가다 보니까 일년 반이 넘도록 그 돈을 갚지 못해 너무나 미안했습니다. 더이상 시일을 끌면 안 되겠다 싶어서 할 수 없이 천만원을 만들기 위해,

"초파일 등 헌공비를 이만원 이상 내십시오." 하고 신도분들에게 부탁을 드렸습니다. 그렇게 억지로 천만원을 만들어 가지고 가서 너무 고맙게 잘 썼다고 늦어서 미안하다고 말씀드렸더니 그 보살님 말씀이,

"스님께 돈을 빌려드리고 나서 생각해 보니 차라리 그 돈을 그냥 시주를 했으면 좋았을텐데 하고 마음이 편치 않았습니다. 그래서 무역업을 하는 남편의 사업이 잘 되어서 그 돈을 받지 않을 수 있게 해달라고 부처님께 열심히 기도를 했지요. 사실 그 이후로 그 돈의 몇 배를 더 벌었습니다. 그러니 아무쪼록 그 돈은 스님이 가장 필요한 때 그냥 쓰십시오." 하면서 그대로 시주를 했습니다.

당시에 그 돈은 하도 크고 소중한 시주였기 때문에 빚 갚는 데에도 쓰지 않고 나중에 물 문제를 해결하려고 정기예금을 시켜 놓았었지요. 쌀은 좀 없어도, 아니 쌀도 없으면 곤란하지만 쌀은 신도님들이 오실 때마다 가지고 오시니까 괜찮은데 물은 그렇지가 않잖아요. 그래서 물 아껴쓰라는 말이 16년 동안 입에 붙어 버렸습니다. "물을 아껴쓰면 용왕님이 돌보아줍니다." 이렇게 도량 곳곳마다 써붙여 놓아도 소용이 없습니다. 평소 집에서 물을 철철 넘칠 정도로 헤프게 쓰던 아이들이 어디 절에 왔다고 아껴쓰나요. 계속 잔소리 하면 수련도 안 하고 가버릴 거고, 그저 대야에 철철

넘치는 물을 보면 마음만 아플 뿐이었지요. 물은 턱없이 모자라는데….

그 물 문제를 해결하려고 '누구에게 알아볼 수 있을까.' 궁리하고 있는데 마침 근처에 있는 군부대에서 지하수를 팠습니다. 그리고 그 지하수를 판 사장님을 소개시켜 주었습니다. 그분에게 물 사정을 이야기하고 부탁을 드렸더니 견적이 천팔백만원이 나왔어요. '돈은 천만원뿐인데 어떻게 하나' 걱정을 하니, 마침 부처님 가피로, 그것이 바로 귀인상봉입니다. 그분이 또 신심있는 분이어서, 절 사정을 들어보니 물은 꼭 있어야겠고 돈은 형편을 감안해서 선뜻 팔백만원은 당신이 시주하시고 천만원에 해주기로 약속을 해주셨습니다.

처음에는 하루에 300명 정도 수련할 것을 예상하고 250~300드럼이면 될 거라고 파들어갔는데 물이 나올 기미가 보이지 않았습니다. 기사님들이 육중한 기계와 씨름하면서 맥이 빠져 있을 때 그 사장님이 100m를 파보라고 하였어요. 보통은 20~30m에서 물이 비치다가 큰 물이 터진다는데 여기는 지하 32m에서 물이 터졌어요. 하루에 500드럼 물 양이 터진 것입니다. 수도꼭지마다 펑펑 물이 쏟아지는데 그 때의 감격은 뭐라고 표현할 수가 없습니다. 그래서 이제는 예상보다 훨씬 더 많은 사람이 와도 물걱정은 하지 않게 되었습니다.

물 공사 하기 전, 삼성각 준공식을 할 때 큰스님께서 오셔서 아주 큰절이 되겠다고 말씀하실 때 그때 마음속으로, '큰절이 되면 그만한 물이 있어야 하는데 여기는 물이 귀해요. 정말 큰절이 되어도 걱정입니다.' 이렇게 속으로 걱정을 했는데 정말 큰절이 되도록 물이 나온 겁니다. 모두가 부처님의 크신 가피입니다.

이 좋은 카페트는 힘드는 기도 하시는 스님이 깔으셔야

지난 10년 기도 중 처음 1000일 기도 시작하여 얼마 되지 않았을 때입니다. 그 때는 열 평 되는 작은 구법당에서 하루 4분 정근 여덟 시간씩 기도하고 나면 너무나 더워서 옷이 네 번이나 땀에 흠뻑 젖도록 더운 여름날이었습니다.

요사채도 옛날 조그마한 집이었습니다. 오후 기도를 하고 내려오는데 젊은 부부가 중학생인 듯한 딸 하나를 데리고 왔습니다. 이쪽 바닷가에 놀러 왔다가 들렀다고 합니다. 마침 저녁공양시간이 되어서 공양을 하고 가라고 하였더니 기뻐하면서 들어와 공양을 하고 함께 우리 천일기도에 대해 얘기를 하였더니 선뜻 그 자리에서 세 식구 3000불을 모시는 시주를 하고는 하는 말이 '저희들은 천주교 신자인데 매우 인색합니다. 그런데 웬지 모르게 오늘 부처님께 시주를 하고 싶었습니다. 앞으로는 부처님께 귀의를 하겠습니다." 하고 돌아갔습니다.

그리고 얼마 후에 또 들린 그 부부에게 오후 3시 기도를 참석해 보라고 하였더니 법당에 들어와서 생전 처음으로 2시간 동안 꼬박 기도를 하고 나더니 무척 힘이 들었나 봐요. 며칠 후에 승용차 한대 값과 맞먹는다는 아주 좋은 카페트를 하나 가지고 와서 "스님, 기도가 그렇게 힘드는 일인 줄은 몰랐습니다. 이 카페트는 남편이 외국 출장 갔을 때 사온 아주 고급카페트여서 아끼고 모셔두었는데 이런 좋은 것은 그렇게 힘드는 기도를 하시는 스님이나 깔 수 있는 물건이어서 가져왔습니다. 법당에 깔고 기도하세요."
하고 시주하였습니다. 지금도 큰법당 복판의 스님 자리에 깔려 있는 카페트가 바로 그것입니다.

청소년 수련 때 고등학교 2학년 남학생이 수련소감문에 "스님은 기도를 몇 년째 하신다는데 질리시지도 않으시나? 우리는 한 번만 해도 너무 힘들고 질리는데 기도가 그렇게 중요한 건가?"
이렇게 썼습니다. 참 이 기도는 스님들도 일주일만 하여도 입이 부르트는 용맹기도입니다. 제 자신이 생각해도 부처님의 가피로 이 기도를 해낸다고 생각합니다.

저 여자는 나보다 못사는데 시주는?

그날은 더욱 좋은 인연을 짓는 칠석불공법회날이었습니다.

아직도 큰법당이 없는 신흥사 신도들은 수련원에서 두 시간 꼬박 기도드리고 두 시간 반 동안 법회를 하면서 보시에 대한 설법을 하고 또 큰법당 건축불사에 시주하는 공덕에 대해서도 자세히 이야기를 하였습니다.

그렇게 하루종일 기도하고 설법 듣고 점심 공양을 하고 집으로 돌아갔습니다. 그날 저녁에 가까운 이웃 면에 살고 있는 보살님이 울면서 전화를 하였습니다.

"주지스님, 저는 오늘 스님 설법을 듣고 큰법당 짓는 불사에 환희심이 나서 '내 일생에 한 번 있을까 달까한 일인데 생활비를 아껴서라도 기둥을 하나 시주해야겠다'고 큰마음 먹고 기둥시주를 적고 왔는데 절에서 내려오면서 옆집 ○○엄마가 사람들한테 '저 여자는 우리보다 못사는데 기둥시주를 하였다'고 하면서 막 흉을 보더라는 것입니다. 그래서 너무 너무 속이 상해서 전화드렸습니다."라고 하는 보살님에게,

"보살님, 그렇게 좋은 생각으로 시주를 하면 부처님의 가피가 계실 것이니까 속상해하지 마세요. 남이 시주하는 것을 보고 수희찬탄하면 본인이 시주한 것처럼 복을 짓는데 중생들이 업이 두터워 남이 복 짓는 것을 보고 흉보고 욕합니다. 그것은 자기 업을 더

하는 것이니 속상해할 것 없습니다."
　그 후로 그 욕하던 신도는 아파서 병원에 가있고 교통사고 나서 병원에 가있고 하느라 몇 년째 절에도 못 오는데 기둥 시주한 형편이 어려웠던 그 보살님은 남편 진급 잘 되고 아들 취직 잘 되어 이제 집안에 걱정거리 없이 잘 살고 있습니다.

바닷가 언덕에서 부처님 두 분이 신나게 목탁을 치시면서…

　서울 구로구에 사시는 보살님 이야기를 말씀드리겠습니다. 그 보살님은 우리가 기도 시작하기 며칠 전에 찾아왔습니다. 그분 말씀에 의하면 우리 절 1,000일 기도 시작하기 바로 며칠 전인데 자기가 난데없이 꿈을 꾸었다고 합니다.
　꿈 속에서 가족과 함께 바닷가에 해수욕을 갔는데 그 바닷가 언덕에서 부처님 두 분이 아주 신나게 목탁을 치시면서 자기를 오라고 하더랍니다. 부처님 앞으로 가서, 자기들이 먹으려고 준비해온 과일이며 음료수를 부처님께 올렸다고 합니다.
　그런 꿈을 꾸고 나서도 꿈의 내용이 너무나 생생해서 어디에 그런 절이 있나 곰곰이 생각을 해보았답니다. 그랬더니 여섯 살인가 일곱 살 때에 어머니를 따라 이 절에 한 번 와보았는데, 그 꿈 속의 부처님이 어디 계셨던가 자꾸자꾸 기억을 되살려 내니까 바로 이 신흥사였다고 합니다. 그래서 사람들에게 물어물어 가면서 찾아왔던 것입니다.
　그렇게 찾아온 경위를 말하는 그분에게 앞으로 천일 기도를 시작한다고 하니까 자기 가족이 셋인데 부처님 세 분을 모시고 싶다고 하면서 동참비를 한꺼번에 선뜻 내고 갔습니다. 그리고는 얼마 뒤 찾아와서는 신나게 이야기를 하는 것이었습니다. 독산동에서 옷가게를 하고 있었는데 옆에 있는 다른 옷가게들이 우연히 모두문을 닫아버리는 바람에 자기들 가게가 아주 장사가 잘 되어서 서너 달 사이에 가게가 두 개로 늘어났다고 합니다. 가게가 늘어나는 바람에 절에는 자주 못 오지만 그렇다고 자기들이 이제까지 그렇게 열심히 다닌 사람들도 아니고 그 꿈을 꾸고나서 신흥사에 왔는데 가게가 두 개로 불어나서 아주 기쁘다고, 부처님께 감사드린다고 말입니다.

사고 잦은 군부대에 독경하고 물 뿌리고 무사고 부대로

가까이에 있는 특수부대에 대포 쏘는 연습을 하다가 오발탄으로 사병 세 명이 죽었습니다. 그 영결식에 염불을 해달라고 해서 갔더니 포대 마당에 영결식장을 차려놓았는데 모두들 표정이 어두웠지요. 군인 유가족들이 각목을 들고 포대장 때려죽인다고 설치고 여기저기서 사람들이 웅성거리고 있는 것이 살벌하기가 아주 말할 수가 없었습니다.

그리고 한 보름 있다가 또 지화리 초소에서 보초 서던 군인이 자기 머리에 총을 쏘아 자살을 하였는데 머리가 산산조각으로 흩어져 초소천장에 붙어서 함께 보초 서던 군인들이 무서워서 보초를 서지 않으려 한다고 또 독경을 해달라고 부탁이 왔습니다.

마침 그날 봉녕사 학인 스님들 40여 명이 포교 강의를 듣는다고 왔기에 강의를 마치고 마침 잘 되었다며 스님들 40명이 군용트럭을 타고 그 초소에 갔습니다.

초소가 있는 곳은 앞에 서해바다가 펼쳐져 있는 매우 경치가 좋고 시원스러운 곳이었습니다. 그 곳 초소 안에서 정성껏 독경을 하고 돌아왔습니다. 그리고 일주일 후에 포대장이 와서 부탁드릴 말씀이 있다고 하여 무엇이냐고 하였더니 포대에 계속 크고 작은 사고가 나서 걷잡을 수 없으니 사고가 나지 않도록 안택독경을 좀 해달라는 것이었어요. 그래서 흔연히 해준다고 하고 그날 우리 보살님들이 절에 들어와서 독경상에 올릴 과일, 떡, 헌공물과 군인들이 먹을 잡채까지 준비하여 갔습니다.

부대 연병장에 자리를 마련하고 군인들 모두 목욕재계시켜 두 시간 독경하는 중에 천주교 신자인 포대장부터 나와서 절 세 번 하고 전체 군인들이 다 나와 절을 하였습니다. 그 중에 기독교, 천주교, 불교신자가 다 있겠지만 워낙 사고가 잦은 자기 부대를 위하여 정성껏 절하는 모습이었습니다. 독경이 끝나고 올렸던 다기물(천수물)을 솔가지로 부대 구석구석 염불하면서 뿌렸습니다. 그 뒤론 그 포대는 사고가 없었고, 2, 3년 후에 갔더니 무사고 부대 상패가 포대장실에 걸려 있었습니다.

그리고 10월에 포 쏘는 경연대회가 있는데 늘 나가면 오래된 군용트럭이 고장이 나서 차 고치다가 대회에서 떨어진다고 1등을 할 수 있게 독경을 해달라고 해서 그 때도 모든 헌공물을 준비하여 지성 독경해 주고, 대회에 나갈 군용트럭 20여 대에 다 천수물을 뿌려 주고 왔습니다.

그리고 다음날 그 부대는 경연대회에서 차가 하나도 고장이 나지 않고 사고가 없이 포를 잘 쏘아서 단연 1등을 하였습니다. 이런 크지 않은 포대에서 1등을 하기는 처음이래요. 그래서 군 밴드부가 포대까지 퍼레이드를 해주었다고 너무 감사하다고 포대장이 인사를 왔습니다. 그 이후로도 계속 무사고 부대로 표창을 세 번이나 받았습니다.

그 뒤로 절에 일만 있으면 군인들이 와서 울력을 해주고 위문 가고 한 가족처럼 되었습니다.

이처럼 감로수로 변한 다기물을 뿌리면 모든 것이 안위가 됩니다. 다기물을 올리고 정성을 드려 기도한 뒤 감로수를 마시고 병이 낫는 일도 많습니다. 모든 것은 지극한 정성에 있다는 것을 명심하시고 항상 기도하는 마음으로 생활하십시오.
 이 천수물 뿌리는 유래는 부처님께서 인도 베살리에서 독경과 물 뿌림으로 전염병을 퇴치하신 데서 비롯되었습니다.

병든 베살리에 물 뿌리고 전염병 퇴치하신 부처님

부처님께서 성도하신 지 5년째 되던 해, 밧지족(族) 릿차비인(人)들이 살고 있는 그들의 수도 베살리는 몇 년째 가뭄이 계속되어 큰 흉년이 든 데다가 전염병이 유행하여 수많은 사람들이 죽어갔습니다. 거리에 버려진 시체를 처리할 수조차 없을 정도로 사태가 심각해졌습니다.

사람들은 이런 재난은 신이 노하여 그렇다고 바라문교 사제들이 하늘의 신들에게 제사를 지내자고 주장하여 짐승을 잡아 신들에게 바치고 제사를 지냈지만 전염병은 퇴치되지 않고 오히려 짐승들의 피와 오물들이 썩어 전염병은 더욱 치성하였습니다.

그 때 한 어진 신하가 임금에게 고하여 이 일은 부처님만이 해결해 주실 것이라고 말씀드려 밧지족 릿차비왕은 마가다국 왕사성 죽림정사에 계시는 부처님께 구해주실 것을 간청드렸습니다. 부처님께서 이 소식을 들으시고 곧 제자들을 이끌고 갠지스 강을 건너 베살리로 가려 하시니 빔비사라왕을 위시해서 모든 사람들이 부처님께서 전염병이 도는 그 곳에 가시는 것을 만류하였습니다. 그러나 부처님께서는 빨리 그 베살리를 구해야 한다고 길을 떠나셨습니다.

부처님께서 밧지족의 영토에 발을 들여 놓자마자 뇌성이 울리고 큰비가 내려 바싹 말랐던 온 땅은 포근히 적셔지고 사람과 모든 만물이 혹심한 가뭄에서 벗어났습니다.

그리고 부처님께서는 맨발로 걸어서 베살리로 들어오셔서 곧 사람들에게 경을 설하고 함께 외우게 하셨습니다.

"여기 모인 신들은 지상의 신들이든 하늘의 신들이든 신과 인간이 다 같이 섬기는 완성된 부처님 앞에 예배하라. 그리고 행복하라. 완성된 진리 앞에 예배하라. 그리고 행복하라. 완성된 상카(僧) 앞에 예배하라. 그리고 행복하라."

그러면서 부처님은 제자들과 함께 발우에 물을 담아서 전염병 도는 곳곳에 밤낮없이 물을 뿌리셨습니다. 이렇게 하시기를 이레동안 계속하자 베살리 곳곳은 전염병이 퇴치되고 모든 재난이 씻은 듯 사라지고 사람들은 모두 편안한 행복을 누릴 수 있었습니다.

부처님께서 베살리 백성들을 위하여 설하신 이 경(經)은 '보배의 경(寶經)'으로 가장 오래된 초기경전 『숫타니파아타』에 실려 있습니다. 베살리의 밧지족 사람들은 두고두고 부처님의 은혜에 감사하였고 이로 인하여 베살리는 부처님의 전도활동의 중요한 근거지의 하나가 되었습니다.

부처님께서 독경하시고 발우의 물을 뿌려서 질병과 죽음을 물리치셨습니다. 저 베살리를 구하셨습니다. 오늘날 우리도 집을 편안히 하는 안택독경을 하고 독경상에 올렸던 다기물(천수물)을 염불하며 곳곳에 뿌리는 것과 자동차를 새로 샀을 때 안전운행을 기원하는 불공을 올리고 차에 천수물을 뿌리는 것이 다 같은 이치입니다.

군부대에 안택 독경하고 악몽 퇴치

이 쪽 남양반도 대대에는 서해안을 지키는 군인들이 1300여 명이 주둔하고 있습니다. 이 남양대대에 새로 대대장으로 임관한 양중령은 불심(佛心)이 깊어서 사단에서 승진 계급장을 달고 바로 신흥사에 와서 불공 올리고 대대로 가서 임관하였습니다.

그런데 대대장 관사에 이사하여 사는데 두 부부가 밤마다 악몽에 시달렸습니다.

꿈속에 많은 무리의 귀신들이 나타나 고통을 호소하는 꿈이었습니다. 그것도 며칠 계속되니까 절에 와서 상담하였지요. 관사에 스님이 가서 안택 독경을 정성껏 하고 천수물을 뿌리고는 거짓말처럼 악몽이 사라졌습니다.

그런데 또 곳곳에 있는 중대에도 중대장들이 그런 귀신이 우글거리는 악몽을 꾸어서 그 중대마다 가서 다 안택 독경을 해 주었습니다. 그리고는 중대에도 악몽이 사라졌습니다.

그 이후로 양대장은 이 쪽 중대와 소대에 순찰하러 지나갈 때마다 부처님께 절하고 가고 일요법회 때도 시간이 되면 법회에 참석하고 집에서 새벽이면 두 내외가 꼭 기도드리고 하여 많은 사병을 거느리고도 임기 2년 반 동안 별 사고 없이 대대장 임무를 잘 마친것에 대하여 신흥사 부처님의 은혜라고 항상 감사해합니다.

그리고 임기 중인 87년도에 비가 많이 와서 신흥사도 몇 군데 사태가 났을 때 군인들을 데리고 와서 수해복구도 다 해주고 절에 인력이 필요할 때 많은 군인을 지원하였습니다.

신흥사에서도 부처님오신날 봉축행사의 일환으로 남양대대에 위문을 갈 때면 1300명의 군장병들 위문품을 손수 신도들이 만드느라고 위문 가기 전날 봉사단 보살님들이 버스로 한 차 들어와서 잡채를 도시락으로 1300개를 만들기 위해 야채 썰고 준비해놓고 갔다가 위문 가는 당일날 또 한 버스 들어와서 잡채 볶고 도시락 담고 음료수, 과일, 떡 봉지를 준비하여 부대에 가면 대대에는 정문에서부터 연등이 걸려져 있어 위문 가는 신흥사 대중들에게 큰 환희심을 안겨주었습니다. 양대대장이 있는 동안은 해마다 그렇게 잘 해주었습니다.

그 다음에 부임한 대대장은 타종교인이어서 절에 인사 가라고 하여도 한번 오지 않고 우리도 가지 않고 1년이 지났습니다. 그런데 갑자기 대대에서 사람이 왔습니다.

"얼마 전에 궁평 초소에서 군인 두 사람이 근무하다가 전기감전으로 죽었어요. 그 죽은 군인과 친한 사병이 서울에 있다가 대대에 놀러 왔는데 죽은 군인과 함께 생활하던 내무반에 들어가자마자 죽은 군인 혼령이 친구한테 씌어서 막 울면서 '내가 억울하게 죽어서 좋은 데로 가지 못하고 이 괴로운 고통을 겪고 있다'고 하면서 가슴을 치고 울고 있으니 스님이 내무반에 오셔서 전에처럼 독경을 해주십시오." 하는 청이었습니다.

독경상에 올리는 헌공물은 적어주시면 자기들이 다 준비해 놓겠다고 하여서 그날도 아주 바쁜 날이었는데 부대에 독경해주고 물 뿌리고 잘 마쳤고, 울던 군인도 제 정신이 돌아와 잘 돌아갔습니다.

이것은 부처님 뜻이니 길을 돌려야 합니다

"10년이면 강산도 변한다."는 속담도 있듯이 이 곳에 산 지도 벌써 30년이 다 되어가니 그 동안 강산이 변해도 크게 변하였습니다. 옛날 터덜거리던 정다운 시골길은 어느 날 2차선 아스팔트로 변하여 있었고 그리고 근래에는 4차선 큰 도로가 시원스레 뚫어져 있어 처음 이 곳을 찾아 오는 사람들은 길 찾기에 어리둥절하다고 합니다. 이 4차선 도로가 계획 중이었을 때 도청에 있는 담당직원들이 반 년 전부터 찾아와서 신흥사 바로 앞으로 4차선 도로가 나는데 신흥사는 피해없게 방음벽과 인터체인지 아스팔트까지 해 드릴테니 괜찮으시냐고 물어왔습니다.

내가 두문불출 10년기도 중이어서 근 10년을 길에 나가보지도 않았고 또 도로 상황에 대해서 잘 알지 못하니 어떻게 대답할 수 없어서 차 타고 다니는 신도들한테 물어보니 모두 괜찮다 하고, 또 나라에서 계획된 그러한 일들을 철회하려면 싸움도 많이 해야 되고 이래저래 생각해보니 반대하고 나선다는 것이 역부족이라는 생각이 들었습니다. 그래서 그 담당자들이 몇 번 와서 신흥사 주지의 의사를 타진할 때 승락 아닌 승락을 하였습니다.

그리고 6개월 후 처음으로 서신면 회의실에 와서 공청회를 하는데 길이 신흥사 앞으로 난다고 하니까 공청회에 참석하였던 총무스님이 전하는 말에 의하면 서신면 유지분들이 그리로 길 나면 신흥사 버린다고 다 반대를 하였다는 것입니다.

  그 이야기를 듣고 그 동안 안이하게 반대 한번 하지 않은 주지 자신이 부끄럽고 한편 정신이 번쩍 났습니다. 이 차제에 주지가 선택 한번 잘못하면 두고두고 신흥사 부처님께 죄인이 되고 전국에서 찾아오는 많은 사람들에게 욕 먹을 일이라는 생각이 들었습니다.

  그렇다면 기도밖에 할 수 없다. 기도하다가 정해진 일은 부처님의 뜻이니까 기도를 하자 생각하고 지난 10년기도 회향하고 며칠 안 되어 길을 위해서 삼칠일 용맹기도를 지극정성으로 하였습니다. 그 기도 시작하여 보름쯤 되던 날 사시기도를 하는데 어쨌든 길이 절 앞으로 나면 안 된다는 생각이 나서 기도 끝나고 법당에서 내려와 바로 경기도청 담당팀장에게 전화해서 길이 절 앞으로 나면 안 되니까 저 건너로 돌려야 한다고 하였더니 절에 달려와서 이 앞으로 길이 나야 하는 타당성을 또 설명하였습니다.

  그래서 내가 "그래 이제까지 주지가 도의 계획에 승락 아닌 승락을 하지 않았습니까? 그런데 공청회 하는데 서신 유지분들이 다 반대를 하셨다는 소리를 듣고 부끄럽고 정신이 번쩍 들어 용맹기도를 하고 있는데 오늘은 기도하던 중 '길을 이 앞으로 내면 안 된다는 생각이 계속 일어나는 것은 부처님의 뜻입니다. 이 길 해놓고 경기도도 좋아야 하고 신흥사도 좋아야지 어쨌든 길은 저 밖으로 돌려야 합니다." 해서 고맙게도 그 담당팀들이 계획을 바꾸어 지금 도로 건너 산 밑으로 4차선 길을 내게 되었습니다.

  개중에 사람들이 신흥사는 무슨 큰 빽이 있어 길까지 돌려 놓느냐고 하지만 무슨 빽이 있겠습니까? 부처님의 크신 빽이지요. 정말 축원할 때마다 귀인상봉하듯이 담당자들을 좋은 사람 만나서 잘 된 겁니다.

숙원불사 해우소(解憂所) 신축

  절에는 기본적으로 제일 깨끗해야 할 곳이 법당과 해우소입니다. 절을 찾는 모든 사람들이 법당 참배를 하고 그 다음으로 들르는 곳이 이 해우소입니다.

  해우소는 근심을 풀어주는 곳, 요즘 말로는 화장실입니다. 신흥사 화장실이 재래식이어서 아무리 청소를 깨끗이 하고 환풍기를 24시간 돌려도 악취는 나고 모기는 들끓고, 거기에다 장마철인 여름수련 때는 갑자기 빗물이 넘쳐들어가 급하게 퍼야 할 때는 난감할 때가 한두 번이 아니었습니다.

  작년 여름 청소년 수련 때 너무나 굵은 소낙비가 내려서 300여 명 수련생들을 밤에만 사용하는 교육관 실내 수세식화장실을 쓰게 하였더니 하루 썼는데 새벽 2시에 도량 전체가 물이 나오지 않아 수련생들 아침 세수는 관음약수터 샘물을 퍼서 하고 정재소에서 쓸 물은 인근 소방서에 연락하여 소방차로 수도물을 싣고와서 겨우 밥을 해 먹을 수가 있었습니다. 이러한 물사정이고 보니 물에 대해 신경을 쓰지 않을 수 없었지요.

  근래에는 우리나라도 이런 시골집들까지도 모두 수세식 화장실을 쓰고 사는 실정이고 보니 어린아이들은 처음에는 재래식 화장실을 모두 싫어하고 무서워합니다. 그래서 오래 전부터 수세식으로 바꾸고 싶었지만 지하수 물 부족으로 하지 못하고 수도가 들어오면은 해야지 하다가 작년에 교육관 계단 밑 창고를 개조하여 상·하수도가 필요없는 환경화장실을 시설하여 잘 쓰고 있습니다.

또한 근래에는 사적 217호 당성을 답사하는 초등생, 중·고등학생들이 1년에 몇 천 명씩 다녀가고 대로는 제부도 관광객들까지 사용하는 해우소이고 보니 개선은 시급한데 그 또한 거액이 들기 때문에 엄두도 내지 못하고 있었지요. 그런데 올봄에 부처님오신날 봉축법회에 참석한 경기도지사 임창열 지사님께 그러한 이야기를 드렸더니 흔쾌히 지원해 주셔서 올해 생각지도 못한 해우소를 짓게 되었습니다. 외부는 한식 목조건물이고 내부는 깨끗한 양식 환경수세식인 이 해우소는 지금 기와를 올리고 있는데 굵은 목재 기둥, 서까래들을 보기만 해도 환희심이 납니다.

이제 이곳을 찾는 많은 법회대중, 수련대중들이 깨끗하고 상쾌한 해우소를 사용할 것을 생각하니 건축하느라 힘은 들어도 흐뭇하지요. 특히나 우리 어린이, 청소년들이 좋아할 것을 생각하니 더욱 기쁩니다. 국가경제도 어려운데 거액의 도비를 지원해주시니 이 또한 부처님의 크신 가피입니다.

10년 개근 자랑스런 모범불자

　우리 신흥사는 자랑할 만한 불자들이 많지만 그 중에서 제일 자랑할 만한 모범불자 두 분을 든다면 대혜 전재근 거사님과 법현 조권형 거사님을 들 수 있습니다.
　먼저 대혜 거사님은 우리 10년 기도 시작하고 얼마 되지 않아 구법당에서 기도할 때였습니다. 그 때 건강이 좋지 않았던 거사님은 절의 높은 계단을 오를 수 없을 정도여서 다른 절에 갈 때는 아래서 법당을 향해 절하고 보살님만 법당 참배를 한다고 하였습니다. 그런데 마침 신흥사 구법당은 계단이 서너 개밖에 되지 않아 법당에 올라와서 참배할 수가 있어서 기도를 시작하였습니다.
　서울대학교 현직교수로 계시기에 일요일이면 꼭 오셔서 기도하기 시작하면서 차츰차츰 건강이 좋아졌습니다. 그로부터 일요가족법회가 생기고 법회날은 어떠한 바쁜 일도 다 제쳐놓고 법회에 빠지지 않았습니다. 일요법회에 결석하지 않기 위하여 자녀 삼남매중 처음으로 큰딸 결혼시키는데 예복을 맞출 시간이 없어서 토요일 가서 사서 입었더니 몸에 맞지 않아 고치러 보냈다는 보살님 이야기를 듣고 참 감동을 받았습니다.
　그러한 정진력으로 일요법회 10년 개근상을 받았습니다. 일요일이면 절에서 평일에는 집에서 지성껏 기도하고 법회에서 불교진리에 대한 설법 열심히 듣고 또 불교서적을 많이 섭렵하여 '불교 속의 과학'을 강의하실 때면 환희심이 절로 납니다. 부처님의 가르침이 인간을 고통으로부터 해탈케 하는 진리일 뿐만 아니라 현대과학을 능가하는 수승한 진리임을 공학박사이신 거사님이 강의하면 더욱 설득력이 있지요.

그래서 불교를 구태의연한 종교로 오해하는 사람들에게 거사님의 이야기를 하면서 불교에 대한 자긍심을 가지게 하는데 많은 힘이 되고 항상 모든 사람들에게 자랑스럽게 이야기합니다.

신흥사 부처님께 기도드리면서 거사님의 건강도 아주 좋아져서 먼 외국에까지 가서 학술발표를 할 수 있게 되었고, 그러한 돈독한 신심과 불교지식을 함께 갖춘 거사님이 신흥사 신도회장 소임을 맡아 잘해 주시니 신도회와 신행단체, 지역법회 등이 질서정연하면서도 아주 활발하게 모든 수련과 포교활동에 일익을 담당합니다. 보살님 역시 합창단장을 맡아 신행단체의 봉사와 중요한 재무부장 소임을 맡아 사중불사 재무업무에 10년이 넘도록 봉사하시니 10년기도 가피로 이런 좋은 인연이 이루어진 것입니다.

20년 한결같은 신심 참 불자

　법현 거사님과 향운심 보살님과 두 아들, 이 한가족이 신흥사와 인연된 지도 벌써 20년이 넘었습니다. 그 20년이 넘는 오랜 세월 동안 지켜보면서 정말 이런 불교신자가 '참 불자'가 아닌가 생각합니다. 그러면 참 불자의 기준을 어디에 둘 것인가? 참 불자는 절대적인 믿음 삼귀의, 크나큰 서원 사홍서원, 끊임없는 실천 육바라밀행을 실천하는 불자입니다.

　먼저 삼귀의의 첫째, 부처님께 귀의하고 공경하는 마음은 20년 한결같이 조금도 흔들림이 없고 변함이 없습니다. 몇 년 전에 아들을 위하여 지극정성으로 3년 동안 하루에 천수다라니 300독 기도를 하고 큰 시주를 하고 그 소원이 이루어지지 않았을 때도 '그래도 아직 업장이 남아 있고 정성이 부족하였다'고 참회하고 며칠 더 기도하여 더 잘 되었지만 그 때도 부처님께 원망을 하거나 정성이 흔들리는 것을 한번도 보지 못하였습니다.

　다음으로 거룩한 가르침에 귀의하는 그 마음은 법회와 수련에 빠지지 않고 부처님의 가르침을 배우고 실천합니다. 일요법회 10년 개근과 2박 3일 동안 수련해야 하는 성인수련에도 10년 개근을 하면서 수련간사로 봉사하고, 작년에는 또 불교대학에서 공부하여 조계종 포교사 고시에 합격하여 부처님의 가르침을 배우고 전하는 일에 노력하고 있습니다. 신흥사 수원지역법회를 결성하여 지역법회 포교 활성화에 많은 힘을 기울이고 있지요.

삼귀의 세 번째로 '거룩한 스님네께 귀의합니다'는 한약방을 하는 거사님이 많은 스님들을 알고 또 스님들의 약도 그냥 지어드리고 정말 남이 모르게 스님들한테 많은 도움을 드립니다. 그러면서도 스님들 모두에게 분별 내지 않고 한결같이 공경함은 많은 불자들이 본받아야 할 행입니다. 조금도 흐트러지지 않는 그 꾸준한 신심은 참으로 장하십니다.

큰 서원인 사홍서원을 세우고 실천수행인 육바라밀행의 제일 첫째 보시행을 묵묵히 또 보시하고 또 보시하면서 상을 내거나 남앞에 나서거나 보시한 척하는 그런 기색이 털끝만큼도 없으니 인연 있는 스님들마다 참 불자라고 칭찬하고 법 없이도 살 수 있는 사람들이라고 모두 고마워합니다.

거사님과 보살님은 말할 것도 없고 그 젊은 두 아들도 부모님을 닮아 젊은 불자로서 칭찬할 만합니다. 이런 좋은 신도를 만난 인연 또한 부처님의 가피입니다.

칭찬할 만한 2,600일 기도재자

이 책 뒷면에 신행수기를 쓴 젊은 보살님인데 참으로 칭찬할 만할 정도로 열심히 기도하는 사람입니다.

8년 전에 처음 상담하러 왔을 때 아기를 등에 업고 남편의 사업이 아주 어려움에 처해 눈물을 글썽이던 보살님은 시키는 대로 기도를 시작하였습니다.

100일기도 끝나면 회향하고, 또 200일째 기도 입재하러 올 때마다 부처님께 올릴 꽃 한 바구니, 과일 한 바구니, 100일 동안 올렸던 기도비 팔십여 만원, 불사비 일백만원씩을 스물다섯 번을 똑같이 그대로 올리는 것입니다. 사람이 어떤 때는 많이 올릴 수도 있고 작게 올릴 수도 있는데 2500일 한결같이 할 수 있는 그 정성이 갸륵했습니다.

또 두번째 칭찬할 일은 1500일까지는 매일 새벽, 저녁기도 때 천수경 21독씩 하다가 1600일 기도부터 하루에 천수 다라니 300독씩 늘려 5~6시간씩 기도하고 있습니다. 근래에 그것도 모자라서 또 일주일에 한 번씩 천수다라니를 사경합니다. 사람이 오래 기도하면 해이해져서 오히려 처음보다 못하는데 이 보살님은 기도를 갈수록 더 잘하니까 참 복있는 사람입니다.

가만히 보면 복 없는 사람은 기도도 조금 하다 말아버리니까 부처님의 가피가 계실 리 없고 복 있는 사람은 꾸준히 지성껏 기도 잘하여 부처님의 가피를 크게 입습니다. 이처럼 꾸준히 갈수록 더 열심히 기도하는 이 보살님댁 사업은 승승장구로 잘 되어가고 있습니다.

  이 댁 거사님과 같이하던 주변의 중소기업은 다 무너졌는데 자기들 기업만 여전히 잘 되는 것은 기도 가피이고 부처님의 은혜라고 더욱 감사하며 환희심 나서 기도하고 있습니다.

3. 가난과 질병에서 살아난 이야기

"병이 깊은 것일수록 노력과 정성과 끈기가 있어야 합니다. 처음 먹은 마음을 놓지 않고 부처님께 간절하게 정성을 들여야 병을 완전히 물리칠 수 있는 것입니다. 또한 기도를 통해서 자기 마음이 정돈되고 굳세어지기 때문에 그런 삿된 마(魔)가 범접할 수 없기에 항상 건강하게 살아갈 수 있는 것입니다."

-본문 중에서

천도재와 구병시식으로 25년 된 귀신병이 낫다

십오 년 전 어느 사월 초파일이었습니다. 법당 앞에 위, 아래를 까맣게 입은 남자 한 분이 하루종일 앉아 있어 오가는 사람들의 눈길을 끌었는데 그 남자는 저녁 무렵 온데간데없이 사라져 버렸습니다.

그로부터 보름쯤 지나 그 남자 분이 또 찾아왔는데 가까이서 보니 눈빛이 이상하였습니다. 그리고 말하는 것도 횡설수설 보통 사람들과 많이 달랐지요.

"처사님은 염불을 많이 해야 합니다. 집에 가거든 관세음보살 염불을 많이 하십시오."

라고 말하면서 천수경 한 권과 염주를 주어 보냈습니다. 그리곤 그 사람을 잊어버릴 만했는데 그 해 가을 벼 벨 무렵 다시 찾아 와서, 자살한 부인 이야기를 하더군요. 그 남자는 몇십 년 동안 죽은 부인이 계속 귀에다 대고 천도재를 지내 달라고 한다며 시무룩해 지는 것이었습니다. 자기 본부인이 스물세 살에 자살을 해서 세상을 떠났는데, 그 이후로 혼령이 남편한테 붙어서 계속 49재를 지내 달라고 했답니다. 그 사람은 속되게 말하면 귀신이 붙은 거지요. 그래서 아주 오래 전에 49재를 지내려 했는데 비용이 만만치 않아 그만 49재를 못 지내 주었다고 합니다.

그 이후로 25년 동안 죽은 부인이 산으로 가자고 하면 산으로 가고, 들로 가자면 들로 가는 등 산으로 들로 헤매 다녔다고 합니다. 그래 산에 가서 산 기도도 세 번을 했는데 차도가 없었다고 합니다. 또 주위 사람이 교회에 다니면 귀신병이 낫는다고 해서 교회를 나가기도 했는데 그만 하루 세끼 먹을 식량도 다 떨어져 버릴 정도로 가난해져 교회 다니던 것도 그만 두었답니다. 그래서 그 이후로도 계속 귀신에 끄달려 다닌 거지요.

49재는 사람이 죽은 날로부터 매 7일째마다 7회에 걸쳐서 49일 동안 재를 지내 죽은 사람의 극락왕생을 기원하는 천도의식입니다. 사람이 죽으면 49일 동안 중음신(中陰神)으로 활동하게 되는데 이 기간에 다음 생이 정해질 때까지 불공을 드리고 재를 올려 선근공덕을 지어주면 좋은 곳에 태어난다고 하여 재를 지내주고 있습니다. 그런데 사정에 의해서 49재를 지내지 못했다면 나중에라도 재를 지내서 영혼을 좋은 곳으로 이끌어 주는 것을 보통 천도재라고 합니다.

49재와 천도재의 중요성을 익히 알고 있는데다 죽은 영가가 49재를 간절히 원한다는 말을 듣고, "그래요? 그럼 지금이라도 지내줘야지요."하는 제 말에, "몇십 년 동안 이렇게 다니다 보니 빚만 잔뜩 지고, 돈도 하나도 없고 여덟 식구가 먹는 둥 마는 둥 그렇게 살고 있습니다."라고 형편을 말하는 것이었습니다.

우리가 부처님께 올리는 밥을 '마지'라고 합니다. 범어로 마지예요. 그래서 부처님께는 마지 한 그릇만 올리고 불공을 드릴 수도 있지만 제사를 지내는 것은 마지만 가지고는 안 되고 과일, 과자, 떡 등 재 준비를 해야 합니다.

"사중 돈으로 제사음식을 차리면 그 영가에게 빚이 되어서 더 좋은 데를 못 갑니다. 우리 스님들이 염불은 그냥 봉사로 해줄 수 있지만 최대한 성의를 가지고 제사음식을 차리셔야 합니다. 요즘 벼 베는 데 가면 품삯을 얼마나 받아 올 수 있나요?"

"예. 하루에 3천원은 얼마나 받아 올 수 있습니다."

"그러면 사흘 뒤가 지장재일인데 그날 천도재를 지내면 좋으니까 하루는 공칠 요량하고 이틀만 벌어 오세요."

시골에서 벼 벨 때면 얼마나 바쁩니까? 그런데도 귀신이 누워 있으라고 해서 보름 동안 꼼짝 못하고 누워 있다가 그 날은 하도 답답해서 쫓아 나왔다고 합니다. 귀신 들린 사람은 자기 뜻대로는 아무 것도 못합니다. 자기 의지대로는 전혀 못하고 귀신의 힘에 좌지우지되곤 합니다.

절에서는 그 동안 떡, 과일 등 이것저것 제사 준비를 했지요. 그 분은 사흘 뒤에 하루도 공치지 않고 벌었다고 하면서 구천원을 가지고 왔습니다. 그래서 그것을 제사비로 내고 제사를 정성껏 아주 잘 지내 주었습니다. 그 사람과 다른 가족들도 물론 열심히 기도 했지요.

천도재를 지내고 나서 병이 나은 것은 물론이고 그 뒤로 그 가족이 모두 가족 법회에 열심히 나왔습니다.

4년 뒤 그 부친의 연세가 여든 몇 살인데 돌아가셨다는 연락이 와서 제가 궁평으로 염불을 하러 갔습니다. 가는 길에 보니까 그 사람들이 그 해 봄까지 살았던 옛날 집이라고 해서 보니, 전기도 안 들어오는 집이었습니다.(법당에서 나온 양초 도막을 3년간 얻어다 불을 켜고 살았지요.) 흙으로 지어진 그 자그마한 오두막 초가는 거의 허물어져 있었는데 이 집 구석구석마다 '관세음보살'을 써 붙여 놓은 것을 봤습니다. 그것을 보니까 가슴이 뭉클하더군요.

그런데 염불하러 가서 보니 아담한 기와집이었습니다. 거기도

서까래 기둥마다 모두 '관세음보살'이라고 써 붙여 놓았더군요. 그 가족은 법회에도 열심히 나오고 또 집에서도 새벽마다 열심히 기도를 했고, 그 가피로 건강과 함께 경제적으로도 점차 안정을 되찾아간 것을 알 수 있었습니다.

그 날 그렇게 망인을 위해 염불을 해주고 돌아왔는데 부친의 49재비를 가지고 와서 그 사람이 4년 만에 처음으로 그 동안의 이야기를 차분히 털어놓았습니다.

"스님, 그 때 이후로 4년 동안 우리 여덟 식구가 먹고살면서도 빚을 천만원이나 갚았습니다. 그리고 올해 봄에는 텃밭까지 끼워서 지금 살고 있는 기와집도 샀습니다. 부처님 덕분에, 스님 덕분에 이렇게 부자가 됐습니다. 그 때 스님이 돈을 더 가지고 오라고 하셨으면 천도재를 못 지내고 아직까지도 귀신에게 끌려 다닐텐데 정말 고맙습니다."

그 처사님은 밭에 야채를 심어서 서울의 시장에 넘기곤 하는데, 귀신이 천도되지 않았을 때에는 야채를 넘겨야 할 시기엔 꼼짝도 못하고 그냥 누워 있게 한답니다. 그러면 그만 시기가 늦어 버리고 야채도 다 썩어서 버려 버리고 마니 늘 병고와 가난에서 허덕였던 것입니다. 그런데 천도재를 지낸 뒤부터는 야채도 제때에 가져다 팔고 또 부지런히 일하니 금세 가산이 늘어 트럭도 샀답니다. 그래서 그 해 가을에는 신흥사 김장할 때 배추 한 트럭, 무 한 트럭을 실어다 주면서 기쁘게 보시하였습니다.

"이것 가지고 김장하십시오."

"아이구, 이걸 다 그냥 거저 받아도 됩니까?"

"아, 부처님도 공짜는 좋아하십니다."

이렇게 웃으면서 말하고 갔습니다. 그분의 전법 덕분에 궁평 신도가 많이 늘었습니다.

  이렇듯 가만히 지켜보면 천도재와 구병시식도 해야 하는 것입니다. 많은 사람들이 하고 나면 모두 그렇게 덕을 입기 때문입니다. 눈에 보이지 않는 정신세계의 일이라고 해서 전혀 무시해서는 안 되는 것입니다. 이분처럼 정신이 이상한 사람 중 원인불명의 것은 대다수가 영가로 인한 것이 많습니다. 영가가 원하는 대로 천도재를 잘 지내주면서 영가를 위로하고 좋은 법문을 들려주어 해탈할 수 있게 해주면 정신병도 낫고 여러 가지 힘겨웠던 장애가 걷히는 것입니다.

  엉킨 실도 억지로 풀려고 해서는 안 되듯 모든 것의 원인을 제대로 진단하고 순리대로 술술 풀어야 합니다. 혹여 이 남자와 같은 분이 있으면 문제를 잘 진단해서 제대로 처방해야 하는 것을 잊지 마십시오.

동생의 49재를 지내 주고 병도 낫고 형편도 좋아지고

49재에 대한 이야기를 하나만 더 해드리겠습니다.

인천에 사는 젊은 신도의 실화입니다. 이분은 이 마을에서도 아주 가난한 집안의 아들이었는데 결혼하지 않은 남동생이 오토바이 사고로 갑작스레 죽고 말았습니다. 본인이 사고를 내고 죽었기 때문에 보상금도 없었으니 장례비조차 없을 정도였습니다. 참으로 안타까운 일이지요.

당시 그 형과 형수는 아기도 없이 두 내외가 살았는데 아주 가난했습니다. 남편이 속병이 있었기 때문에 월급이라고 조금 받는 것도 병원에 가져다주기 바빠 돈이 모일 사이가 없는데다 약간의 빚도 있었습니다. 그런데 그분들이 그러한 상황에서도 이상하게 장가도 못 가고 죽은 동생이 불쌍하다며 돈 삼십만원을 빌려서 동생의 49재를 지내 주더군요.

그 부모님은 큰아들이 빚까지 얻어서 작은아들의 제사를 지내 주면 고맙게 생각해야 할텐데 오히려 그 아들, 며느리에게 막 욕을 했답니다. 그러니까 사람이 복이 없으면 미움을 그렇게 사는 겁니다. 어쨌든 그 형 내외는 그 이후로 절에서 시키는 대로 기도도 열심히 하고 새벽마다 그 다기 물을 마셨다고 합니다. 그렇게 두세 달 지났는데, 형의 속병이 완전히 나았습니다. 속병이 나으니 우선 약값, 병원비가 안 나가니까 돈이 모아지기 시작하더랍니다.

그러곤 서너 달이 지났는데 저금통장이 네 개라며, 적금을 타서 전셋방이라도 얻어야겠다고 또 열심히 기도를 하는 겁니다. 대부분 기도를 열심히 하면 잘 알지도 못하는 사람들이 예쁘게 보아주고 도와주기 마련입니다. 일이 잘 안 되다가도 그렇게 일이 잘 풀리게 되는 것입니다. 그와 같이 또 아는 분이 선뜻 삼백만원을 빌려주어서 전세방을 얻고 나니 또 사글세 나가던 돈이 모아져서 불어나는 것입니다. 그래서 형편이 자꾸 나아지는 것이지요.

그 부인은 남편이 병도 낫고 형편도 좋아지니까 인천에 살면서도 절에 새벽같이 달려와서 설거지를 도와주고 봉사를 많이 했습니다. 또 부인이 절에 가는 데 조금만 늑장을 부려도 남편이 막 재촉해서 보낸다고 합니다. 이렇게 49재를 지내고 절에 다니면서 이 집은 점점 형편이 나아지고 넉넉해졌습니다.

그런데 그 작은아들이 세상을 뜨기 전에 생명보험을 들어 놓았나 봅니다. 이 아버지, 어머니 앞으로 위자료가 이천만원이 나왔답니다. 처음에 큰아들 네는 그 사실을 몰랐는데 어쨌든 그 박복한 부모님이 작은 아들 49재 지내고 일 주기 제사를 지냈는데도 그 돈으로 초 한 갑을 안 사 올렸습니다. 그리고 딸, 사위에게만 그 돈 얘기를 하고 딸이 그 돈으로 수원에 가서 전세방을 얻고 살림살이를 사고 나머지 천몇백만원으로 사위가 장사를 시작했답니다.

그런데 남동생이 죽은 지 꼭 일 년째 되는 날 인천에 사는 형은,
"스님, 오늘 제사 지내러 갑니다."
"간단히 와서 지내세요. 아직 형편이 그리 넉넉하지는 않을테니…"
그렇게 와서 형 내외가 정성껏 제사를 지내고 갔습니다.

그런데 바로 그 날, 사위는 장사를 하는데 거래처 열 여섯 곳에서 한꺼번에 약속이라도 한 듯이 물건이 나쁘다고 거래를 싹 끊어 버리더랍니다. 또 그 물건은 깨지는 물건들이었는데 차가 도로 싣고 오다가 잘못해서 물건들도 모두 깨지고 말았답니다. 그러니까 1년 만에 천몇백만원이 싹 날아가 버리고, 게다가 그 사위는 배가 퉁퉁 붓는 이상한 병까지 생겼다고 합니다.

그렇게 사위가 일이 자꾸 꼬이고 병까지 얻었으니 벌받았다는 생각이 들었겠지요. 이상하고 불안한 마음에 어디 가서 물어 보았는데, 죽은 동생이 만신의 입을 통해서, "형과 형수가 제사를 잘 지내 주어서 나는 편안히 잘 있는데 왜 내 얘기를 하면서 들먹거려요. 누나는 가만 두지 않을 거야."라고 말하더랍니다.

어쨌든 그 죽은 청년의 누나 집은 1년 만에 전 재산을 홀랑 날리고 길거리에 나앉게 될 지경이었습니다. 막다른 궁지에 몰리자, 그 누나가 올케한테 와서, "신흥사 스님한테 가서 잘못했다고 말해주고 우리도 좀 절에 다니게 해 줘."
하고 몇 번을 부탁하더랍니다. 그 얘기를 제게 하기에, "부처님 도량에 오는 사람 막고 가는 사람 붙드나요? 오고 싶으면 오면 되지요. 나한테 잘못한 것이야 없지요. 죽은 동생한테 잘못했지."

이렇게 말하자 며칠 후 올케와 함께 죽은 청년의 누나가 찾아와서 기도를 하고 갔습니다. 그 누나는 절에 나오고부터 차차 나아졌는지 요새는 또 얼굴이 안 보이더군요. 좋을 때는 부처님을 안 찾고 힘들 때면 부처님을 찾는 게 사람 마음일 수도 있습니다. 하지만 중요한 것은 늘 한결같은 마음으로 부처님을 믿고 부처님의 가르침을 생활 속에 실천하는 것입니다. 그래야만 향냄새가 옷에 배이듯 명훈가피력을 입고 행복하게 살아갈 수 있습니다.

부처님께서 직접 주신 약사발

이 근처 전곡리에 사시는 보살님 이야기를 말씀드리겠습니다. 그분은 급성 맹장으로 맹장이 터져서 곧 죽을지도 모르는 상황에 처한 적이 있었다고 합니다. 그 때만 해도 맹장 수술이 큰 수술이었지요. 더구나 시골에서는 병원에 간다는 것 자체가 힘든 일입니다. 그래서 보살님은 아픈 배를 부여잡고 우리 절 법당으로 달려와서, "부처님, 좀 살려주세요. 제발 살게 해 주세요!"

이렇게 밤새도록 혼자서 기도를 했답니다. 그런데 분명히 자기 혼자서 기도를 했는데 그 법당 안에는 사람들이 꽉 차게 많더랍니다. 밤을 꼬박 새웠으니 꿈도 아니고 생시도 아닌 비몽사몽이었겠지요. 새벽녘이 되니까 두 분 서 계시던 부처님께서 한 분이 펄펄 끓는 약사발을 들고 걸어 내려 오셔서 많은 사람들 중에서 두리번거리며 누군가를 찾으시더니 보살님에게 약사발을 내밀더랍니다. 부처님이 주신 약사발을 들고 뜨거운 줄도 모르고 꿀꺽꿀꺽 모두 마셔 버렸는데, 그 급성맹장이 싹 나은 것입니다.

그렇게 가피를 입은 뒤부터는 예전에는 절에 간다 하면 시큰둥하던 남편이 추수를 하면 가장 좋은 쌀을 골라서 공양미를 올리라고 한답니다. 그렇듯 지극한 마음으로 기도하면 가피를 주십니다. 마음을 비우고 어린아이가 어머니 치맛자락을 잡은 마음으로 간절하게 기도를 하면 성취 못할 일이 없는 것입니다.

의술로는 고칠 수 없는 피부병

사강에 사는 신도인데 그분 아들이 고 2 때 온몸에 피부병이 생겼다고 합니다. 온갖 약을 써도 치유가 되지 않아서 휴학해야 할 지경이었습니다. 주변에서 굿을 하면 낫는다고 해서 굿을 하려고 했더니 아들이 창피하다고 울고불고 야단이어서 굿도 못하고 전전긍긍하고 있던 차에 누군가 부처님께 가보라고 권유해서 우리 절에 온 것입니다.

그 후 절에서 구병시식을 하고 나니 그 심하던 피부병이 그만 깨끗하게 나았답니다. 그러니까 그 병은 물리적인 병이 아니기 때문에 의술로는 전혀 치료할 수 없었고, 구병시식을 하고 기도를 해야 나을 병이었던 것입니다. 구병시식의 유래에 대해 간략하게나마 말씀드리면 다음과 같습니다.

『소아귀경』에 의하면, "아난 존자가 길을 나섰다가 갠지스 강가에서 아귀들이 불타 죽는 것을 보고 부처님께 여쭈니 다라니의 법식으로 그들에게 시식을 베풀면 모든 귀신들이 주림을 벗고 포만을 얻어서 해탈할 수 있다."고 한 데서 시식(施食)이 연유하게 된 것입니다.

특히 구병시식은 말 그대로 병든 사람을 구원하기 위해 귀신들에게 베푸는 시식으로 "빚진 사람 원수가 되어 사랑하고 미워하는 마음 그치지 못해 지금 시식을 베풀어 법식을 올리니 무릇 깨달아 원한을 푸소서."라는 향화청 가영에서도 엿볼 수 있듯 구병시식은 영가의 마음을 깨달음으로 인도하는 것입니다. 어쨌든 옛날에는 말할 것도 없고 앞서 말했듯이 오늘날도 영가의 장난으로 인한 정신병인 경우 구병시식으로 치유되는 경우가 많습니다.

조상면례하고 얼굴이 문둥병 환자 같았는데…

　설령 지금은 아무 문제가 없더라도 훗날 이러한 경우에 처할지도 모르니 그 때 가서 괜한 고생들 하지 말고 바로 해결하시라고 한 말씀을 더 드리겠습니다.
　전에 우리 절에서 농사를 처음 지을 때 일꾼이 한 분 들어왔습니다. 남양에 사는 분이었지요. 그런데 얼굴이 꼭 문둥병 환자 같았습니다. 그 이유를 물었더니 그 처사님이 숙부와 함께 전라도에 가서 이백 몇십년 된 조상들 면례를 하는데 이백 몇십년이 흘렀는데도 조상들 시신이 덜 썩었더랍니다. 그 시신의 얼굴을 긁다가 차시간이 되어서 그냥 묻어 놓고 왔다고 합니다.
　그런데 그날 숙부는 밤 차 타고 남양 집 앞까지 와서 갑자기 쓰러져 죽고 이 조카는 얼굴에 피부병이 생겨서 그렇게 부글부글 끓는 것이었습니다. 우리 절에 일꾼으로 왔을 때가 4월이니까 10월부터 반 년 이상을 그렇게 고생한 겁니다. 용인의 문둥병환자촌에 가서 약까지 사 먹었는데도 낫지 않아 고생이 이만저만이 아니었습니다. 주위 사람들 보기에도 무척 민망했지요. 그래서 내가,
　"부처님은 대의왕(大醫王)이시고 병을 잘 낫게 해주십니다. 아침, 저녁으로 법당에 들어가서 108배 하고, 다기물 먹고 또 그 물로 얼굴을 씻고 이렇게 하면 나을 겁니다."
　이렇게 아무리 말해 주어도 처음에는 말을 안 들었습니다.

불교를 믿기는 해도 남자들이 안 해보던 일이어서 그런지 시키는 대로 하지 않더군요. 그 때 마침 노스님을 뵌다고 경상도에서 어떤 처사님이 오셔서 피부병을 앓고 있는 일꾼을 보고는, "저도 그렇게 병을 고치는 사람을 봤습니다. 피부병이 난 남자분이 절에 가서 일 년 동안 일해 드리면서 늘 다기물을 먹고 씻고 하더니 감쪽같이 나은 걸 봤어요."
라고 이야기를 해주었는데도 안 듣는 겁니다.

그랬는데 하루는 그 부인이 오더니 손님이 왔다고 하면서 남편을 데려갔습니다. 그런가 보다 했는데 공양주들한테는 만신 할머니를 불러다가 한 바가치 한다고 말하고 갔대요. 그런데 이튿날 아침에 보니 얼굴이 항아리처럼 부어 가지고 왔는데, 숨을 못 쉬어서 일을 못하겠다는 겁니다. 그래서 너가,

"그것 봐요. 절에 있으면서 스님이 시키는 대로 했으면 벌써 다 나아갈텐데 시키는 대로 안 하고 한 바가치 하니까 그렇지요."

그래서 그날 저녁에 당장 구병시식을 했는데 부기가 싹 내렸어요. 그 때에서야 뭔가 느끼는 것이 있었는지 아침, 저녁으로 들어가서 108배를 올리고 다기물 먹고 또 그 물로 얼굴을 씻고, 이렇게 하기를 보름쯤 하니까 그 병이 싹 나아 버렸어요. 그분은 절에서 일한 덕분에 그분의 삼촌처럼 급주당을 당하지도 않았고 기도를 해서 그 피부병이 나은 것입니다.

그처럼 부처님의 위신력을 믿고 부처님께 의지하며 살아가는 불자들의 앞날은 언제나 환하고 밝을 수밖에 없는 것입니다.

신들린 병이 낫다

첨단문명의 21세기, 이렇게 밝은 과학 시대에도 신들리는 병을 앓는 사람이 많습니다. 의학적으로는 도저히 그 원인을 규명할 수도 없고 치유할 수도 없는 이런 병이 있다는 것, 또 기도와 구병시식으로 고칠 수 있다는 것이 신이로울 따름입니다.

신들리는 병은 아시다시피 온 몸이 고통스러워 금방 죽을 것처럼 발작하다가도 죽지는 않습니다. 꼭 죽지 않을 만큼 그렇게 아프다고 합니다. 그런 증세를 가진 신도가 한 분 있었는데 주위 사람이 신흥사에 가서 기도하라고 일러주었나 봅니다.

이 병에 양약은 기도와 천도재, 구병시식이기에 하겠느냐 물었고, 이 사람은 내 말대로 천도재를 올리고 구병시식 두세 번을 하고 나니까 우선 몸이 개운해졌다고 좋아했습니다.

그래서 그 보살에게 보름에 한 번씩 절에 와서 기도하면서 집에서 백일기도를 하라고 했는데, 백일기도 중에 말짱하게 나았습니다. 그래서 제가, "몸은 나아도 기도는 좀더 하세요. 백일기도를 채우셔야 합니다." 라고 당부를 했습니다.

사실 집에서 백일 동안 기도한다는 것이 쉬운 일이 아닙니다. 정말 보통 정성이 아니면 힘든 일이지요. 그런데 한참 동안 그 보살이 절에 오시지 않아서 걱정하고 있었는데 어느 날 기어 들어가는 목소리로 전화를 했어요.

"보살님은 신들리는 병이라서 아주 열심히 독경하고 열심히 기도해야 해요. 그렇게 잠시라도 틈을 주면 안 되는데…."

"어머나, 스님이 어떻게 그걸 아세요. 안 그래도 만신 할머니가 신들렸다고 굿을 하라고 해서 백삼십만원을 들여서 굿을 했어요. 그런데 지금 이렇게 더 아파요."

보살은 절에 와서 다시 구병시식을 하고 나왔습니다. 그리고나선 그 보살은 "아이구 스님, 굿한 돈이 아까워죽겠어요. 그 돈을 절 짓는 데 시주나 했으면 좋았을 걸 그랬어요."라고 말하면서 안타까워합니다.

가벼운 병은 구병시식도 한 번만 하면 싹 떨어지고 기도도 7일 기도면 되지만 끈질긴 병들은 한 번에 되지 않습니다. 처음에는 금세 낫는 것 같아도 꾸준히 끈기 있게 기도를 해야 완전히 낫지 중간에 그만두면 안 되는 겁니다. 병이 깊은 것일수록 노력과 정성과 끈기가 있어야 해요. 처음 먹은 마음을 놓지 않고 부처님께 간절하게 정성을 들여야 병을 완전히 물리칠 수 있는 것입니다. 또한 기도를 통해서 자기 마음이 정돈되고 굳세어지기 때문에 그런 삿된 마(魔)가 범접할 수 없기에 항상 건강하게 살아갈 수 있는 것입니다.

시어머니 영가 장난으로 죽음 직전에서 살아난 며느리

　이 곳에서 10리 정도 떨어진 곳에 사는 분의 이야기입니다. 어느 날 찬정 어머님이 돌아가셨다고 그 따님이 연락을 해서 바닷가에 있는 그 집에 가서 염불을 해주고 왔습니다.
　그런데 그 어머니는 병환으로 60이 넘어 돌아가셨는데도 생전에 외아들에 대한 집착이 굉장히 강하셨다고 합니다. 그 아들을 두고 가니 불쌍하다며 굉장히 슬퍼하면서 돌아가셨대요. 우리가 보기에 그렇게 집착이 강한 분일수록 49재를 지내 드려야 하는데 그 아들이 불심이 없기 때문에 돈이 없다며 안 지내 주더군요.
　그 후 2년이 되던 해부터 며느리가 시름시름 아프기 시작하더니 시어머니가 눈 앞에 보이기 시작하더랍니다. 그 때 그 때 아프면 병원에 가서 주사 한 대씩 맞으면서 반년이 지났는데 이제는 꼼짝을 못하고 물도 한 모금 못 넘기고 곧 죽을 사람처럼 누워 있다고 그 시누이가 와서 걱정을 하면서 얘기를 하더군요. 정황을 보아하니 영가 때문에 생긴 병인지라,
　"그 때 어머니 49재를 지내드렸어야 하는데 지금이라도 천도재 지내드리고 애기 엄마 구병시식을 해야 살아납니다."
라는 말을 해주었는데 그 말을 듣고도 하지 않더군요. 며칠 후 어느 새벽에 다 죽어가던 며느리가 벌떡 일어나더니 자기 남편을 보고 막 욕을 하는데 목소리는 돌아가신 자기 어머니 목소리더랍니다.

"네 이놈 이 못된 놈, 돈이 그렇게 중요하냐? 돈밖에 모르는 놈, 너는 돈을 아끼느라고 나를 이렇게 고성시키고 네 처도 고생시키느냐? 이 못된 놈."하며 갖은 욕을 다하더라는 것입니다.

그제서야 깨닫고 그 아들이 빚을 내서 누나하고 함께 찾아와 천도재와 구병시식을 빨리 좀 해달라고 부탁하는 겁니다. 그 때는 사월 초파일 전날이어서 바쁜 상황이었기 때문에 초파일 지내고 1주일쯤 쉰 뒤에 해주겠다고 했더니 사람이 곧 죽겠다고 해서 3일 후(초파일 다음 다음날)에 해주겠다고 약속을 했습니다. 그런데 신기하게도 천도재 날을 받아 놓은 그 날부터 언제 아팠느냐는 듯이 환자가 일어난 겁니다. 그리곤 천도재 하러 오던 날은 아주 말짱했어요.

"정말 신기해요. 거짓말같이 깨끗이 나았어요!"

그 동네에서는 시어머니 천도재 지내드리고 부처님의 가피를 입었다고 찬탄이 자자하고 실제로 체험한 본인은 포교를 적극적으로 하고 있습니다.

이러한 상황을 접할 때마다 인간의 집착이라는 것이 얼마나 무서운 것인지를 실감하곤 합니다. 영가는 인식능력이 뛰어나서 법문을 해주면 금세 깨닫습니다. 부처님의 말씀을 듣고 죽어서도 놓지 못하는 집착의 끈을 끊고 좋은 곳에 태어나도록 하는 것이 천도재요, 구병시식을 하는 가장 큰 의미라고 할 수 있습니다.

외아들에 대한 집착으로 떠나지 못한 어머니

　우리 나라 어머니들의 외아들에 대한 집착은 아마도 전 세계적으로 유명할 겁니다. 이러한 양태는 우리네 가부장적인 전통에서 생긴 삶의 유형이라고도 할 수 있습니다. 옛날에는 여성이 생판 모르는 남의 집에 시집 와서 아들을 못 낳으면 칠거지악이라 해서 소박을 맞기도 했고, 아들을 낳아야만 사람 대접을 받았으니 아들에 대한 집착이 그만큼 강했을 것입니다. 게다가 하나밖에 없는 아들인 경우 온통 애정이 한 곳에만 쏠리니 그 집착의 강도가 더욱 클 수밖에 없을 것입니다.
　한 번은 서른 세 살쯤 된 청년이 상담을 하러 왔습니다.
　"제 어머님이 암으로 돌아가시면서 저를 두고 눈을 못 감는다고 막 붙들고 몸부림치다 돌아가셨어요. 그런데 어떻게 된 일인지 어머니가 꿈속에 나타나 몸만 쓰다듬으면 아파서 죽을 지경입니다. 어머니가 나를 위하신다면 이렇게 못 살게 하지 말아야 할텐데 왜 그러시는지 이해할 수가 없습니다."
　우리가 49재를 지내고 천도재를 지내는 것은 앞서도 얘기했듯이 집착을 떨쳐버리기 위해서입니다.
　"이 세상에서 지녔던 모든 집착과 욕심을 버려라. 세상엔 탐내고 애착할 게 없으니 집착과 애착에서 벗어나서 부처님의 대자유, 대진리를 터득해서 해탈하고, 자유로운 마음으로 극락세계 왕생

하소서!" 하는 것이 49재와 천도재 염불의 내용입니다.
　또한 고인이 마지막 가는 길에 본인이나 식구들은 애착으로 슬퍼하면서 고인을 보낼 게 아니라 정신을 바짝 차리고 염불을 해드려야 합니다. 지극 정성으로 '나무 아미타불'을 열 번만 부르면 아미타 부처님이 극락세계에서 마중 나오셔서 데리고 가신다는 얘기가 『아미타경』에 있어요. 일념으로 염불을 해드리면 저승을 통과하지도 않고 바로 극락세계로 갈 수 있다는 말입니다.
　그러니까 우리 불교신자들은 이런 좋은 말씀은 잘 기억해 두었다가 꼭 실천을 해야 합니다. 그 아들이 그렇게 아픈 것도 어머니가 애착을 가지고 있어서 그 아들에게 붙어서 못 떠나기 때문인데, 염불을 해드림으로써 애착을 떼게 하고 아미타 부처님의 회상으로 인도해 드렸기에 그 아들의 병이 천도재를 지내고 나았던 것입니다.

제초제 마시고도 죽음에서 살아나다

이 마을 인근 산 너머에 사는 한 보살님 이야기입니다.

그분도 약간 귀필병, 즉 기도를 해야 나을 수 있는 병이었어요. 귀신이나 신의 장난으로 아픈 병은 기도를 해서 나아야지 병원에 가면 점점 더 병세가 깊어지기만 합니다. 그래서 집에서 기도하는 법을 일러드렸지요. 그분은 절에 아주 오래 전부터 다니던 분이었는데 그 뒤로 한 1년 동안을 나오지 않으셨어요. 그냥 그런가 보다 생각했는데 사월 초파일에 임박해서 영감님이 달려오셨습니다.

"스님, 집사람이 지금 응급실에 있습니다. 기도를 좀 해주십시오!"

하시면서 불전을 올리고 가셨어요. 입원을 했다고 하기에 기도 시간에 축원을 해주었지요.

그리고 3일 후에 그 아들이 왔는데 얘기를 들어보니, 그 동안 수원에 있는 박수무당한테 다니셨대요. 100일 기도하는 방법을 가르쳐주고 그대로 하시라고 했더니 기도는 하지 않고 박수무당을 찾아갔는가 봅니다. 거듭 말씀드리지만 기도를 하면 잡귀들이 범접을 못합니다. 염불하는 힘에는 못 당한다는 말입니다.

그런데 그 무당이 하는 말이, "올해 당신은 죽을 수요. 당신 아들들도 거상을 입고 죽게 생겼소." 하더랍니다. 그래서 어떻게 하면 되겠느냐고 하니까 부적을 가지고 있으면 괜찮다고 해서 영감님을 졸라서 50만원을 주고 부적을 한 장 샀대요. 어느 날 술 취한 남편이 "종이쪽 한 장에 50만원이나 줬어?" 하고 빈정거리니까, "그럼 나 죽으면 그만이지!" 하더니 그 길로 달려나가서 제초제를 확 마셔버렸대요.

영감님이 달려나가서 말렸지만 이미 2/3 이상을 마셔버려서 수원 빈센트 병원에 갔더니 가망이 없다고 안 받아줘서 서울 성모병원에 입원을 시켰는데 그 병원에서도 90%는 죽을 확률이 높다고 하더랍니다. 그렇게 자초지종을 얘기하면서 어찌해야 좋을지 모르겠다며 하소연하는 그 아들에게 기도한 다기물을 한 병 주면서,

"이걸 어머님께 갖다 드려요. 넘길 수가 없을 테니까 입이라도 축이도록 하고, 절에서 열심히 기도를 하고 있으니까 어머니를 위해 가족들도 지극하게 '관세음보살'을 부르도록 하세요."
하고 말해주었지요.

아들이 절에서 가져온 다기물이라고 하자 침도 못 삼키던 그 환자가 죽을 힘을 다해서 세 공기나 마셨다고 합니다. ─ 원래 죽으려고 하는 사람들은 살고 싶은 충동이 더 강해지지요. ─ 어쨌든 그 물을 마시면서 새까맣던 입술이 약간 핏기가 돌며 차도가 나기 시작하니까 그 뒤로도 다기물을 다섯 번을 더 가지고 갔어요. 물론 절에서는 열심히 기도해 주었지요. 그런데 다들 죽을 거라는 사람이 다기물을 먹고 완쾌된 것입니다.

보름 후에 퇴원을 하면서 집으로 안 가고 절로 바로 달려와서 부처님한테 감사하다고 인사를 하더군요. 그러고 하는 말이, "다기물 마시기 전날은 피를 있는 대로 토하고 도저히 살 것 같지 않았어요. 그래서 의사 선생님한테 '내가 죽을 것 같아요' 하니까

'알긴 아는구만' 하는 겁니다. 의사들도 자살 환자들을 미워한대요. 그래서 영감한테 유언을 했는데, '내가 이런 몸으로는 죄송해서 선산으로 못 가니까 화장해줘요.' '응, 알았어.' '그리고 화장해서 신흥사에 모셔주고.' '응, 알았어.' 하고 위로해 주기는커녕 알았다고만 대답하는 겁니다. 그래서 지금 당장 주사바늘을 뽑자고 하니까 '그걸 빼면 죽잖아' 라고 말하더군요. 그게 아마 남편의 사랑인가 봐요."

이렇게 말하면서 부처님의 가피를 입고나서야 철이 들었다고 머쓱해 하더군요. 요즘은 그 보살 아주 건강합니다. 얼마 전에도 환갑 잔치 비용을 줄여 부처님의 은혜를 만분의 일이라도 갚겠다고 시주금을 가지고 오셨습니다.

부처님께서는 마지막 열반에 드시면서 스님들에게 사주, 관상, 길흉점 등을 쳐서는 안 된다고 말씀하셨습니다. 왜냐하면 그와 같은 것들이 중생들에게 이익을 주는 것보다 해를 주는 것이 더 많기 때문이지요.

우리는 이 세상을 살아가면서 좋은 일보다는 힘든 일이 훨씬 많습니다. 그 힘들고 어려운 일이 닥칠 때마다 자신의 힘으로 극복해 나가야지 아직 닥치지도 않은 불행을 '당신 모월 모일에 죽을 거요!' 하면 정말 죽는 날이 닥치기도 전에 먼저 죽게 되는 겁니다. 모든 것은 일체유심조, 즉 마음먹기에 따라 우리의 삶이 전개해 나가기 때문입니다. 그래서 큰 병을 앓는 환자들에게는 죽는다는 소리를 하지 않아요. 그만큼 생명을 단축하기 때문이지요.

얼마 전에도 어떤 이가 와서 묻기를,

"제가 사법고시를 본다면 될까요, 안 될까요?"

"되길 원합니까, 안 되길 원합니까? 된다고 하면 마음 놓고 공부를 안 하고, 또 안 된다고 하면 포기하고 안 할 것 아닙니까? 시험을 본다면 되어야 하지 않겠습니까? 열심히 해서 되도록 하는 것이 중요하지 무엇을 묻고 다닙니까? 방법을 물으러 다녀야지요."
하면서 잘 가라고 보냈지요. 어디 가서 물어보는 것이 중요하지 않습니다. 목표가 있으면, 그리고 기도만 하면 다 이루어진다고 믿고 힘써 정진하는 것이 중요한 것입니다.
  '좋다', '좋지 않다'는 이야기는 미리 하는 것이 아닙니다. 우리들에게는 언제 어떤 일이 닥칠지 모릅니다. 하지만 그냥 꾸준히 정진하고 수행하고 기도하는 데 목적을 두고 살면 기도 가피로 세세생생 지은 업장이 녹아 모든 장애가 스러지고 우리에겐 밝은 일, 좋은 일만 생기기 마련입니다.

허리병으로 꼼짝 못하던 젊은 부인이
1000배 기도로 허리병이 낫다

재작년 봄에 어떤 젊은 부인이 찾아왔습니다. 시어머니 산소를 모시고 와서부터 허리병이 생기기 시작했는데 6개월 동안 자리에서 일어나지 못하고 누워지낸다는데 얼굴빛도 아주 사색이더군요. 남편 되는 젊은 애기 아빠가 하는 말이,

"스님, 저 좀 살려주십시오. 제가 매일 이 사람을 차에 태워서 물리치료하러 다니는데 이 사람보다 제가 먼저 죽겠습니다!"
하는 겁니다.

우선 시어머님의 천도재와 구병시식을 지내고 절에서 기도를 하는데 환자가 아프고 불편하니까 집으로 돌아가려고 했습니다. 그래서 3일만 절에 머물며 기도하라고 했지요. 환자가 기도를 하는데 허리가 아파서 앉을 수가 없으므로 법당에 누워서 천수경을 읽었습니다.

그런데 3일 후에 조금 괜찮아진 것 같아서 1주일만 더 있으라고 했지요. 이 환자는 절을 해야 허리가 낫는데 앉지도 못하는데 어떻게 절을 할 수가 있겠습니까? 더구나 불교를 처음 접하는 사람인데 신심이 나야 절을 하지요. 그래서 신심을 불러 일으키려고 영험록 테이프를 들려주었습니다.

1주일 뒤, 우리는 새벽마다 절을 500배 하는데 그 부인이 전날

무인판매대에서 108염주를 하나 사더군요. 느낌이 조금 오는가 봐요. 그러더니 1주일 되던 날 아침에 절 500배를 다 따라서 하는 겁니다. 물론 죽을힘을 다했겠죠. 어쨌든 그 날 아침 이후로 차도가 생기기 시작하는데 21일 기도를 하면서 매일 하루에 1000배씩 절을 했습니다. 그리고 21일 후에는 허리가 완전히 나아서 돌아갔지요. 지금도 물론 말짱합니다.

이와 같이 기도를 하면 기적 같은 일이 생깁니다. 화엄경의 말씀처럼 믿음은 도의 근원입니다. '설마' 하고 의심하며 기도를 하지 않는 것처럼 어리석은 일은 없습니다. 물론 기도를 통해 질병을 고치는 것만이 능사는 아닙니다. 하지만 병이 있으면 제 몸이 고달파서 다른 사람을 돕는 것이 그만큼 힘들 뿐만 아니라 주변 사람들에게 폐를 끼치는 경우도 많습니다. 기도를 통해 몸도 건강하고 마음도 건강해져 그 밝음을 이웃에 전하는 것이 얼마나 소중한 일인지 활짝 웃으며 얘기하는 그 보살의 얼굴이 참으로 아름다워보였습니다.

척추와 관절병이 108배, 3000배 기도로 낫다

　우리 나라 여성들 중에 허리와 다리 관절염으로 고생하시는 분이 유난히 많습니다. 허리가 아프고 다리가 아파서 절에 와서 절도 못하고 앉아계신 보살님들을 보면 참 마음이 아픕니다. 관절염 환자들을 보면서 가족을 위하느라 자기 몸을 안 돌보고 평생을 일만 해서 얻은 훈장 같다는 생각도 해본 적이 있습니다.
　하지만 병고는 역시 괴로운 것, 고칠 수 있는 방법이 있다면 어떻게 해서라도 고쳐야 본인도 좋고 주위사람들도 편합니다. 병도 가지각색이듯 그 치유방법도 가지각색인데 병원에서 고칠 수 없다는 것을 기도하고 절을 해서 고친 예가 한두 가지가 아닙니다.
　예전에 내가 서울에 있을 때 아예 척추를 떼어 내고 누워만 계시는 분이 있었습니다. 일어나려면 남이 일으켜 주어야 하고 약을 먹어야만 겨우 허리가 땅에서 떨어지는 분이었지요.
　그 보살님은 처음에 아들의 입시문제 때문에 절에 와서 기도하기 시작했는데 아들이 시험에 합격하고 보니 아주 깊은 신심이 생겼지요. 그래서 누워지내게 된 뒤로는 절을 한 번도 못하던 이가 21일 동안 매일 절에 와서 절을 하면서 기도하기 시작했습니다.
　보통 사람들은 108배 하는데 20분 정도 걸리는데 이분의 경우에는 세 시간이 넘게 걸렸습니다. 그럴 수밖에 없지요. 그 아픈 허리를 가지고 절을 하려니 얼마나 힘이 들었겠습니까? 그런데 차

차 절하는 속도가 나더니 나중에는 8분이면 108배를 마칠 수 있을 정도가 됐습니다. 기도를 회향한 뒤 허리병이 거뜬히 나은 것은 물론입니다.

다리도, 허리도 아프기 시작할 때 어설프게 절을 하면 더 아플 수가 있어요. 하지만 죽기 아니면 살기로 열심히 하면 30년 된 관절병도 1주일 안에 나을 수가 있습니다. 위의 보살님 외에도 그런 분이 아주 많습니다.

안양에 계시는 김선생 어머니는 집 옆에 포교당이 있어서 1주일에 서너 차례씩 밤에 절에 가서 3000배씩 했는데 그렇게 절을 한 뒤 대여섯 달 후에는 30년 된 다리 관절병이 나았답니다. 연세가 60이 넘었는데도 6, 7층은 날아갈 듯이 가뿐히 걸어 올라간대요. 요즘도 새벽 2시면 어김없이 일어나서 깨끗이 몸을 씻고 다섯 시까지 열심히 기도를 하신다고 합니다. 그렇게 오랜 다리 병도 절을 해서 나은 실례가 있으니 관절염으로 고생하시는 분들께서는 귀담아 들으시고 오늘부터라도 기도 입제해서 지극정성 절을 하면 병고에서 해탈할 수 있습니다.

푸른 구렁이가 된 불쌍한 여인을 천도하고 병이 낫다

작년 여름에 있었던 이야기입니다.

수원에 사는 젊은 신도 집에 노처녀가 세 들어 살고 있었답니다. 그 여자는 부모 형제도 없이 42살까지 결혼도 못하고 혼자 사는데 아주 고생고생하면서 돈을 버는 일에만 악착같았다고 합니다. 4억원을 벌어 놓고도 자기 돈으로는 아까워서 옷 한 벌 사 입지 못하고 과일 한 개를 사먹지 못할 정도로 돈을 아꼈다고 해요.

그래도 한집에서 5년을 같이 정답게 살았는지라 작년 초파일에는 함께 절에 가자고 하니까 등도 켜고 불전도 올리려면 돈이 든다며 안 가겠다고 하더랍니다. 그리고는 초파일 지나고 한 보름쯤 흘렀는데 그 여자가 우울증으로 살기 싫다고 9층 아파트에서 투신 자살을 했습니다. 그토록 안 먹고 안 입으면서 애써 모았던 4억원은 별 왕래도 없던 먼 친척에게 법적으로 상속이 되었지요.

그리고 일주일이 지났는데 그 주인집 젊은 부부 꿈속에 하얀 소복을 하고 그 여자가 찾아왔더랍니다. 이 부인은 37살이고 그이는 결혼을 안 했지만 5살이 더 많았기 때문에 아줌마라고 부르면서 살았대요. 그래서 꿈속에서도,

"어머, 아줌마는 죽은 줄 알았는데 살아 왔네!"

"응, 살아 왔어."

그러더니 그 자리에서 푸른 구렁이로 변하더랍니다.

부처님께서는 욕심이 많고, 탐심이 많고, 진심이 많고, 집착이 강하면 죽어서 구렁이가 된다고 자주 말씀하셨지요. 그러니까 이 여자는 틀림없이 구렁이가 된 겁니다. 자기가 일시적인 우울증으로 죽기는 했지만 애써 모았던 그 돈에 대한 집착은 죽었다고 금세 없어지는 것은 아니지 않겠어요? 그래서 꿈속에서 이 젊은 부인을 물려고 해서 이리저리 피해 다니다가 그만 구렁이 목을 밟아 죽였대요.

그 후로 부인 꿈에는 안 나타나는데 남편 꿈에는 밤마다 나타나서 물려고 덤벼들어서 피해 다니다가 놀라서 깨보면 새벽 2시! 이런 밤이 계속되었다고 합니다.

평소에 이들 부부가 다정하게 사는 것을 그 여자가 무척 부러워했대요. 자기는 결혼도 못했으니 그럴 간도 하지요. 어쨌든 그렇게 악몽에 한 보름 정도 시달리고 나니 신경쇠약병에 걸려서 병원에 입원하게 생겼어요. 병원에서 치료받으면서 약을 먹으며 지냈는데 일주일 동안은 약에 취해서 잠을 잘 수 있었지만 약을 먹지 않고 견뎌보려니까 영락없이 또 그 구렁이가 나타나서 괴롭히는 겁니다. 그렇게 시달리다가 이제는 사람이 멍해져서 직장도 못 나가게 생겼대요. 그런 상황에서 그 부인이 찾아왔습니다.

49재는 그이에게서 돈을 빌려간 이가 돈을 갚을 데가 없으니까 자기가 지내주겠다고 했대요. 불교신자는 그렇게 착해요. 그래서 여섯 번째 재가 닥쳐오는데 한집에서 같이 산 정도 있고, 또 남의 제사도 지내주면 공덕이 되고, 더군다나 그렇게 살다 간 게 불쌍해서 6재 겸 천도재를 지내주겠다고 하여 그 부인이 정성껏 지내주었습니다.

그런데 천도재를 지낸 준 바로 그 날부터 그 남편이 꿈도 안 꾸고, 건강이 회복되어서 병이 말끔히 나았다는 것입니다. 또한 그 전에 내가 아파트를 팔고 이사를 가라고 했는데 아파트가 안 팔린다고 걱정을 하더군요. 하기야 작년 여름 경기도 안 좋은데다 찌는 듯한 더위에 누가 집을 사고 이사를 하겠어요. 하지만 다 길이 있는 겁니다. 그래서 그 보살에게,

"천도재를 잘 지낸 연후에 21일만 더 기도하면 팔릴 거니까 걱정 말고 기도나 열심히 하고 이사가도록 하세요."라고 조언해 주었지요. 누가 들으면 내가 무슨 신통력이나 있는 것 같은데 사실은 간절히 원하면 다 성취할 수 있는 겁니다.

그 후 내 말처럼 한 보름 지난 후에 아파트가 우연히 팔렸는데 그것도 400만원을 더 받고 팔았대요. 천도재 지내고 그 남편은 병도 낫고 진급도 하고 집도 팔게 되었다고 그 보살이 얼마나 고마워하는지 말로 표현하기 힘듭니다.

'전설의 고향'에서나 들을 수 있는 이야기 같지만 밝고 밝은 과학시대인 오늘날에도 이런 이야기가 많이 있습니다. 특히 귀신(영가)의 장난으로 병에 시달리는 사람들은 모두 기도하면 그런 병고에서 벗어날 수 있다는 것을 확신하십시오. 주변 사람들에게 권해서 밝은 길로 인도하는 것도 복 짓는 일입니다.

100일 기도로 다시 살아난 간암 환자

요즈음 간질환을 앓는 이들이 급증한다고 합니다. 세상살이가 힘에 부친 이들이 술을 더 자주 가까이 하고 폭음을 하기 때문인 것 같습니다. 사람이 간이 나빠지면 화를 잘 내고 폭력적이 된다고 합니다. 술 권하는 사회, 간 질환이 급증하는 사회는 곧 무분별하게 화내고 싸움을 거는 아수라장 같은 사회가 되기 십상입니다. 마음이 청정하면 국토가 청정하다고 했습니다. 우리 사회를 밝고 맑은 정말 살맛나는 세상을 만들기 위해서라도 간질환을 극복해야 할 것입니다.

간암환자였던 이 분은 지난 봄에 우리 절에 와서 100일 기도를 하고 병이 나았습니다. 이 분이 자주 피로하고 건강이 나빠진 것 같아서 병원에 갔더니 간경화증 말기에다 위장장애 등 여러 가지 합병증이 와서 병원에서는 도저히 치료를 할 수 없다고 아예 주사 한 대도 놓아주지 않고 그냥 돌려보냈다고 합니다.

가족들이 담당의사에게 울며불며 매달려서,

"입원이라도 시켜주셔야지 그냥 이렇게 돌아가라고 하면 어떻게 합니까? 살려주십시오!" 하고 애원을 해도 냉정하게,

"이런 환자는 병원에 입원해 있어도 곧 퇴원 조치가 돼서 돌아갈 날만 기다려야 합니다. 우리도 의학의 한계를 느끼기 때문에 도저히 치료를 해드릴 수가 없습니다."

병원 측에서는 이렇게 말하면서 그냥 환자를 돌려보냈다고 합니다. 33살밖에 되지 않은 애기아빠인데 그렇게 갑작스럽게 일을 당했으니 식구들이 얼마나 당황했겠습니까? 그 때 마침 그 부인이 영험록 테이프를 듣고 있었습니다. 물에 빠진 사람 지푸라기라도 집는 심정으로 부처님께 찾아가면 살 방도가 있지 않을까 싶어서 그 환자를 억지로 데리고 절에 찾아 왔습니다.

그 분은 이미 사형선고를 받고 왔으므로(가족들에게 한 달도 넘기기 어려우니 모든 것을 정리하라는 얘기까지 들은 상태이니…) 아무 기운도 없어보였습니다. 처음에 와서는 공양도 하지 않고 기도 시간에도 참석하지 않고 이틀을 지내길래 내가 가서 야단을 쳤지요.

"절에 오면 하루 세끼를 먹어야 하는 것이 규칙이고 또 하루 4번 기도를 해야 합니다. 정 힘들면 하루에 2번이라도 기도를 해야지요. 그래서 건강해지도록 노력해야지 누워만 있으면 누가 살려줍니까?"

그랬더니 억지로 나와서 밥을 먹고 기도를 하기 시작했습니다. 그렇게 기도를 하기 시작했는데 하루, 이틀 지나니까 기운이 나는 것처럼 보였습니다. 100일 기도를 하라고 하면 일주일도 안 할 것 같아서 먼저 21일 기도를 시작하라고 했지요. 그렇게 보름 정도 지났는데 그분 이모들이 와서 좋은 의원이 있으니 데려가겠다고 하길래 데리고 가지 말고 기도나 열심히 하라고 했지요. 그렇게 21일 기도를 마치고 병원에 가서 진찰을 받았는데 담당의사가 굉장히 놀라더랍니다.

"어떻게 간호를 했길래 이렇게 병이 나았습니까? 이제는 살 수 있는 희망이 있습니다. 저번에 이 환자를 그냥 돌려보낼 때에는 의학의 한계를 느꼈는데 이렇게 나았다는 것은 정말 기적입니다!

기적!"이라는 의사의 말에,

"우리가 환자를 간호한 것이 아니고 절에서 부처님께 기도를 하고 있습니다."라고 대답하자,

"허 참, 세상에는 불가사의한 일들이 있다고 하더니 정말 부처님 가피가 대단하십니다!"라고 의사가 감탄해 마지않더랍니다.

그렇게 병원에 다녀와서 또 21일 기도를 연장해서 하는데 그동안 많이 건강해졌습니다. 그분은 하루에 기도를 4번씩 꼬박꼬박 다하고 사이사이 쉬는 시간 2시간 동안은 도량의 풀을 뽑았습니다.

"제 자신이 너무 신기합니다. 그래도 기운이 있으니까 뽑지 기운이 없으면 어떻게 풀을 뽑겠습니까?"

태양열, 좋은 공기, 흙 냄새, 운동 그런 것들도 건강 회복에 많은 도움이 되었겠지요. 그리고 초파일에 쓰는 꽃수레(아기부처님 태우고 가는 꽃수레)도 그분이 만들었습니다. 그렇게 21일 기도를 하고 두 번째 치료를 받으러 갔는데 이젠 거의 다 나았다고 하더랍니다. 그 애기아빠는 신이 나서 100일 기도를 끝내고 깨끗이 나아서 집으로 돌아갔습니다.

세상에는 이렇게 불가사의한 일도 있습니다. 우리가 사람의 힘으로 할 수 없는 경우에는 부처님의 큰 힘을 빌려서 힘겨운 일을 극복하는 것도 삶의 지혜입니다.

개종하여 부처님께 귀의한 정신병 환자

　앞의 애기아빠와 2,3일 차이로 우리 절에 와서 100일 기도를 하던 청년이 있었습니다. 이 청년은 34살 된 천주교 신자인데 정신병에 걸린 지 4년 정도 되었다고 합니다. 그런데 이 병은 말하지 말라는 귀신이 늘 귀에 붙어 있어 식구들과도 단 한마디도 말하지 않고 멍하니 앉아 있기만 한답니다. 그 고모 되는 분이 불교 신자인데 조카를 데리고 와서 상담을 했습니다. 얘기를 듣고 상황을 보니 열심히 기도하면 낫겠더군요.
　그 청년은 개종하고 이 곳에 왔습니다. 첫날 천도재와 구병시식을 했는데 그 이튿날 그 말하지 말라는 귀신이 당장 없어졌습니다. 그날 곧바로 인천에 계시는 할머니한테 전화를 걸어서 밤새 잘 주무셨느냐고 인사를 하는 것을 봤습니다.
　그 청년은 처음에는 법당에서도 히죽히죽 웃고 하더니 100일 기도를 마치고 완전히 나았습니다. 지금은 직장에도 잘 다니고 있습니다. 귀신에 대한 것을 허무맹랑하다고 터부시하는 경우가 많습니다. 하지만 눈에 보이지 않는 기운이 있듯이 눈에 보이지 않는 존재가 힘을 발휘할 수도 있는 것입니다. 평소 자신의 몸과 마음을 건강하게 해서 귀신에게 휘둘림을 당하는 일이 없어야 하지만 만일 그런 의심이 들 경우에는 괜한 고생하지 말고 빨리 원인을 찾아 해결해야 하는 것입니다.

어머니의 간절한 기도로 정신병자인 딸의 병이 낫다

　예전보다는 길거리에서 신경정신과 병원 간판을 자주 보게 됩니다. 그만큼 정신질환 환자들이 많아진다는 것을 반증하는 것이겠지요. 오늘날 물질문명이 발달해서 옛날과 비교할 수조차 없을 정도로 풍요로워졌는데 정신적으로는 더욱 문제가 많아진 듯합니다.

　서울에 있는 어느 포교원에서 23살 먹은 처녀애를 한 명 데리고 왔습니다. 아주 심한 정신병 환자였는데 도로 서울로 가라고 할 수도 없고 해서 일주일 동안 그 처녀를 위해 기도를 했지요.

　첫 날 밤에 기도하고 9시에 내려오니 그 사이에 처녀가 도망을 가고 없는 거예요. 사방에 흩어져서 밤 11시까지 찾아도 없어서 택시 기사들한테 연락을 해놓았지요. 다침 손님을 싣고 궁평을 지나던 어떤 택시기사 한 분이 그 애를 태우고 왔는데 형색이 말이 아니었습니다. 맨발인 채로 서울 반대 방향으로 10리나 달아났으니 그 꼴이 어땠겠습니까?

　할 수 없이 그 처녀가 도망가지 못하도록 목수 아저씨들이 우선 묶어 놨습니다. 6개월 동안 밥도 안 먹고 잠도 안 잤다고 하는데 기운은 어찌나 센지 그 이튿날 공양하는 사이에 또 달아났는데, 그 때 마침 와 계시던 스님들이 쫓아가서 붙잡으려고 하다가 모두 한 대씩 다 맞았답니다. 그래서 결국 남자 어른 다섯 명이 쫓아가서야 붙잡아 올 수 있었지요.

  그래서 구병시식을 내리 세 번이나 하고 그 어머니는 딸의 정신병을 치료하기 위해 1000일기도에 들어갔습니다. 마침내 3년이란 세월을 오직 딸을 구해야겠다는 어머니의 지극한 기도로, 1000일 기도 회향 후 딸의 병이 나았습니다. 사랑 사랑 타령을 해도 어머니의 자식 사랑에 비할 수 없다는 것을 그 때 또 한번 느꼈습니다. 진정 어머니의 사랑은 고귀한 것입니다.

엄마의 지극한 기도 정성으로 다시 걷게 된 딸아이

"스님! 제 딸아이가 네 살짜리 쌍둥이인데 큰아이가 3개월 전부터 갑자기 일어서지도 못하고 땅을 기어다닙니다. 그 동안 별의별 짓을 다해 보았어도 일어서지를 못합니다. 마침 친정어머니께서 스님 설법 테이프를 울산으로 보내주셔서 들어보니 스님께 와서 기도드리면 딸아이가 꼭 나을 것 같아, 이렇게 서울 사시는 친정어머니께서 울산까지 내려오셔서 쌍둥이를 하나씩 업고 왔습니다. 꼭 제 아이를 걷게 해 주세요."
라고 울먹이는 애기엄마에게 우선 어린애가 병이 났을 때 상황을 자세히 이야기해 보라고 했지요.
"저희 시아버님께서 선산을 장만하시고는 조상님들을 이장해서 모시고 당신도 돌아가시면 가실 산소자리를 증조할아버님 산소 옆에 잡아 놓으시고 한 달 만에 갑자기 시아버님이 돌아가셨습니다. 그리고 바로 제 애기아빠가 교통사고를 내었는데 애아빠는 괜찮고 상대방 차에 탔던 사람들이 다쳐 돈만 물어주었습니다. 그리고 또 얼마 안 있어 시숙님이 교통사고로 갑자기 돌아가시더니, 며칠 되지 않아 제 딸아이가 여기저기 다 쫓아다니던 아인데 갑자기 일어서지도 걷지도 못하고 기어다닙니다.
제가 결혼 전에는 조계사 청년회원이었습니다. 열심히 정진하고 또 100일 기도드린 뒤 애아빠를 만나 결혼도 하였는데 남편은 제가 절에 나가는 것을 반대해요. 그리고 두 아이들을 한꺼번에 키우다보니 힘들어서 부처님께 기도드릴 겨를도 없었고요. 제가 너무 방심하고 산 탓인 것 같습니다. 이제 다시 신심을 내어 부처님께 예배도 드리고 조상님들을 편안하시도록 천도재를 지내드리고 제 딸아이의 병을 낫게 하기 위해 구병시식도 올렸으면 합니다. 제 아이 병을 고쳐주세요. 꼭 나아야 합니다."
라는 젊은 애기엄마에게,

"지극한 정성으로 부처님께 귀의하고 기도드리면 그보다 더한 병도 낫는데 최선을 다하여 부처님께 기도드려 봅시다. 꼭 나을 겁니다."라는 제 말에 눈물을 거두며 그 젊은 엄마는 천도재와 구병시식을 올리고 기도를 드리기 시작했습니다.

먼저 절에서 3일 동안 온 정성을 다하여 기도드리고 집에서 100일기도를 드리는데 기도 시작하고 보름 되었는데 아이가 일어서기 시작한다고 감사전화를 하더니 일주일 후에 온 절 도량을 팔짝팔짝 뛰어다니는 어린 딸을 데리고 왔습니다. 참으로 신기하고 불가사의한 부처님의 가피를 또 한번 실감하는 일이었습니다.

늘 부인과 딸이 절에 가면 빈정거리던 친정아버지가 그 날 외손녀를 데리고 와서 "참으로 부처님의 힘은 크시다고 진심으로 부처님께 예배드린다."고 하더군요. 그리고 울산에서 서울로 전근해서 이사 온 뒤로 애기아빠도 지난 일요가족법회에 나와 기도와 법회에 참석해 부처님께 귀의하였으니 이 또한 부처님의 크신 가피가 아니겠습니까? 그날 법회대중이 그들의 가족에게 축하의 박수를 마음 가득히 보내주었습니다.

27년 된 피부병이 낫다

"스님, 여기 제천입니다. 너무 너무 감사합니다. 애들 아버지의 피부병이 27년 만에 나았어요. 스님께서 기도 잘해 주신 덕분입니다. 이번 부처님 오신 날 과일 공양비와 불사비 나머지 다 송금하였습니다. 초파일날 가서 뵙겠습니다."

우리 3000일 기도 중 처음 1000일 기도 때 충북 제천에서 찾아온 이 신도분은 철도청에 근무하는 남편이 고질적인 피부병으로 23년이나 고통 속에 시달리는 것이 안타까워 기도를 시작하였습니다. 먼 거리에도 아랑곳하지 않고 100일, 200일, 300일 기도를 열심히 하면서 금세 차도가 나지 않는 남편의 피부병을 낫게 하기 위해 3000일 기도 끝날 때까지 기도한다고 느긋하게 마음먹고 열심히 기도하기를 4년….

참으로 부처님의 크신 가피가 계셨습니다. 27년 만에 피부병이 나았다는 것입니다. 조선조의 숭불왕으로 칭송받는 세조대왕도 기도하고 절의 약수로 몸을 씻고 나았다는 이야기가 아주 유명합니다. 이러한 영험은 전해내려오는 설화가 아니라 바로 우리가 살아가는 현시대에도 일어나는 것이니 아무쪼록 기도를 열심히 하기만 하면, 될 때까지 하면 기도는 이루어집니다.

잃어버린 시력을 기도로 회복하다

　천안의 어느 대학 강단에서 강의를 하시는 60대 교수님의 이야기입니다. 이 교수님은 얼마 전까지도 신문의 작은 글씨까지도 읽었다고 합니다. 학문을 연구하고 후학을 기르는 교수님인지라 거의 날마다 책과 함께했겠지요. 강의 시간을 제외하고는 하루 중 거의 대부분을 책을 읽으며 생활해 왔는데 3개월 전부터 갑자기 눈이 안 보였다고 합니다.
　병원을 계속 다녀도 차도가 없어서 천안 각원사 스님 소개로 왔다고 하더군요. 그 교수님은 천안에 있는 모 사찰의 신도회장직도 맡고 계실 정도로 신심이 돈독한 분이었습니다.
　앞서도 누누이 말씀드렸듯이 대개 갑자기 병이 생기고 치료를 해보아도 별 차도가 없는 것은 잘 살펴보고 구병시식과 천도재를 지내고, 기도를 하는 것이 가장 빠른 지름길일 수 있습니다.
　이 교수님도 천도재와 구병시식을 하고 집에서 100일 기도를 아침저녁 열심히 하였습니다. 기도할 때 올린 다기물로 눈을 씻고 하기를 한 20일쯤 지나서 글씨가 보이기 시작한다고 절에 기도하러 오셨습니다. 그러더니 100일 기도 끝나기 전에 완전히 시력을 회복하여 예전처럼 작은 글씨도 다 읽을 수 있게 되었습니다.
　그 후로 이 교수님은 천안에서 이 곳까지 아무리 멀어도 꼭 기도와 불사 시주에 빠지지 않고 동참하십니다.

어린 아들의 연골병 기도로 낫다

 자식이 아플 때처럼 그 부모의 애간장이 타들어갈 때가 없을 것입니다. 서울 은평구에 사는 젊은 엄마가 사색이 되어 일곱 살 난 아들을 업고 왔는데 다리가 흐물흐물 제멋대로 움직였습니다. 이 연골병은 뼈가 연해서 다리가 휘어지는 병으로 이 아이는 보조 기구로 다리를 채워 겨우겨우 다니고 있었습니다. 그런데 그 외할머니의 소개로 아이 엄마가 우리 영험록 테이프를 듣고 기도하면 자기 자식이 꼭 나을 것 같다고 찾아와서 천도재 구병시식을 하고 싶다고 하였습니다.
 이 엄마는 혼자서 정성스럽게 조상님들 천도재와 아이의 구병시식을 하고 집에서 힘을 다하여 100일 기도를 하였습니다. 그런데도 차도가 없었지요. 이럴 때가 중요합니다. 기도해도 안 된다고 섣불리 자포자기해서는 안 되는 것이지요. 이 아이 엄마는 다행히도 용기를 잃지 않고 200일 300일 기도를 하였습니다.
 그런데 기도 회향 닷새를 앞두고 어린 아들이 다리에 채웠던 보조기를 풀게 되었다며 절에 와서 감사 기도를 올렸습니다. 그리고 아들의 치유는 물론이고 기도하니까 너무 마음이 편안하고 좋다고 고마워하였습니다. 그분은 신심이 나서 300일 기도 회향 후에도 또 이어서 기도하고 기도하였습니다. 아들은 벌써 학교도 들어갔고, 다른 아이들처럼 운동장을 뛰어다닌다고 합니다.

태어나면서 울기만 하던 애기 인등기도 가피로…

　안산에 사는 젊은 애기 엄마가 태어나면서부터 잠시도 쉬지 않고 울기만 하는 갓난 아들을 데리고 왔습니다. 신체적으로는 아무 이상이 없는데 우유도 먹지 않고 울기만 하니 의사들도 의아해했다고 합니다. 궁리 끝에 우리 절을 알게 되었고, 시어머님이 기독교인이라 식구들 몰래 옆집 아줌마 따라 절에 왔답니다.
　그런데 태어날 때부터 울기만 하던 아기가 스님한테 안겨서는 방긋방긋 웃는다고 신기해하였습니다. 아빠가 안아도 자지러지게 운다는데 참으로 이상한 일이지요. 불연이 아주 깊은 아이라는 생각이 들더군요. 아기엄마가 인등을 올리고 기도를 드리기 시작했습니다. 그런데 아기가 기도를 시작한 그 날부터 울지도 않고 잠도 잘 자고 우유도 잘 먹고 야윈 볼에 젖살이 붓기 시작한다고 그 아기엄마가 감사해 하면서 기도를 더 열심히 했습니다.
　한편 경기(驚氣)를 자주 해서 부모를 놀라게 한 아기도 인등을 올리고는 경기를 하지 않고 잘 자란 예도 있습니다. 삼세인과경에 부처님께서 말씀하시기를, "부처님전에 인등을 올리면 매일매일 삶이 환하고 밝음이 있어 모든 일이 밝고 명랑하게 펼쳐진다."고 하셨듯이 인등을 올린 뒤 인생이 활짝 열려 행복해진 사례는 너무 많아서 일일이 열거하기 힘들 정도입니다.

이제는 살 수 있습니다

"저희들은 결혼한 지 13년이 되었습니다. 가난했던 탓으로 그동안 저희 내외 둘이서 열심히 맞벌이하여 이제 아파트도 하나 장만하고 경제적으로 먹고 살 만하니까 이 사람(자기 부인)이 이렇게 병이 들어 도저히 살지 못하겠다고 합니다. 한 1년째 잠을 못 자고 신경이 불안하고 우울증에 시달려 다 죽게 생겼습니다. 며칠 전에는 9층 아파트에서 떨어져 죽으려고 하는 걸 마침 형수님이 오셨다가 뒷덜미를 잡아서 떨어지지 않았습니다."라며 그간의 상황을 이야기하는 남자의 얼굴엔 근심걱정이 가득 차 있었습니다.

"신경병이야 마음 한번 돌리면 금세 낫는 병이니 기도를 지극하게 하면 반드시 나을 것입니다. 천도재와 구병시식을 하고 100일 동안 기도하세요. 그러면 자기도 모르는 사이에 병이 나을 겁니다. 걱정하실 것 없어요."

그런데 남편 옆에서 다소곳이 앉아 듣고 있던 이 젊은 부인은 부처님께 기도만 하면 병이 나을 수 있다고 한 시간이나 설득해도 자기는 도저히 살 수 없다며 말을 듣지 않았습니다. 옆에서 남편은 그런 아내가 안타까워서 "여보, 기도한다고 해."하며 내게 아내를 살려주기를 애원하였지만 끝내 부인은 자기는 도저히 살 수 없다고 기도하지 않겠다며 일어섰습니다.

그래 내가 단호하게 말했지요.

"저렇게 좋은 남편, 귀여운 아이들을 두고 죽기는 왜 죽어요. 부처님께 기도 드리면 꼭 살 수 있으니까 이 테이프(영험록) 집에 가서 잘 들어보고 살 수 있다는 생각이 들면 찾아오세요."

그로부터 이틀 후에 영험록 테이프를 듣고 남편과 함께 찾아 온 그 부인은 천도재와 구병시식을 하고 절에서 일주일 기도하고 이어서 집에서 100일 기도를 시작하였습니다. 기도를 시작하고 나니까 다 죽어 가던 사람이 얼굴에 생기가 돌고 눈망울이 초롱초롱하고 기운이 났습니다. 일주일 기도 마치고 가는 그 부인에게,

"이제 보살님 병은 90% 다 나았습니다. 도저히 살 수 없다고 한 마음 버리고 이제 기도해서 살려고 하는 마음을 내었으니 이제는 살았고 집에 가서 100일 기도하다 보면 자기도 모르게 잠도 잘 오고 어느새 병이 다 나아져 있을 겁니다. 기도 열심히 하십시오. 이제는 살았습니다."

그들 부부는 집에 가서 아침저녁 열심히 정성껏 기도 드린 지 한 달쯤 되어 전화로 병이 벌써 다 나아 잠도 잘 오고 건강해져서 ○○부에 취직하니 신원조회 오면 말씀 잘 해 달라고 부탁하면서 감사하다고 밝게 인사를 해 왔습니다. 도저히 살 수 없다고 죽기를 시도하던 그 우울증 환자도 부처님께 귀의하고 기도 드리고 이렇게 병이 나아 새 생명으로 살 수 있는 희망을 가졌으니 참으로 부처님의 가피는 불가사의합니다.

기억상실증 환자가 기억이 돌아오다

　현대문명 사회를 살아가는 우리들에게 아주 무서운 것 중의 하나가 바로 교통사고입니다. 그 교통사고로 기억상실증에 걸렸다가 부처님의 가피로 살아난 청년의 이야기를 말씀드리겠습니다.
　이 곳에서 멀지 않은 전곡리에 사는 홍씨네 이야기인데 그 때까지만 해도 그분들이 불교신자가 아니었습니다. 그 무렵 홍씨네 아들은 고려대학교 대학원에 다니는 장학생이었습니다. 아주 수재로 이름이 나 있던 홍씨네 아들은 그 해 가을에 학교 장학금으로 유학을 갈 참이었는데 그만 교통사고가 나서 기억상실증에 걸리는 바람에 못 가게 되었던 것입니다. 일반적으로 기억상실증에 걸리면 식물인간이 되는 예가 많은데 부처님의 가피로 기억이 돌아온 것입니다.
　당시 10년 기도 입제 전이라 제가 마침 서울에 잠깐 머무르고 있었는데 그 연락을 받았습니다. 부모님은 절에 다니지 않았지만 그 집 딸 셋이 우리 절 어린이 불교학교와 중·고등학생회에 나오고 있었던 인연으로 연락을 한 것입니다. 그래 연락을 받고 시흥병원에 들렀더니 막 중환자실에서 입원실로 옮기고 있는 중이었습니다. 환자가 자기 아버지와 어머니, 형제들은 물론 지금까지 있었던 모든 일을 깡그리 잊어버리고 하나도 모른다고 다들 걱정하고 있었습니다.

그런데 내가 입원실로 가서 환자에게, "내가 누구인지 아는가?" 하고 물어보았더니,

"신흥사 주지스님 아니십니까?" 이렇게 대답하는 것입니다. 나는 사실 그 사람을 모르는데 나를 알아보는 겁니다. "나를 언제 보았나?" 하고 물으니까 "언젠가 큰댁 제사 지내는데 따라가서 한 번 뵌 적이 있어요."라고 대답하는 겁니다.

자기 부모님도 기억을 못하는 사람이 한 번 본 신흥사 주지스님은 기억을 하니 참으로 신기한 일이지요. 그래서 이 얘기 저 얘기 말을 시켜보니까 정신이 말짱해요. 다친 데라고는 머리에 혹이 두 개 났고 힘줄 두 개가 끊어진 게 전부였던 것입니다. 다행이다 싶어 병원에서 독경을 해주고 염불하는 법을 가르쳐주고 내려왔는데, 나와 이야기할 때에는 말짱하던 사람이 또 아무 기억도 못하는 겁니다. 병원에서 컴퓨터로 정밀 검사한 결과가 보름 후에 나왔는데 뇌에는 아무 이상이 없다고 하는 데도 20일이 넘도록 기억이 안 돌아오니 가족들의 걱정이 태산 같았지요.

그 때서야 그 어머니가 황급히 불공을 드리러 왔습니다. 그래서 내가, "병원에서 아드님이 하는 말과 행동을 모두 얘기해 보세요."라고 물었지요.

그 어머니 하는 말이, 먹을 때에는 그냥 정신 없이 막 먹고 또 횡설수설하는 아들 보기가 민망스럽다고 하더군요. 어쨌든 이야기를 들어보니 그냥 불공만 올려서는 안 되겠기에 그 청년의 어머니에게, "그냥 불공만 드려서는 안 되겠습니다. 부처님께 불공 올리고 또 조상님들 천도재를 지내야 할 것 같습니다. 부처님께 천도를 시켜달라고 공양을 올리고 구병시식(救病施食)을 합시다."

구병시식이라는 것은 '구제할 구(救)' 자 '병 병(病)' 자를 써서

병든 사람들의 병을 낫게 하는 불교 의식 가운데 하나입니다. 구병시식은 오후에 부처님과 신중님께 불공을 올려 놓았다가 저녁에 캄캄해지면 마흔 아홉 접시 준비한 음식을 차려놓고 그 환자한테 붙어 있는 쓸데없는 귀신들에게 먹게 해서 좋은 곳으로 보내는 의식입니다.

　기독교의 어떤 부흥회 목사님은 불교는 귀신에게 제사 지낸다고 '귀신을 모아들이는 종합청사'라고 한다는데 그것은 제사에 대해 아주 잘못 알고 하는 이야기입니다.

　불교에서 제사를 지내는 것은 귀신을 끌어들이기 위한 것이 아니고 우리 주변에서 헤매고 있는 굶주리고 불쌍한 귀신들을 잘 대접하고 또 법문(우리가 제사지내는 그 염불이 모두 법문입니다. 주로 이 세상에서 탐내고, 성내고, 어리석고 하는 그런 번뇌망상을 모두 버리고, 또 이 세상이 모두 영원하지 못하니 쓸데없는 집착을 버리고 해탈한 마음으로 훌훌 떠나서 편안한 극락 세계로 가라는 내용의 법문이지요)을 해주는 의식이지 귀신을 어디에 모아두려고 제사를 지내는 것이 아닙니다. 제사를 통해 영가들이 잘 먹고 또 좋은 법문을 듣고 좋은 마음으로 해탈해서 떠나고 나면 산 사람들의 머리가 깨끗해지고 몸도 개운해지는 겁니다. 그것이 바로 제사 지내는 본뜻이니 오해를 하지 마십시오.

　그런데 이 청년의 경우 더욱 신기한 것은 구병시식 날짜를 잡아놓고 나서 바로 이튿날부터 기억이 돌아오기 시작한 겁니다. 제가 그 때까지 병을 낫게 해준 사람만도 오륙백 명 정도 되었는데 기억상실증 환자는 그 청년의 경우가 처음이었습니다.

　그렇게 기억이 돌아오기 시작해서 칠월백중날(우란분재날:불교에서 모든 영가를 천도시키는 날이지요) 저녁에 구병시식을 네 사람을 하고 났더니 새벽 2시였습니다. 그날 구병시식하고 닷새 만에 퇴원을 했으니 구병시식의 중요성을 또 한번 확인할 수 있었습니다. 그 환자는 완전히 나아서 지금은 국내 유수의 대기업에 다니고 있는데 머리에는 물론 어느 한 곳도 이상 없이 아주 건강합니다.

그런데 괴이한 것은 그 교통사고가 난 건널목이 굉장히 사고가 많이 나는 곳이랍니다. 이른바 상습 교통사고 다발지역이지요. 사실 요즘 사람들이 믿지 않아서 그렇지 그런 곳은 반드시 천도재를 잘 지내주어야 합니다. 알고 보면 그 자리에서 교통사고로 죽은 중음신이 어디 좋은 데 못 가고 거기에 붙어 있었던 것입니다. 말하자면 기억력 앗아가는 중음신 하나가 그 청년에게 붙어 문제를 일으켰고, 천도재를 지내주고 구병시식을 해주니 중음신이 좋은 곳으로 가서 청년의 기억이 돌아온 것입니다.

그 뒤로 그 어머니는 우리 절 신도가 되어 아주 열심히 다니고 있고, 그 뒤에도 그 집은 눈에 띄는 부처님 가피를 몇 번 더 입었습니다. 그런데 나중에 알고 보니 교통사고 났던 그 청년은 불교와 그것도 신흥사와 큰 인연이 있었습니다. 그러니까 그 어머니가 아들의 태몽을 꾸었는데 꿈속에서 신흥사에 왔답니다. 그리고 신흥사 스님이 대야에 벌레 한 마리를 넣어서 주는 것을 받았는데 그 벌레가 차츰차츰 크더니 큰 학이 되어서 날아가더랍니다.

그러한 태몽을 꾸고도 대부분 종교에 대한 의식이 없으면 인연 있는 종교를 믿지 않고 들어올 복도 내치는 경우가 많으니 안타까운 일입니다. 만약 홍씨네가 아들을 위해서 일찌감치 절에 잘 다녔으면 아마 외국 유학 가서 더 크게 잘 됐을텐데 그만 복을 짓지 않아 거기에서 좌절이 되어버린 겁니다. 그나마 전생인연으로 구병시식을 하고 병이 나았으니 참으로 다행한 일이지요. 여러분들도 인연의 소중함을 알고 항상 정성스러운 마음으로 부처님께 공양올리면서 살아가다 보면 불행은 사라지고 행복이 열린다는 것을 명심하시기 바랍니다.

가족들의 지극한 기도로 죽음에서 살아나다

불자라면 늘 '올바른 신앙의 자세는 어떤 것인가?' 생각하고, 하루하루 올바른 자세로 살아가기 위해 애써야 할 것입니다. 그렇게 살아가다보면 인생의 모든 장애가 스러지고 심지어 죽음이라는 극한 상황에서도 살아날 길이 열리는 것입니다.

신흥사에서 가사불사 끝난 지 며칠 안 된 어느 날 수원에 살고 있는 관음회 회장보살님이 새벽 세 시 반에 울면서 전화를 하였습니다.

큰사위가 저녁 늦게 차를 몰고 가다가 교통사고가 났는데 병원에서는 살아날 가망이 없다고 입원조차 시켜주지 않는다며 엉엉 우는 것이었습니다. 장도 다 파열되고 얼굴도 엉망이라며 매달릴 데는 부처님밖에 없다시며 울면서 불공을 해달라고 하시는데 그 애절함이 말로 표현할 수 없을 만큼 컸습니다.

사실 보통 때에는 수도 생활하는 것이 늘 즐겁고 기쁩니다. 하지만 신도분들로부터 그렇게 어렵고 힘든 소리를 들을 때에는 '아이구, 내가 왜 스님이 되어서 그것도 주지가 되어서 이 걱정을 해야 하나. 어떻게 해줄 수도 없고.' 하는 생각이 들곤 합니다.

그런데 마침 일이 잘 되려고 그랬는지 그날 과일을 비롯해서 헌 공물이 절에 다 있었습니다. 그래서 그 새벽에 진수(나물) 만들고 (부처님께는 마지만 올려도 되는데 신중님은 그런 진수를 올려야 공양물을 제대로 갖추게 됩니다.) 새벽 세 시 반부터 불공을 올렸지요. 도량석도 하기 전에 말입니다. 그렇게 급한 상황일 때는 부처님, 신중님께 불공을 드리면 상황이 확 호전된다는 것을 알고 있었기 때문에 부랴부랴 불공을 올린 것입니다.

그렇게 불공을 올리고 나서 네 시 반이 조금 지난 시각에 의사들이 수술하려고 병원으로 나왔답니다. 중환자실에서 장장 여섯 시간 반 동안 수술을 하는데, 이 때 여섯 식구가 중환자실 복도에서 관세음보살을 수만 번도 더 부르면서 기도를 했다고 합니다. 편할 때는 기도를 하면서도 이런 생각 저런 생각을 하지만 그렇게 다급할 때 하는 기도는 부처님께 사무치는 간절한 기도, 그야말로 진짜 기도지요.

수술각서에 도장까지 찍고 수술을 했는데 어쨌든지 목숨은 억지로 건져졌습니다. 그 환자의 부인이 우리 합창단 단장 보살님인데 그 때 집에서 백일기도 중이었다고 합니다. 그런데 그토록 심각한 와중에서도 병원에서 간호를 하다가도 기도 시간이 되면 집으로 달려가서 기도를 하고 다시 병원으로 달려오고 하는 정성을 다 했습니다. 그러면서도, '내가 이렇게 부처님께 정성껏 기도하고 있는데 왜 이런 일을 겪어야 하는가.' 라는 등의 부처님을 원망하는 말을 한 번도 들은 적이 없었습니다. 목숨을 건진 것만도 부처님의 가피인지라 부처님께 감사드린다고 말하는 것을 들으면서 참으로 진정한 불자라는 생각을 했습니다.

그런데 연애결혼을 한 이 부부가 결혼하기까지 사연이 많았습니다. 장모님인 관음회 회장보살님이 어디서 물어보니 둘 중에 한 사람이 먼저 갈 궁합이라고 하는지라 처음에는 결혼을 무척 반대하였던 것입니다. 요즘 세상에는 궁합이든 사주든 아무 것도 보지 않고 그냥 연애결혼을 많이 하지만, 어른들의 노파심이라는 것이 또 굉장한 일이거든요.

그 보살님이 하도 고민을 하길래 당시에 내가 옆에서, "그 사위 관상이 아주 좋으니까 괜찮겠어요."라고 하며 결혼을 부추겼었습니다. 그 보살님은 스님 말이라면 전적으로 믿는 분이므로 제 말 한마디에 마음이 풀려서 결혼을 시킨 것입니다.

처음에는 이런 저런 일로 때우려고 하나 그랬는데 교통사고로 참 잘 때웠다는 생각이 듭니다. 누가 뭐라 해도 아내의 신심과 기도가피로 남편의 목숨을 구한 것이지요. 그렇게 봐야 합니다. 환자의 아내는 목숨을 건진 것만도 관세음보살님의 가피라고 하면서 결국 그 백일기도를 무사히 다 마쳤습니다.

그런데 환자가 중환자실에 있을 때에 제가 병문안을 갔는데 면회가 안 되었습니다. 그래서 20일쯤 지나 빈센트 병원에 다시 찾아갔지요. 그 사위가 온몸을 붕대로 휘감고 엉망인 상태로 누워 있으리라 생각하고 뼈 살아나는 '홍화씨'(우리 선조들이 '뼈 살아나는 신비의 약'이라고 불렀지요.)를 한약방에서 구해 가지고 갔었습니다.

그날 병원 입구에 들어서는데 그 환자가 휠체어를 타고 처남과 웃고 떠들면서 얘기를 하고 있는 모습이 눈에 들어왔어요. 깜짝 놀라서 멍하게 서 있는데 그 환자가 나를 보더니, "스님, 제가 이것 때문에 살아났어요!" 하면서 연비 자국이 난 팔을 썩 걷어 보이는 것이었습니다.

그래서 생각해 보니까 며칠 전 가사불사와 함께 수계식을 할 때 법당 안이 꽉 차서 그 사위가 들어가지 못하고 아이들과 밖에서 그냥 서성이고 있기에 내가 "빨리 들어가서 법문도 듣고 계도 받아야지요." 이렇게 재촉해서 들여보낸 생각이 났습니다. 수계식을 할 때 향으로 살을 태우는데 그 순간에 우리가 이제까지 지은 모든 죄가 소멸되는 것입니다. 그래서 연비(燃臂)라고 하는 겁니다.

환자의 건강한 모습을 보고 얼마나 기쁘던지…. 병원에서 진단이 육 개월 이상 나왔는데 기도 가피로 한 달 반 만에 퇴원을 하고 그 해 사월 초파일에 사무를 봐주실 정도로 완쾌되었습니다. 우리는 특별히 어떤 한 신도분을 칭찬한다든가 하면 안 되기 때문에 이야기를 하지 않았는데 신도 회장님 가정은 아들, 며느리, 사위, 딸 할 것 없이 온 가족이 독실한 불교신자입니다. 그것도 참 보기 드문 일이지요.

우리가 어려운 일이 있을 때에는, '아, 내 업장이 두텁고 내 기도가 부족해서 이래. 부처님은 얼마든지 봐주실 수 있는데 내 기도가 부족해서 이런 거야.' 이렇게 생각하고 이제까지 한 것 이상으로 정성을 더 기울여 기도하면 모든 걸 성취할 수 있습니다. 그런데 중생들은 복이 없어서 조금 기도해 좋고도, '내가 이만큼이나 했는데 왜 안 이루어지나. 부처님은 왜 안 도와 주실까?' 이렇게 원망하는 마음부터 들어가게 되는 겁니다. 그게 마장인 줄 모르고 그만 기도를 중도에 그쳐버리면 끝내 성취를 하지 못하는 것입니다.

제가 회장보살님 댁의 기도 가피 이야기를 해드리는 것은 불자님들 모두 그분들의 얘기를 들으면서 고훈을 삼고 올바른 신앙의 자세를 확립해서 모두가 소원 성취하기를 바라기 때문입니다.

부처님께 절을 하고 가야지

　우리 절 신도로서 육군대장인 양소령이 새로 이쪽 남양반도에 부임했을 때의 이야기 또한 많은 것을 시사해 줍니다.
　양소령이 대장으로 처음 임관을 했으니 얼마나 긴장했겠습니까? 사병들이 잘하고 있는지 독려도 할 겸 계속 순시를 다녀야 했으니 참으로 피곤했을 겁니다.
　그날도 새벽 두 시에 이쪽 바닷가의 초소 군인들이 잘 지키고 있는지 순시를 하러 갔는데 너무 너무 졸립더랍니다. 거의 매일 밤잠도 못 자고 그렇게 돌아봐야 하니까 그럴 수밖에 없었겠지요. 너무나 졸려서 초소에서 이십 분 정도 눈을 붙였는데 그 사이에 아주 나쁜 꿈을 꾸었답니다. 우리들은 일반적으로 꿈이 나쁘면 좋지 않다고 생각하잖아요?
　양소령은 하도 꿈이 나빠서 차를 타고 절 쪽으로 오는 길에, '신흥사에 가서 부처님께 절을 좀 하고 가야지!' 이런 생각을 하는 순간 운전병이 졸다가 그만 지프차가 깊은 구렁에 떨어졌답니다. 그런데 차창도 다 깨치고 차도 내려앉아 형편없이 찌그러졌는데 두 사람은 조금도 다친 데가 없었답니다. '부처님한테 절을 해야지.' 하는 그 순간에 부처님께서 얼른 도와주신 것이지요.
　그날 양소령은 곧장 신흥사에 와서, "부처님, 감사합니다." 하고 절을 하고 스님한테도 절을 하고 갔습니다. 이 양소령은 대대장으로 임관하던 날 사단에서 소령계급을 달고 곧바로 신흥사에 와서 부처님께 불공드리고, 대대로 부임하고 가면서 들러서 부처님께 절하고, 오면서 들러서 부처님께 절하는 등 그 신심이 참으로 장한 분입니다. 그리고 지난번에 비가 와서 신흥사 도량에 사태가 났을 때도 군인들을 데리고 와서 수해복구도 해주는 등 여러 모로 신경을 써주고 있습니다.

어쨌든 이 양소령의 이야기, 부처님께 절하고 가야지 하는 그 마음이 죽음의 위기에서 건져준 것처럼 평소의 신행생활과 한순간의 생각이 참으로 중요한 것입니다. 임종하는 순간에 나무아미타불을 열 번만 부르면 극락왕생한다고 합니다. 이에 대해 미심쩍어하는 분이 있는데 이 말은 참으로 진실한 말입니다. 결정코 임종 순간에 나무아미타불 열 번만 부르면 극락왕생할 수 있습니다.

임종 순간에 염불을 할 수 있다는 것은 그만큼 수행이 된 것입니다. 평소 염불을 입에 달고 있어야 가능한 일이지요. 모쪼록 순간순간 부처님을 생각하면서 잘 살아가시기 바랍니다.

음주운전 차에 오르신 관세음보살님

　일요법회에 열심히 참석하시는 거사님이 겪은 이야기를 해드리겠습니다. 그 주의 일요법회 때도 진지하게 법회에 임하고, 법회를 마친 뒤에도 두 시간 동안 다른 사람들보다 더 열심히 절을 하는 거사님의 모습을 봤습니다. 바로 그 다음 날 거사님이 회사 일로 술을 들고 저녁 늦게 집으로 돌아오는 길이었다고 합니다. 음주운전을 하면 안 되지만 술을 마시고 시간이 어느 정도 흘렀기에 마음놓고 운전대를 잡았다고 합니다.
　술이 과한 것은 아니었는데 피로가 겹쳐서인지 몸이 천근 만근이었다고 합니다. 급기야 과천에서 수원으로 내려오는 내리막길에서 정신이 자꾸만 몽롱해지는데 그 몽롱한 가운데서도 뒷좌석에 휙 하면서 누군가 온 느낌이 들더랍니다. 그리고 하얀 옷자락이 옆으로 보이면서 뒤에 선 사람의 모습이 백미러에 선연히 보이는데 순간 관세음보살님이라는 생각이 확 스치더랍니다.
　바로 그 때, 관세음보살이 화현하셨다고 생각하는 그 순간에 거사님은 그만 분리대에 차를 들이박고 낭떠러지로 떨어졌습니다. 데굴데굴 여러 번을 구르면서도 너무 구른다 싶은 생각이 들더랍니다. 어쨌든 차는 있는 대로 왕창 부서지고 뒤집혀진 상태로 멈추었는데, 그 와중에서도 어디를 꽝 차고 억지로 기어 나왔대요.
　다행히 지나가던 분들도 좋은 분들을 만나서 차 구르는 것을 보고 달려 내려와서 도와주었답니다. 집에 연락도 잘 되고, 일도 잘 되고, 몸에 긁힌 자국도 하나 없었으니 정말 관세음보살님이 나타나셔서 살려주신 것이지요. 다른 사람 같으면 목숨을 잃었을지도 모르고 몇 달이고 병원에 누워 있어야 할지도 모르는 상황에서 그 거사님은 말짱했으니 말입니다.

거사님은 사고 당한 다음날 바로 부처님 전에 와서 고맙다고 지극한 마음으로 예불을 드리고 가셨습니다. 그 거사님 부인이 지금 우리 절 합창단 지휘를 맡고 있는데 두 분이 신심을 내서 정말 열심히 하고 계십니다. 그러니까 평소 아주 지극히 기도하며 부처님 말씀대로 생활하면 그렇게 부처님께서 구해주시는 겁니다.

그렇다고 음주 운전 중에 관세음보살이 나타났다는 말을 듣고 거사님들 마음놓고 음주운전을 하시면 절대로 안 됩니다. 음주운전은 자신의 목숨은 물론이고 자칫하면 다른 이의 생명도 해치게 될 수도 있으니 절대로 해서는 안 됩니다. 거사님들, 될 수 있으면 술을 마시지 않는 게 더욱 좋겠고, 음주운전은 절대로 하지 않겠다고 오늘 부처님께 약속을 드리셨으면 합니다.

관세음보살은 항상 '백의(白衣)'를 입으신 '백의관세음보살'이지요. 관세음보살의 옷은 하얀 박사(薄紗)입니다. 요즘 같으면 깔깔이보다 더 보드랍고 하이얀 그런 비단으로 된 옷을 입으시고 그 때 그 때 중생의 부름을 듣고 화현하시는 겁니다.

예전에 문수보살이 화현하신 이야기를 해드렸었는데, 관세음보살이나 문수보살이나 실존인물은 아닙니다. 물론 신(神)도 아닙니다. 이분들은 불보살의 화현으로 중생이 가장 위급할 때 남자든지 여자든지 어른이든지 아이든지 그 때 그 때 가장 적절한 모습으로 나타나서 구제해 주시는 겁니다. 그렇기 때문에 '화현(化現)'하셨다고 하는 것입니다.
  평상시 기도를 열심히 해서 위급한 상황에 관세음보살님의 가피를 입으시길 빕니다. 또한 여러분들 모두가 바로 관세음보살이 되어 세상사람들의 고통을 없애주고 즐거움을 함께 나누는 사람이 되었으면 합니다.

그 빛은 바로 부처님 빛 저를 살려주셨습니다

요즘처럼 교통사고가 다반사처럼 일어나는 상황에서는 평소의 운전 습관과 신행 생활이 얼마나 큰 역할을 하는지 알게 해주는 이야기가 또 있습니다. 우리 법회에서 사회를 보시는 거사님도 교통사고를 당했을 때 부처님께서 구해주셨다고 합니다.

그분 사무실은 조계사 근처에 있는데 출근할 때마다 조계사 법당에 들러서 예불을 드린답니다. 직장생활을 하는 사람은 아침시간이 무척 바쁘기 마련인데 날마다 시간을 내서 꼬박꼬박 예불을 드린다는 것이 보통 정성이 아니고는 힘든 일이지요. 아무리 힘들어도 법당에 들러 부처님을 뵙고 하루를 시작하면 일이 술술 잘 풀리고 마음이 편안해서 아침 예불은 하루 중 가장 중요한 일과였다고 합니다.

그런데 어느 겨울날 그날따라 길이 굉장히 미끄러웠답니다. 거사님이 조심 조심 운전을 하는데 다른 쪽에서 차가 달려와서 들이박아 서너 곳에서 충돌했답니다. 당시 목격자들의 말에 의하면 그 정도 사고면 견딜 수 있는 사람이 아무도 없을 거라고 하는데 거사님은 상처 하나 없이 무사했습니다.

거사님이 말하길, 사고를 당했을 때 운전석 부분에 빛이 좍 서리면서 그 빛이 자기를 가려주는 그런 빛을 봤다고 하더군요. 그 빛 덕분인지 차는 그렇게 엉망으로 부수어졌는데도 사람은 조금도 다치지 않았다고 하면서, "그 빛은 바로 부처님 빛입니다!"라고 말하는 것을 들었습니다.

그 거사님 말씀처럼 부처님의 빛은 항상 우리 불자들을 감싸주고 계십니다. 불쟈님들께서는 확실하게 우리와 항상 함께하시는 부처님을 믿고 의지하며 일과 수행을 하면서 부처님의 가피 속에서 살아가시길 빕니다.

큰법당 부처님이 스쳐가면서 파도에서 살아났습니다

　인천에서 가끔 들러 부처님께 참배드리고 가는 중년 남자 신도분의 이야기입니다. 절에 와서 조용히 법당에 들러 참배만 하고 가는 분인데 며칠 전에는 일부러 저를 찾아 와서 조근조근 이야기를 하고 가더군요.
　이야기인즉슨 작년에 인천 앞바다에 큰 풍랑이 일었을 때의 일입니다. 기억하시는 분들이 계실는지 모르겠지만 그 때 폭풍으로 배와 사람들이 많이 조난을 당했다고 야단이었지요.
　그런데 이 거사님도 그 현장에 있었다고 합니다. 거사님은 풍랑이 너무 심해 자기 배가 떠내려 갈 것 같아 밧줄을 잡아매는 도중 밧줄을 파도에 놓쳐버렸습니다. 그래 몸이 거센 파도에 휩쓸려 들어가는데 그 위급한 순간에 관세음보살님을 정신없이 불렀다고 합니다.
　그 거사님의 어머니께서 독실한 불교신자였는지라 일이 잘 되든지 잘못 되든지 관세음보살님을 부른 것이 어릴 적부터 이 거사님도 알게 모르게 훈습되어 무의식 중에 관세음보살님을 염하게 되었을 겁니다. 이래서 종교교육은 어릴 때부터 아주 중요한 것입니다. 어쨌든 죽을지도 모르는 극한 상황에서 얼마나 간절하게 불렀는지 상상이 가지요.
　그런데 그렇게 파도에 떠밀리면서 조난 당하기 직전 우리 절 신홉사 부처님이 휙 스쳐 가시더랍니다. 바로 그 순간에 다시 밧줄이 파도에 떠밀려 자기 앞으로 와서 그 밧줄을 꼭 잡고 구조되었는데 다른 사람들 이야기가 모두 죽는 줄 알았다고 했답니다.
"아무리 바빠도 시간 날 때마다 와서 기도 드린 가피로 부처님께서 살려주셨다고 저는 믿고 있습니다."
라고 감동적으로 말하던 그 거사님은 요즘도 시시때때로 절에 와서 기도를 하고 갑니다. 뿐만 아니라 언제 어디서든지 염불을 하면서 살아가고 있다고 합니다.
 이 거사님처럼 생업이 바빠 따로 불교공부할 엄두도 못 내고 기도할 시간조차 내기 힘든 분들은 그저 마음 속 깊이 관세음보살님, 부처님을 생각하고만 살아도 크나큰 가피를 입습니다.
 관세음보살보문품에 다음과 같은 대목이 나옵니다.
 "선남자여, 만약 무량백천억 중생들이 여러 가지 고뇌를 당할 때에 관세음보살의 명호를 일컬으면 관세음보살이 곧 그 음성을 관하고 모두 고뇌에서 해탈케 하느니라. 선남자여, 만약 관세음보살의 명호를 받드는 자는 설사 큰 불 속에 들어가는 일이 있더라도 불이 그를 태우지 못하나니 이는 이 관세음보살의 위신력 때문이니라. 혹은 큰 물에 떠내려가게 되더라도 그 명호를 일컬으면 곧 얕은 곳에 이르게 될 것이며…"
 위와 같이 관세음보살 명호를 부르면 세상의 온갖 난으로부터 벗어날 수 있음을 확신하고 날마다 염불하는 것이 무엇보다 중요한 것입니다. 염불과 기도야말로 우리 인생을 참되게 가꾸어주는 행복의 법칙입니다. 내 인생을 향상시키고 복되게 열어가기 위한 법칙을 알았으니 이제 실행에 옮기면 됩니다.

4. 자식을 위한 기도

부모와 자녀는 큰 인연으로 맺어졌기에 부모님들의 신심 중 80~90%가 자녀들에게 영향을 끼치게 됩니다. 부모님들이 기도로써 마음이 안정되고, 기도를 통해 불보살님들이 가피를 내려주심으로써 가정이 평온해집니다. 그러면 자연스레 자녀들의 마음도 편안해 지고 인격이 성장하며, 집중력과 자신감이 강화되어 실력도 향상되는 것입니다.

-본문 중에서

불효한 자식은 악연으로 만났으니 기도로 악연 소멸

요즈음 청소년 문제가 많이 대두되고 있습니다. 예전에는 상상할 수도 없었던 청소년 범죄가 부지기수로 발생하고, 그럴 때마다 결손가정 운운하며, 가정교육을 탓하는 경우가 많습니다. 물론 문제를 일으키는 학생들을 살펴보면 대부분 문제 있는 가정의 자녀들인 것도 사실입니다. 그런데 그처럼 가정교육이 잘못된 경우도 있지만 부모님이 아주 착실하고 가정에는 전혀 문제가 없는 데도 탈선하는 자녀가 있습니다. 그런 상황에서 부모님이 기도하고 노력해서 자녀가 돌아온 이야기를 해드리겠습니다.

서울 공릉동에 살고 있는 불자의 경우 중학교 2학년에 다니는 아들이 속을 썩여 큰 고통을 받았습니다. 아들이 평소와 똑같이 학교에 간다면서 매일 도시락 두 개를 싸서 나갔는데 어느 날 근 한 달 동안 학교에 등교하지 않았다는 연락을 받았답니다. 그러니까 학교에 간다던 아이가 친구들과 어울려 다니면서 하루 종일 밖에서 시간을 보냈던 것입니다.

그 어머니가 이 소식을 접하고는 울며 불며 절에 오셨습니다. 사실 그렇게 말썽 피우는 자식을 살펴보면 부모와 전생에 좋은 인연을 맺지 못해서 그런 경우가 많습니다. 부모자식간도 좋은 인연으로 맺어지면 부모는 항상 자식이 사랑스럽고 자식은 부모에게 효도하며 행복하게 살아가는데 나쁜 인연으로 맺어지면 그렇게 부모 마음을 애태우고 불효를 저지르는 것입니다.

실제로 전생의 인연이 잘못 맺어져 그런 경우도 많기에 제가 그 어머니에게 권했습니다.

"부처님께 불공 올리고, 조상님께도 도와달라고 천도재를 지내고, 집에서 일주일만 기도하십시오."

제 말을 듣고 그 어머니가 불공을 올리고 천도재도 지극하게 지내고 일주일 기도에 들어갔습니다. 자식이 방황하는 것도 본인의 탓인 듯 마음을 졸이면서 기도를 한 그 어머니의 마음이 아들의 마음을 움직였고, 다행히 그 뒤로 아들이 마음을 잘 잡고 공부를 열심히 해서 대학에도 무난히 들어갔습니다. 지금도 그 불자는 절에 올 때마다 늠름하고 의젓해진 아들 이야기를 하면서 다 부처님 덕이요, 스님 덕이라고 찬탄해 마지않습니다.

무엇보다 부처님께 공을 들이고 기도를 해서 전생의 나쁜 업장을 녹여서 선연(善緣)으로 돌려야 합니다. 무슨 문제가 생기면 먼저 참회하고 기도하십시오. 그러면 모든 일이 원만해집니다.

가출한 아들을 위하여 개종하고 부처님께 귀의

이 세상에는 많은 종교가 있습니다. 불교, 기독교, 이슬람교 등 대표적인 기성종교 외에도 수많은 신흥종교가 있습니다. 이 세상 모든 일이 인연 아닌 게 없지만 종교를 선택하는 것도 아주 깊은 인연인 것입니다. 살다보면 종교를 개종하는 경우도 많은데 그 또한 인연의 소치이지요.

이분은 서울에 있을 때 알게 되었는데, 남편이 조계사에 아주 열심히 나가는 독실한 불교신자였습니다. 그런데 그 부인은 남편과는 달리 교회에 열심히 다니고 있었습니다. 결혼할 때부터 서로 간의 종교에 대해서는 편협하게 생각하지 말고 인정하기로 약속 했으므로 별 문제가 없을 것으로 여겼었는데, 실상 살면서 종교가 다르다 보니 집안이 하루도 편할 날이 없었습니다. 남편이 하는 사업도 잘 될 리가 없었지요. 게다가 이들 부부를 대하는 사람들마다 이구동성으로 말하곤 했습니다.

"한 가족은 종교가 같아야 모든 일이 잘 됩니다."

하지만 이렇게 아무리 말해 주어도 부부가 귀담아 듣지 않더니 어느 날 아들이 가출을 했답니다. 그래도 남편보다는 자식이 더 중했나 봅니다. 기독교를 그렇게 고집하던 사람인데 아들이 가출한 충격에다 하도 답답해서 어디 가서 물어봤나 봅니다.

"당신은 남편 종교를 따르지 않으면 이제까지도 좋지 않았지만 계속 좋지 않아요, 아들도 결코 안 돌아옵니다. 남편종교를 따르는 것이 좋습니다."라고 말하더랍니다.

그 때서야 부인은 성경책과 찬송가책을 모두 불태워 버리고 절에 가서 자기 아들 돌아오기를 간절히 기도했대요. 대개 보면 종교를 갖고 있지 않던 사람보다는 기독교를 믿었던 사람이 기도를 더 지극하게 잘합니다. 종교심이 더욱 강하기 때문이지요. 그렇게 지극하게 기도한 지 보름 만에 아들이 돌아왔답니다.

이렇게 탈선하는 자식들은 모두 전생의 인연으로 만나는 것이기 때문에 누구를 원망할 일이 아닙니다. 불교신자들은 그러한 일이 있으면 얼른 절에 와서 스님과 상담을 하고 그 때 그 때 맞는 기도를 하는 것이 좋습니다. 병도 묵히면 호미로 막을 것 가래로 막게 되는 것처럼 일상사 역시 마찬가지입니다. 처음 문제가 생겼을 때 응급처방을 해야 하는 것입니다. 집에서 걱정만 한다고 무슨 해결이 나는 것도 아니니 반드시 절에 오셔서 상담을 하고 기도를 해서 액난을 물리쳐야 합니다. 더욱 좋은 것은 미리미리 준비하는 것입니다. 기도를 생활화하면 문제가 생길 것도 안 생기고 설혹 전생인연에 의해 문제가 생겼더라도 원만히 해결할 수 있는 지혜와 힘이 있기에 온갖 인생사가 더 이상 장애가 되지 않는 것입니다.

실로 번뇌망상 없이 항상 행복한 생을 살아가는 이가 바로 불자라는 것을 깨닫고 본인의 힘과 아울러 부처님의 가피를 입어 행복한 인생을 열어가시기 바랍니다.

기도로 복을 도와 주어야

우리 나라는 땅덩어리도 좁고 이렇다 할 천연자원도 없어 인적 자원이 가장 중요한데다 예로부터 교육열과 학업에 대한 열의가 그 어느 나라보다 강해서 '입시지옥'이라는 말이 있을 만큼 해마다 입시 경쟁이 치열합니다. 또한 '시험' 때만 되면 절에 와서 기도를 하는 분들도 많이 있습니다. 시험 당일날 교문 앞에 염주 들고 기도하는 모습이나 법당에서 절하면서 기도하는 모습이 매스컴의 단골장면이 되었습니다.

이러한 모습을 보고 '애가 공부를 잘해야지, 부모가 기도한다고 다 합격하면 기도 안 할 사람이 어디 있겠나' 하면서 빈정대는 사람이 간혹 있는 것 같은데 그것은 그 사람이 잘 몰라서 그런 소리를 하는 것입니다. 그러면 시험을 볼 때 부처님의 기도 가피가 어떻게 작용하는지 말씀드리겠습니다.

물론 터무니없이 실력보다 높은 학교에 원서를 넣고 기도를 한다고 해서 합격할 수 있는 것은 아닙니다. 하지만 분명히 배운 것인데 생각이 나지 않아서 안타까워할 때 기도를 해 놓으면 정신을 맑게 해 주고 잊어버렸던 정답도 떠오를 수 있게 도와주는 것입니다. 이를 기도 가피라고 합니다.

기도는 본인이 해야 가피가 더 크지만 어머니의 정성도 통하는 것은 허공 중에 전파가 흐르듯이 어머니의 간절한 마음이 자식에게 가 닿기 때문에 어머니의 기도가 자식에게 가피를 주는 것입니다.

이 곳 신흥사에 오기 전 서울의 어느 절에 있었을 때는 대학교보다 고등학교 입시 경쟁이 훨씬 치열했습니다. 당시 서울 시내에서는 경기고등학교가 가장 인기가 있었고 모두의 선망의 대상이었던 때입니다.

어느 해 고등학교 입시를 위해서 18명의 어머니들이 21일기도를 시작했습니다. 21일 동안 어머니들이 매일 절에 와서 기도를 했지요. 시험 보기 전날은 밤샘을 하고 이튿날 새벽에 집에 가서 학생을 보내 놓고 다시 시험 끝나는 시간까지 계속 절에 와서 기도하고 그랬습니다.

나중에 그 학생들 얘기를 들어보니 어떤 학생은 공부는 잘하는데 턱걸이는 한 번도 제대로 못 했었대요. 그런데 체력장 시험보는 날은 밑에서 누가, "으샤, 으샤." 하면서 받쳐주는 것 같더랍니다. 그래서 못하던 턱걸이를 7번이나 했다고 좋아하더군요.

또 한 학생은 시험 보기 전에 절에 데리고 왔기에,

"시험지를 받으면 잠깐 동안이라도 눈을 감고 법당의 부처님을 생각하며 나무 석가모니불, 나무 관세음보살 세 번씩을 부르고 아는 문제부터 먼저 쓰고 모르는 문제가 있으면 볼펜만 딱딱거리지 말고 또 법당의 부처님을 생각하면서 염불하면 생각이 잘 나서 쓸 수 있을 것이다."

이렇게 말해 주었는데, 나중에 그 학생 얘기가 국어와 음악 과목에 아주 어려운 문제가 다섯 개 있었는데 스님 말씀대로 했더니 정말 정답을 쓸 수 있었다고 합니다.

그리고 또 다른 학생 한 명은 멀리 뛰기를 하는데 그 날 비가 와서 운동장이 미끄러워 학생들이 제대로 실력을 발휘하지 못하더랍니다. 그런데 그 학생 아버지가 그 날 시험장에 와 운동장 한쪽에서 관세음보살 염불을 열심히 하고 있었는데 막 자기 아들 차례가 되었는데 구경하던 학부형들이, "운동장이 미끄러워서 학생들이 제 실력을 내지 못하는 것 같습니다. 가마니를 깔아 줍시다." 하여 가마니를 깔고 멀리 뛰기를 한 그 아들은 자기 실력대로 뛰어서 좋은 점수를 받을 수 있었답니다. 바로 이런 것들이 부처님의 기도 가피입니다.

그 해에는 18명이 입시기도를 해서 17명이 합격을 하고 한 명만 떨어졌습니다. 그 학생은 학교 성적도 부진했고 또 모친이 기도비만 내고 한 번도 기도하러 나온 적이 없었지요.

우리 수원 관음회 회장 보살의 큰아들은 중학교에 들어가서 기초를 다져야 할 때 아버지가 돌아가셔서 방황하느라고 한참 동안 공부하기가 힘들었답니다. 회장보살은 그 아들을 위해서 꼬박 일 년 동안 새벽 4시 예불 시간이면 일어나서 기도를 하고, 또 그렇게 바쁜 중에도 시험이 있으면 절에 와서 3일 동안 기도를 했습니다. 그렇게 공을 들였더니 큰아들이 대학 1차 시험에 무난히 합격했어요. 그래서 주변에서는, "어머님 기도 가피로 합격한 것."이라고 회장보살에게 공을 돌리며 축하를 해주었습니다.

또 대학입시기도를 할 때 아버지가 과일을 사서 정성스럽게 신고 와 기도를 한 분이 있는데 그 댁은 온 식구가 아주 독실한 불자 가정입니다. 그런데 그 입시생이 코가 아파서 학교를 쉰 적도 있고 해서 입학이 어렵지 않을까 생각했는데 부모님 기도 공덕으로 명문대학에 무난히 합격하였습니다. 그러니까 학생들도 열심히 공부해야 하지만 부모님 정성도 함께해야 합니다.

왜냐하면 학생이 아무리 재주가 있고, 공부를 열심히 해도 보통 알게 모르게 지은 업장에 휘둘려 실수를 할 수가 있는 것입니다. 중생은 업장이 많기 때문에 기도를 해서 그 업장을 녹이고 복을 도와주어야 하는 것입니다. 무슨 일이든 참으로 혼자 하기가 힘들고 입시시험의 경우에는 순간의 실수가 평생을 좌우하기 때문입니다. 참으로 기도로써 그 복을 날로 증장시켜 인생을 풍요롭고 행복하게 엮어가시길 바랍니다.

정신이 산만한 아이들은 기도와 참선으로 마음을 안정시켜라

근래에 학교에 다니는 자녀를 둔 부모님들의 한결같은 걱정거리가 아이들이 주의가 산만해서 공부를 못한다는 것입니다. 요즘 아이들은 급변하는 세태 속에서 아주 어릴 때부터 텔레비전과 컴퓨터 등 기계문명에 익숙한지라 진득하니 앉아 있는 아이들이 드뭅니다. 게다가 영유아기에 비디오나 틸레비전에 방치될 경우 자폐증이나 언어장애, '주의력 결핍 및 과잉행동장애'라고 하는 정신 장애가 일어날 수도 있다고 합니다.

요즘 아이들은 공부는 물론이고 일을 할 때나 놀 때도 지속적으로 주의를 집중하지 못하고 지나치게 움직이고 가만히 있는 것을 참기 어려워하는 이 증상을 나타내는 아이들이 많아서 부모는 물론이고 교사들도 애로점이 많다고 합니다. 수업시간에 떠들거나 딴 짓을 하는 등 수업분위기를 해치는 아이가 많으면 교사는 힘들기 마련이지요. 산만한 아이들이 늘고 있는 추세인지라 그 원인을 찾아서 정책적으로 근본적인 대책을 마련해야 할텐데 정책 입안자들은 이 문제에 대해 그리 심각하게 여기지 않는 것 같습니다.

나는 부모님이 학생들을 데리고 절에 와서 그런 저런 하소연을 하면 이렇게 말해 줍니다.

"수업 시장 종이 울리면 일 분 정도라도 조용히 눈을 감고 부처님을 생각하면서 나무 석가모니불, 나두 관세음보살을 세 번씩 부르면 그 순간에 마음이 비워질 것이다."

　아무리 좋은 물건이라도 그릇에 물건이 가득 담겨져 있을 때에는 받아들일 수가 없듯이 우리의 마음도 똑같습니다. 법문을 하기 전에 입정(入定)을 하는 것도 같은 까닭입니다. 입정을 잠깐 하면서 '진짜 나 자신은 누구인가?' 이런 생각을 하는 순간에 이제까지 탐내고, 성내고, 어리석고 하던 생각들이 사라지고 마음이 깨끗해지기 때문에 법문 내용이 잘 들어오는 것입니다. 우리 학생들도 선생님 가르침을 받기 전에 잠깐이라도 염불을 해서 머리를 깨끗하게 비워 공부할 준비를 해야 합니다.

　88올림픽 경기에서 메달을 딴 선수들 대부분이 불교신자였습니다. 태릉선수촌에 있는 법당에 와서 기도와 참선을 가장 많이 한 사람이 금메달을 땄답니다. 그것은 부처님의 가피도 있지만 참선과 기도를 하면 할수록 자신의 힘이 쌓이는 겁니다. 운동도 정신력이 집중되지 않으면 잘 안 됩니다. 공부도 마찬가지입니다. 요즈음은 불교신자가 아닌 사람들도 집중력을 기르기 위해 절에 와서 참선을 많이 합니다.

　하루에 10분 정도라도 가만히 앉아서 참선을 할 수 있는 정신력만 길러 주면 집중력이 강화되어 공부도 잘 되고 만사가 잘 됩니다.

　우리 절에 오시는 수원의 심 선생 얘기를 들어보면, 수업 시간에 학생들이 굉장히 떠들어 하도 시끄러워서 궁리 끝에 수업 들어가기 전에 10분 동안 참선을 시키고 수업을 한 뒤에 살펴보니, 10분 동안 수업을 진행한 것보다 몇 배의 효과를 얻었다고 합니다. 그러니까 참선이 생활화되면 마음도 고와지고 성적도 향상되어 성공적인 인생을 열어갈 수 있는 것입니다.

대학교 4학년 학생이 어느 날 찾아와서 이렇게 말하더군요.

"스님, 요즘은 머리도 아프고 몸도 무겁고 너무 피곤합니다."

"그러면 아침에 일어나는 시간보다 매일 30분씩만 일찍 일어나서 참선을 해 보게. 그 병이 고쳐질 테니까."

"아이구 스님, 이제 내일 모레면 졸업이고 또 취직하고 직장 다니면서 먹고 살기도 바쁠 텐데 언제 참선을 합니까?"
라고 정색을 하는 학생에게 한참 참선에 대해 일러준 일이 있습니다.

참선을 우리의 일상생활과 따로 보면 안 됩니다. 참선은 자기 자신을 추스리는 작업입니다. 참선을 통해 자기 스스로 정돈이 되고 자기 자신에게 본래 갖춰져 있는 힘을 드러내는 것입니다. 그렇게 자연히 능력이 생기면 가정에 충실해지고 또 그런 사람이 직장에 나가면 업무능력도 향상되고 매사 일거수 일투족 충실하기 마련입니다.

참선은 정신적으로 복잡한 현대인들에게 참으로 필요한 것입니다. 우리 불교신자들에게는 좋은 수행법이 참 많습니다. 기도도 그렇고 참선도 그렇고…108참회도 그렇고…. 자기 자신에게 맞는 수행법 한 가지씩 정해서 날마다 실천하는 진정한 불제자가 되었으면 합니다.

신경질이 심한 아들을 위해 3년을 기도한 부모

언젠가부터 우리 절에서 기도하면 문제아가 모범생이 된다는 소문이 났는가 봅니다. 이 소문을 듣고 서울에서 어떤 분이 또 찾아 왔습니다. 와서 하시는 말씀이, 아들이 공부는 잘 하는데 일등을 못해 속상하다고 눈만 뜨면 잠들 때까지 계속 짜증을 내는 통에 살 수가 없다는 겁니다.

"왜 이리 짜증이 나는지 모르겠어."

이러면서 자기 방문을 부서질 정도로 걷어차기도 하고 신경질을 있는 대로 부리는데 아들 때문에 사는 데 회의가 생길 정도라고 하소연하면서, "저희도 천도재를 지내봐야겠습니다."라고 했습니다.

그분이 마침 그날 아들 둘을 데리고 왔길래 이 얘기 저 얘기 해주었지요.

"공부를 잘 하려면 마음이 첫째 편해야 공부가 잘 되는 거지 그렇게 신경질 내고 짜증내고 하면 공부가 잘 안 되지 않니. 예를 들면 대야에 맑은 물이 있는데 물이 고요하면 그림자가 보이고 물이 흔들리면 얼굴이 보이지 않듯이 우리의 마음도 그와 같단다. 신경질 내지 않고 짜증도 내지 않고 마음이 고요하면 지혜가 나타나서 공부가 잘 된단다."

라고 얘기해주면서 마음을 가라앉히고 공부하는 방법을 일러주었습니다. 그 뒤에 그 어머니로부터 전화가 왔는데, 절에 가서 스님 말씀 듣고, 천도재, 구병시식하고 나서 큰아들이 성을 안 낸다며 기뻐했습니다.

어쨌든 그렇게 신경질과 짜증이 심하던 큰아들은 마음도 차분해지고, 성적도 월등해졌습니다. 또 초등학교 6학년생인 작은아들은 공부하는 데에는 전혀 취미가 없었는데 그 날 내가 형한테 해준 얘기를 들으면서 뭔가 느낀 점이 있었는지, 성적이 쑥 올라갔대요. 그 때가 10월이었으니 벌써 2학기 때인데 아주 공부를 열심히 해서 학년말에 학교 다니면서 처음으로 우등상을 탔다고 합니다.

그 큰아들은 고등학교에 들어가서도 부모님의 기도로 마음도 안정되고 성적도 계속 올라가니까 스스로 부처님의 은혜를 느껴서 자기 저금통을 털어 100만원을 들여 큰법당 풍경 시주를 했습니다. 그 학생은 나중에 돈을 많이 벌어서 이 신흥사를 전국에서 제일 큰 절로 만드는 게 소원이라고 한다는 말을 들었습니다.

그리고 당시에 기독교 계통의 고등학교를 다녔는데 합장주를 하고 다니다가 어느 날 선생님께 빼앗겨 망가뜨려지고 야단도 맞았대요. 그렇다고 나중에 그 학교를 사서 불교학교로 만드는 것이 소원이라고 다짐하며 열심히 공부를 했다고 합니다.

그 후 연세대에 지원해서 시험을 치루는 날, 그 어머니는 교문 밖에 서서 계속 염불을 하는데 나중에는 혀가 움직여지지 않을 정도였다고 합니다. 그런데 다른 아이들은 시험이 끝났다고 다 나오는데 그 학생만 나오지 않아 속을 태우고 있던 차에 나중에서야 아들이 싱글거리며 나오더니, "지금까지 시험 본 것 중에서 제일 잘 봤어요. 합격할 거예요!"

하고 말하더랍니다. 그날 기분좋게 외식을 하고, 학생 말대로 좋은 성적으로 합격하고 그 집에는 평화가 찾아왔지요.

   그 아버지가 제게 와서 하시는 말씀이,

   "참 그 때 기도하는 마음으로 견뎠지 그렇지 않았으면 저 놈이 가출을 했거나 자살을 했을 겁니다. 기도하는 마음을 가르쳐 주셔서 정말 감사합니다."

라고 하며 삼배를 넙죽 하시더군요. 그 어머니 또한 이제는 공부를 잘할 뿐만 아니라 착하고 예의바른 두 아들 덕에 정말 사는 맛이 난다고 기뻐합니다. 또한 매사에 감사하며 요즘도 집에서 열심히 기도를 하고 법회에도 빠짐없이 참석하고 있습니다.

   그 학생은 지금도 방학 때면 어린이 불교학교와 중고생 수련대회에서 수련생들을 돕고 있습니다. 그런데 그 학생이 활동하는 동아리의 2학년 선배 여학생이 자살을 했대요. 그 때 친구들과 함께 모여서 얘기하면서,

   "나도 고등학교 때 죽고 싶은 생각이 몇 번 있었는데 스님께서 써주신 '감인대(堪忍待)' 세 글자를 책상 위에 써 붙여 놓고 신경질이 날 때마다 읽어보라고 말씀해 주셨어. 그 세 글자를 생각하면서 참을 수 있었지!"

   이렇게 얘기했다고 하더군요.

   이처럼 인과법문은 학생들에게 아주 좋은 법문이므로 은연중에 익숙해질수록 늘 얘기해주어야 합니다.

   요즈음 중·고등학생들도 스트레스를 많이 받고 있습니다. 어떤 설문조사 결과에 의하면 중·고생 80~90%가 세 번 이상 죽고 싶다는 생각을 했다고 하더군요. 서울 어느 학교에 계시는 선생님인데 중·고등학교에 다니는 두 딸이 이런 대화를 주고받는

것을 들었다고 합니다.

"공부는 하기 싫고 성적은 안 오르고 죽었으면 좋겠어!"

"죽으면 다음 생에는 이보다 더 나쁘게 태어나서 고생한대. 죽는 것은 그만 두는 게 낫겠어."

위와 같이 생각하는 청소년들이 많다는 것은 참으로 심각한 문제입니다. 평소 자녀와 대화를 많이 나누면서 기도로써 화목한 가정을 만들고 부처님의 인과법문을 들려주는 등 산교육이 절실히 필요합니다.

감인대(堪忍待 : 견디고, 참고, 기다리고) 이야기

'감·인·대' 이야기는 언제 들어보아도 참 좋은 내용입니다.
 옛날에 한 정승이 있었습니다. 그는 정치를 아주 잘해서 왕의 신임을 받았지만 너무 성을 잘 내서 자기가 쌓아 놓은 공든 탑을 한꺼번에 무너뜨리는 경우가 많았지요. 그러다가 나중엔 임금님 눈 밖에 나서 쫓겨나게 생겼습니다. 정승도 자기 자신을 가만히 생각해 보니 너무 한심스러웠겠지요. 그래서 생각다 못해 자기가 가장 믿는 신하에게 돈 3,000냥을 주고 성 안 내는 약을 사오라고 보냈습니다. 신하는 전국을 다 돌아다녀 보았지만 성 안 내는 약을 구할 수는 없었지요.
 낙담을 하고 돌아오면서 어느 주막집 툇마루에 앉아 쉬고 있는데 그 집 할아버지가 짚신을 삼고 있는 것이 눈에 띄었지요. 그리고 그 주막집 추녀 끝에는 하얀 광목으로 만든 자루가 여러 개 매달려 대롱거리고 있었습니다.
 "노인장, 저 자루 안에는 뭐가 들었소?"
 "네, 성 안 내는 약이 들어 있습니다."
 "정말이오? 그러면 값은 얼마나 합니까?"
 "3,000냥입니다."
 "내가 사겠소."
 "그런데 한 가지 조건이 있습니다. 저 약은 집에 도착해서 그 약을 직접 먹을 사람이 열어 보아야만 합니다. 중간에 열어보면 약효가 달아나서 효과가 없지요. 약속할 수 있다면 가져가십시오."

그는 얼른 대답을 하고 그 약을 사들고는 집으로 돌아오기 시작했습니다. 그런데 주머니가 너무 가벼운 것에 의심이 생겨 살짝 열어 보았더니 약은 없고 하얀 창호지에 '감·인·대' 세 글자만 적혀 있는 것이었어요. 이 신하는 그 주막집 노인이 사기를 쳤다는 생각이 들자 화가 머리 끝까지 나서 그 주막집으로 다시 달려가 보았지만 이미 그 노인은 사라지고 난 뒤였습니다.

할 수 없이 힘 없는 발걸음으로 터덜터덜 집으로 돌아올 수밖에 없었지요. 벌써 밤이 깊어서 집 앞에 이르러 대문을 두드리려다가 갑자기 아내를 의심하는 마음이 생겼지요. 그래서 몰래 담을 넘어 들어가 방문 앞에 서서 귀를 기울여보니 아니나 다를까 자기 부인 안방에서 남자 목소리가 두런두런 들려오는 것이었습니다. 자기 부인이 자기가 없는 사이에 다른 남자와 정을 통했구나 생각이 들자 눈이 뒤집히는 것 같았습니다. 그는 화가 머리끝까지 나서 당장 부엌으로 달려가 식칼을 들고 나오다가 감·인·대 주머니가 털썩하고 스치는 바람에 정신이 번쩍 들어서 칼을 얼른 제자리에 놓고 담을 뛰어 넘어 대문 앞에 가서 점잖게 아내를 불렀습니다.

"여보, 내가 돌아왔소."

그 소리를 듣고 안방 문이 휙 열리더니 아내가 버선발로 뛰어나오고 곧 이어서 장인어른이 뒤따라 나왔습니다.

"여보게 이제 왔는가? 애가 밤중에 두섭다고 해서 내가 와있었다네." 하는 장인어른의 말씀을 들으며 그는 어쩔 줄 몰라했습니다. 그 감인대 주머니가 아니었으면 어떻게 되었을까 생각하니 식은땀이 흐를 정도였습니다. 감인대 주더니를 감사하게 생각하고 자신의 마음을 곧 뉘우쳤지요.

  이튿날 그는 그 감인대 주머니를 가지고 정승에게 찾아갔습니다. 그 정승은 성을 잘 내는 사람이라 주머니 안에 아무 약도 없고 종이 쪽지 하나만 들어 있는 것을 보고는 당장 사형시키겠다면서 화가 나서 펄펄 뛰었지요.

  그래서 그 신하는 그 주머니를 사게 된 이야기며 그 날 집에 돌아와서 있었던 일 등 자초지종을 모두 정승에게 말해 주었습니다. 그제서야 마음이 누그러진 그 정승은 그 때부터 감인대 주머니를 차고 다니며 성이 날 때마다 그 세 글자 '견디고, 참고, 기다리고'를 생각해서 어질고 착한 정승이 되었으며 다시 왕의 신임을 받게 되었다는 이야기입니다.

어머니의 3년기도 정성으로 대학 합격해

  서울에 사는 신도인데 3년 동안 이 곳 머나먼 신흥사에 다니면서 딸을 위해서 기도한 어머니가 있습니다. 딸이 대학에 갈 만한 실력은 못됐는데 참, 그 어머니 기도는 보통이 아니었습니다. 매일 아침 2시간, 저녁 2시간씩 기도를 하면서 한 달에 한 번씩은 천수경 천독 기도를 했지요. 또 시주도 아주 큰 시주를 했습니다.
  그 딸이 S여대에 합격했는데 학교 선생님들은 어머니 기도 덕분에 합격했다고 얘기를 한대요. 딸의 합격 소식을 듣고는 그 동안 긴장이 풀려 2달 동안 몸을 움직일 수 없을 정도로 더욱 열심히 기도했다고 합니다.
  우리가 자녀를 기를 때 항상 유의해야 할 것은 자녀에 대한 애정어린 관심과 정성으로 길러야 한다는 것입니다. 자녀가 무엇을 원하는지, 공부는 왜 하기 싫어하는지 대화를 나누면서 자녀의 삶의 방향을 올바르게 잘 잡아주어야 합니다. 부모의 입장에서 판단하려 들지 말고 자녀의 입장에서 생각하고 이해해주는 것이 중요합니다.
  그런데 정말 아무리 대화를 나누고 이모저모 따져보아도 문제가 없는데 공부도 하지 않고 방황하는 자녀가 있다면 눈에 보이지 않는 근원적인 문제점을 찾고 해결해야 하는 것입니다. 자녀와 나와 전생인연에 문제가 있을 수도 있고, 조상과 얽힌 문제도 있을 수 있습니다.

　하지만 더욱 중요한 것은 마음입니다. 자식이 공부를 안 한다고 잔소리를 하고 짜증을 내면 문제가 심각해질 것은 너무나 당연한 사실입니다. 이 신도분 같은 경우에는 잔소리 대신 꾸준히 딸을 위해 기도를 했습니다. 딸이 잘 되도록 좋은 마음을 딸에게 보낸 것입니다. 염력이라는 말이 있듯이 마음의 힘, 기도의 힘이 그토록 중요한 것입니다.

　평소 염불과 기도로써 내 마음을 평온하게 다스려 놓은 사람이라면 똑같은 상황에서도 지혜롭게 대처할 수 있습니다. 마음이 맑으면 국토가 맑다는 말처럼 내 마음이 맑으면 상대방의 마음도 맑힐 수 있는 것입니다. 부모가 기도를 하면서 차분하게 인생을 잘 살아가는 모범을 보이면 자식도 마땅히 인생설계를 잘 할 것이고, 인생의 주춧돌이라 할 수 있는 학창시절을 잘 보내게 되는 것입니다.

　어쨌든 부모는 그 자식의 인생에 큰바위 얼굴이고 가장 포근한 보금자리입니다. 평소 신행생활을 열심히 해서 잘 사는 모습을 보이면 자식도 잘 자라게 되어 있습니다. 가피가 어디 따로 있는 것도 아니고 성공적인 인생이 별다른 게 아닙니다. 가족간에 서로 사랑하고 의지하며 건전하게 최선을 다해 살아가면서 이 사회에 보탬이 된다면 성공적인 삶이라고 할 수 있습니다. 무슨 문제든 있으면 일단 절에 와서 부처님께 하소연하고 참회하고 기도해서 본래 내 마음 속에 있는 지혜를 건져내시기 바랍니다.

자식의 대학 합격을 위해 맹추위에
천수 3,000독을 하신 아버지와 어머니

　부모의 자식 사랑은 말로 형용할 수 없을 만큼 큰 것입니다. 아마도 부모가 자식 생각하는 반만 따라가도 효자라 칭송받을 것입니다. 세상 살면서 다른 어떤 문제보다도 자식 잘 되기를 바라며 눈물겹게 기도하는 분들이 많은 것을 볼 수 있습니다.
　우리 절에서도 슬하에 남매를 둔 부모님이 성적이 그다지 좋지 않은 딸의 대학 시험 합격을 발원하여 지난 겨울 그 추운 법당에서 천수 천 독 기도를 세 번이나 하신 분들이 있습니다. 이 천수 천 독 기도는 보통 15시간 정도가 걸리고 빨리 하는 사람도 보통 11~12시간이 걸리는 힘든 정진입니다. 또한 법당에서 시작하면 기도가 끝날 때까지 나오지 않고 마쳐야 하기 때문에 전날 굶어야 합니다. 그렇게 힘든 기도를 세 번이나 한 부모님의 기도 가피로 딸이 대학 시험에 합격한 것을 보았습니다.

　또 이 근처에 사시는 분들인데 지난 겨울에 찾아온 분들이 계십니다. 아들이 서울 법대에 원서를 내놓고 3일 전부터는 시험을 안 보겠다고 방문을 걸어 잠그고 들어앉았대요. 밥도 먹지 않고 공부도 하지 않고 그 부모님이 얼마나 답답했겠습니까? 절에는 1년에 한 번 나올까 말까 한 신도인데 아들이 공부를 잘 했기 때문에 기도할 필요를 못 느껴서 그 동안 기도를 안 했었대요. 공부 못하는 사람만 기도하는 줄 알았나 봅니다. 그래서 제가 야단을 쳤지요.

"아들이 공부를 아무리 잘 해도 기도를 해야 하지요. 아들이 시험을 앞두고 불안해서 그런 것이니 그럴 때는 부모가 기도를 해서 아들의 마음을 안정시켜 줘야 합니다. 기도를 하지 않는 것은 자만입니다. 그 학생은 대학에 들어가는 것이 문제가 아니라 우울증에 걸리지 않도록 기도를 해주어야 합니다."

이렇게 말씀드리자 그 부모는 그제서야 부랴부랴 기도 입제하고 열심히 기도를 하더군요. 부모가 기도를 시작하자 아들이 시험을 보겠다고 한다며 신기해하던 그 부모의 얼굴이 지금도 생생합니다. 기도는 평소 일상 생활에서 습관이 돼야 합니다. 염불을 하면 마음이 편안해지지요. 그리고 그렇게 기도를 하게 되면 자녀가 쌓은 실력을 모두 충분히 발휘할 수 있게 됩니다.

부모와 자녀는 큰 인연으로 맺어졌기에 부모님들의 신심 중 80~90%가 자녀들에게 영향을 끼치게 됩니다. 부모님들이 기도로써 마음이 안정되고, 기도를 통해 불보살님들이 가피를 내려주심으로써 가정이 평온해지는 것입니다. 그러면 자연스레 자녀들의 마음도 평안해 지고 인격이 성장하며, 집중력과 자신감이 강화되어 실력도 향상되는 것입니다.

콩 심은 데 콩 나고 팥 심은 데 팥 나기 마련입니다. 자식이 공부 못한다고 한탄할 게 아니라 본인들의 마음부터 잘 다스리고 자식이 제 인생을 잘 헤쳐 나갈 수 있도록 환경을 조성해 주어야 하는 것입니다. 좋은 환경은 뭐니뭐니해도 부모님 모두 마음이 안정된 상태에서 따뜻하고 평온한 가정분위기가 최고요, 이러한 가정을 일구기 위해서는 기도가 최상의 방법이라 할 수 있습니다.

입시생 딸을 데리고 성인수련대회에 함께 참가한 아버지

　작년 여름에 아버지가 고 3 딸과 함께 2박 3일 성인수련대회에 참가한 일이 있습니다. 대체적으로 학부모들은 고3이면 촌음을 아껴가며 공부를 해야 한다고 생각하는 터인데 그에 아랑곳하지 않고 부녀가 아주 정답게 열심히 수련에 임하는 모습이 참 보기 좋았습니다.

　수련 프로그램 중 1,080배 용맹정진시간이 있었는데 평소 절을 많이 하지 않은 분들은 너무들 힘겨워하시길래 할 수 있는 분들만 1,080배를 하라고 했지요. 그런데 그 아버지와 딸이 땀을 뻘뻘 흘리며 함께 1,080배를 마치는 모습을 보고 그 딸이 반드시 합격할 것이라는 예감이 들었습니다.

　수련대회를 통해 수능시험날까지 더욱 열심히 학업에 임할 수 있는 마음과 몸의 힘을 길렀으니 합격은 따놓은 당상이지요. 수련대회에 참석했을 뿐만 아니라 1년 동안 그 아버지가 꾸준히 기도를 하더니(보통은 어머니들이 많이 하는데) 딸이 경희대학교에 합격했다고 기뻐하며 제일 먼저 합격 소식을 알려왔습니다.

　법구경에 "모든 것은 우리가 생각한 것의 결과다. 그것은 우리의 생각에서 나온 것이다. 그것은 모두 우리의 생각으로 이루어져 있다."는 말이 있는 것처럼 아버지가 딸의 합격을 굳게 믿고 열심히 기도했으니 안 이루어질 리가 없지요. 기도는 한 만큼 성취가 된다는 것을 확신하고 앉으나 서나 기도삼매에 들어 만사를 성취하는 불자가 되십시오.

아들의 취직을 위하여 지성으로 기도하신 늙은 아버지의 기도 성취

요즘 한창 일해야 할 젊은 사람들이 실직당하기도 하도 취업을 못해서 애를 태우는 것을 보면 참으로 안타깝습니다. 직업을 통한 자기 성취 욕구도 매우 크거니와 사람이 홀로 서기를 하려면 경제적인 독립을 이루어야 하기에 취직은 삶에 있어서 아주 큰 문제라 하지 않을 수 없습니다. 특히 가난한 집에서 빚을 져가면서까지 교육시켰는데 졸업하고나서 취업을 못해 괴로워하는 자식을 둔 부모의 마음이 얼마나 절절할지 직접 당해보지 않았어도 잘 알 것 같습니다.

어느 날 아들이 취직을 해야 하는데 취직시험에 번번이 떨어져 속을 썩이고 있다며 육일 리에 살고 계시는 어느 보살님이 찾아오셨습니다.

"아이가 효자인데다 공부도 잘하고 착실해서 학교 졸업 때까지는 속을 썩인 적이 한 번도 없습니다. 그런데 실력은 좋은 데도 시험만 보면 떨어집니다. 곁에서 지켜보는 것도 답답한데 본인이야 오죽하겠습니까? 남편은 나이가 많아서 일을 못하고 제가 건축현장에서 막일로 생계를 이어가고 있는 형편입니다."

라고 하소연을 하였습니다. 그분은 일주일 동안 번 돈을 모아 정성껏 신중불공을 올리고, 또 본인은 일을 나가야 하는데 어떻게 해야 하나 고민하는 것이었습니다. 그래 보살님에게는 틈나는 대로 기도하고 시간을 정해서 하는 기도는 거사님에게 시켰습니다. 거사님이 연로해도 아들을 위한 기도라고 얘기해주니 가르쳐 준 기도법대로 열심히 기도를 했습니다. 부모님의 정성으로 부처님의 가피를 입어 얼마 지나지 않아 그 아들이 세 번이나 떨어진 교사 임용 시험에 합격했다고 감사전화를 하셨습니다.

  이와 비슷한 기도 가피 얘기는 굉장히 많이 있습니다. 요즘처럼 복잡다단한 세상에서 각양각색의 스트레스를 받고 사는 현대인들일수록 기도를 통해 자신의 마음과 생각을 차분히 정리하고, 전생부터 알게 모르게 지은 업장을 녹여야 합니다. 특히 현실적으로 이해되지 않은 문제는 전생 인연이 장애로 작용하는 것이 많기 때문입니다. 거듭 말씀드리지만 기도는 모든 장애를 뚫는 행복의 법칙입니다.

어머니를 원수처럼 대하는 딸을 위하여
천수경 1,000독 기도 후 효녀로…

 부모자식간의 인연처럼 지중한 것이 없을 것입니다. 부모의 자식 사랑과 그 은혜가 얼마나 큰지는 말로 표현하지 않아도 잘 아실 겁니다. 그러기에 부처님께서 경전에 말씀하시기를, "부처님께 공양함과 부모님께 효도한 공덕이 똑같다."고 하였으며, "부처님이 삼계의 비할 데 없이 금색원만신을 성취한 것도 다생 동안 효도한 인연이라."고 하셨습니다. 그럼에도 불구하고 날이 갈수록 효를 행하는 이들이 드문 세태입니다.
 우리 신도 중에 부부가 둘 다 학교 교사인 집이 있습니다. 그 집에 딸이 둘인데 중3짜리 큰딸이 아주 고긴거리였답니다. 대개 첫정이 크다고 큰딸과 엄마의 관계가 남다르기 마련인데 이 집 큰딸은 어릴 때부터 어머니와 사이가 좋지 않았다고 합니다. 어머니가 이리 가라고 하면 저리 가고, 엄마가 싫어하는 짓만 골라가면서 할 정도였지요.
 초등학교 때는 어머니가 숙제하라고 하면 원수처럼 바라보면서 저주스런 눈빛으로 쏘아보는 것은 물론이고, 어머니가 한 마디 하면 열 마디, 백마디씩 대꾸를 하는데 그 어머니 마음이 어땠겠습니까?
 "교사로서 학교에서는 남의 자식을 가르친다는 사람이 정작 내

자식은 제대로 다루지 못한다고 생각하니 부끄럽고 속상해서 미칠 지경이에요. 난산이었는지라 태어날 때부터 죽을 고생을 시키더니 자라면서도 계속 그러는데 도저히 참을 수가 없어요. 제가 낳은 자식이지만 원수 같을 때가 많습니다."

너무 답답해서 딸 생일 날 딸과 함께 절에 온 그 보살님은 18시간 동안 법당에 앉아서 천수경 천 독 기도를 했습니다. 그 날 데려온 딸에게 제가, "부처님께서 말씀하시길 이 세상에서 제일 복 받고 아름다운 일이 부모님께 효도하는 일이라고 하셨다. 우선 네가 부모님 말씀을 거슬리지 않는 것이 최고의 효도 아니겠니? 그 다음엔 또 학생의 본분을 지켜 공부를 열심히 해야지. 내가 이제까지 어머니가 아들을 위해서 천 독 기도를 하는 것은 봤지만 딸을 위해서 하는 것은 못 봤다." 하면서 몇 글자 적어 주었지요.

그 날 그 댁 큰딸은 집에 돌아가서 동생에게, "내가 여태까지 나도 모르게 너무 부모님 속을 썩여 드렸나 봐, 나도 부모님처럼 백일 기도를 해야겠어." 하고 말하더니 동생과 함께 백일 기도를 시작하더랍니다.

그 부모님은 매일 아침 저녁으로 기도를 하시는 분들이에요. 그런데 그 때부터 두 딸은 저녁에 공부를 끝내고 밤 12시에 동전 몇 닢을 올려 놓고 108배 절을 하기 시작했대요.

그렇게 기도를 시작하고 3, 4일 뒤부터는 아예 딴 사람이 되었습니다. 어머니 말씀에 순종하고 공부를 잘해서 고려대학교에 들어갔지요. 어머니가 그렇게 큰 마음 먹고 한 기도 덕분에 이렇게 십 몇 년 동안이나 속을 썩이던 딸이 효순해지고 공부 잘하게 된 것입니다. 어떠세요. 기도는 정말 해야 되겠지요.

기도를 하면 이렇듯 눈에 보이는 가피도 입지만 눈에 안 보이는 가피를 더욱 크게 입습니다. 향내가 몸에 배듯 은연중에 입는 가피를 명훈가피라고 합니다. 험난한 이 세상에서 마음 편히 잘 살 수 있는 것이 다 불보살님의 명훈가피를 입은 덕분입니다. 기운 세고 건강한 사람은 쌀 한 가마니도 거뜬히 들어올리지만 몸이 약한 사람은 반 가마니도 못 드는 경우가 많은 것처럼 평소 기도를 통해 힘을 기르면 설사 힘든 일에 부딪치더라도 고비를 잘 넘길 수 있는 것입니다.

도벽이 심한 아들을 위하여 200일 기도 후에 고치다

　흔히 "자식을 보면 그 부모를 알 수 있다."고 하지요. 대개 훌륭한 사람은 그 부모가 훌륭하기 마련입니다. 부모로부터 좋은 유전자를 받은데다 어릴 때부터 알게 모르게 양질의 교육을 받고 잘 성장했기 때문입니다. 그런데 간혹 부모는 훌륭한데 자식은 형편 없는 경우도 있고, 그와 반대로 개천에서 용 난다는 말처럼 부모는 볼품없어도 자식은 우뚝 자수성가한 이도 있습니다. 하지만 잘 살펴보면 겉보기에는 별볼일 없는 사람일지라도 그 사람의 내면을 살펴보면 자식을 훌륭히 성장시킬 만큼의 복덕을 갖춘 분인 경우를 많이 볼 수 있습니다.

　어쨌든 우리 신도분 중에 아주 인품도 뛰어나고 훌륭한 분으로 아무 걱정거리도 없을 것만 같은 분이 계십니다. 그런데 알고 보니 그분에게도 고민이 있더군요. 하나밖에 없는 아들인지라 갖은 정성 기울여 귀하게 키운 외아들이 도벽이 심해서 속앓이를 하고 있었던 것입니다. 집 안에 돈을 한 푼도 둘 수 없는 것은 물론이고 학교에서도 가끔 문제를 일으키곤 했던 것입니다.

　사실 도둑질이라는 것은 업장 탓이지 돈이 없어서 하는 짓이 아닙니다. 또한 습관도 아주 무서운 것이지요. 부잣집을 많이 털어 세간에 알려진 조세형이 교도소에서 출소 후 회개하고 진실한 기독교인이 되었다고 매스컴에서 인터뷰를 하는 등 야단을 떨었는데 그 사람이 또 일본에서 도둑질을 해서 나라 망신을 시킨 일이 있었습니다. 조세형은 상당한 부자였기 때문에 도둑질을 한다는 것 자체가 세상 사람들로서는 이해할 수 없는 일이었지요. 자신도 모르게 도둑질을 하게 되었다는 그의 말을 들으면서 얼마나 습관이 무서운지, 그리고 도둑질이야말로 크나큰 업장 탓이라는 것을 잘 알 수 있었습니다.

 이 댁 아들도 역시 용돈을 많이 줘보기도 하고, 또 혼찌검을 내기도 하였지만 다 허사였습니다. 아무리 갖은 방법을 다 동원해도 그 버릇이 없어지지 않는 것입니다. 심지어 "손을 자르면 발로도 한다."는 말도 있잖아요.

 그분은 고심 끝에 그 아들의 업장을 소멸하기 위해서 200일 기도를 아주 열심히 하셨습니다. 얼마나 절실한 기도였겠습니까? 도벽이 심하다 보면 도둑질이 되어 급기야 감옥행, 이 세상의 지옥에서 살아야 할 터인데 부모 심정이 얼마나 아팠겠습니까?

 그런데 200일 기도 후에 신기하게도 아들의 나쁜 버릇이 뚝 떨어졌어요. 도벽이 없어진 것만으로도 다행스럽게 여겨서 공부를 못하는 것은 개의치도 않았습니다. 하지만 머리가 아주 나쁘다거나 아니면 공부 외에 다른 방면으로 일찌감치 나갈 생각이 있는 사람은 모르지만 학교공부라는 게 인생의 기초 공사 아닙니까?

 그래서 제가 그 아들을 불러서, "절에 다니는 사람은 공부를 열심히 해야지, 하면 잘 할 수 있는데도 게을러서 공부를 못하는 것은 온 우주의 진리를 깨치시어 세상에서 제일 지혜로운 부처님을 부끄럽게 하는 것이야." 하고 말해주었더니 신중히 듣는 것 같았습니다.

 어쨌든 그 아들은 그 이후로 마음을 바로잡아서 도벽도 없어지고 공부도 열심히 하여 부모님께 기쁨을 드리고 있습니다. 이처럼 기도의 위력은 신비한 것입니다. 모두들 기도로써 잘못된 습관을 버리고 높은 지혜와 덕성을 함양하는 불자가 되었으면 합니다.

두 학교에서 퇴학을 당한 아들을 기도로 건지다

재작년 봄에 어떤 부모님이 아들을 데리고 상담을 왔습니다. 아들이 전라도에 있는 어느 중학교에 다니다가 2학년 때부터 탈선을 해서 깡패 무리에 어울려 다니다가 퇴학을 당했다고 합니다. 그래서 아버지 고향인 이 곳 중학교로 전학을 왔는데 그 깡패들이 있는 전라도로 세 번이나 도망을 갔답니다. 그 이후로 이 학교에서도 퇴학을 당했어요. 그리고 학교에서 부모님께 종교가 무엇이냐고 물어서 없다고 했더니 신흥사로 데리고 가보라고 해서 찾아왔다고 합니다. 부모님을 내보내고 그 아들과 이야기를 나누었지요.

"왜 집을 나갔었니?"

"엄마가 잔소리를 많이 해서 집이 싫어요."

"어머니의 잔소리가 너희들 잘 되라고, 공부하라는 말씀밖에 더 있나? 그 정도의 잔소리도 안 하시는 부모님은 계시지 않아. 너는 교도소 생각을 해보았니?"

"깡패형들이 교도소는 재미있다고 그러던데요 뭘."

"내가 교도소에 설법하러 14년을 다녔는데 교도소는 그렇게 재미있는 곳이 아니야. 그 곳은 자유가 없는 곳이야. 네가 집에서 나오지 못하고 한 달만 갇혀 있다고 생각해봐라. 답답해서 살겠는가. 자유가 구속된다는 것은 얼마나 고통스럽고 불행한 일인데 그런 소릴 하니?"

"형들은 재미있다고 하던데 스님은 왜 거짓말을 하세요?"

이 아이는 사람을 바로 쳐다보지 못하고 옆눈질을 하면서 말했습니다. 그 부모가 이런 자식을 만난 것도 부모자식간에 서로 원수가 만나서 그렇게 된 것입니다. 우리가 부모, 자식, 부부, 형제간에도 좋은 인연으로 만나면 서로 사랑하고 효도하면서 행복하게 삽니다. 하지만 부모자식간이라도 서로가 앙숙인 듯 속상하게 하고 불편하게 하는 것은 전생에 원결이 맺혀서 원수 갚느라고 그렇게 한다는 것을 알아야 합니다.

그래서 그 부모님에게 일단 조상님들 천도재를 지내고 부모님은 부모님대로 열심히 기도하고 이 아이는 학생법회에 보내서 부처님 설법을 듣게 해보자고 했지요. 그런데 그런 아이들은 대부분 종교성이 없어서 절에 안 나오려고 합니다. 그래서 학생회 맡은 스님이 계속 전화를 하고 또 아버지, 어머니가 달래고 해서 억지로 법회에 두세 달 동안 나왔어요.

그리고 작년 여름 수련대회에도 억지로 참석을 시켰지요. 200여 명의 청소년이 함께 수련대회를 하는데 예불 시간이면 혼자 합장하지 않고 그냥 서 있는 것이었습니다. 수련생들 중에는 타종교 학생들도 있는데 그 학생들도 단체 생활이기 때문에 똑같이 부처님께 합장하고 절하는데 이 아이만 합장도 하지 않는 거예요. 다른 학생들 보기에 민망해 죽겠지만 그나마 손을 합장하라 하면 수련 안 하고 가버릴 것이고…. 혼자만 고민을 하고 있는데 3일째 되는 날 새벽에는 손이 이만큼 배꼽까지 모아졌어요. 그리고 그날 밤 12시에는 1,080배 용맹정진을 하고 수련을 마치는 날 설문조사를 하고 소감문을 썼는데 이렇게 썼더군요.

"처음 수련대회에 참가할 때에는 억지로 오는 것이어서 내키지 않았다. 둘째 날까지도 힘만 들고 해서 몇 번을 내려갈까 하면서도 참았는데 그 동안 설법도 듣고 1,080배를 하고 나니까 내게도 대단한 힘이 있다는 생각이 들었다. 내 마음속에 조금씩 신앙심이 생기는 것 같다. 또 내가 이렇게 살아서는 안 되겠다는 생각이 든다."

그렇게 여름 수련대회를 마치고 내려가면서 공부할 마음을 내더니 집에서 혼자 들어앉아 공부를 하기 시작하더랍니다. 하루 종일 공부하기는 지루하므로 집 앞에 있는 주유소에서 기름을 넣어 주는 아르바이트를 하루에 2시간씩 해서 한 달에 12만원씩 엄마에게 서너 번을 갖다 드릴 정도로 효자가 되었답니다. 일요일 학생회 법회에도 빠지지 않고 잘 나오는 것은 물론이지요.

한편 겨울수련대회에는 감기가 걸려서 열이 펄펄 나는데도 스스로 참가 신청을 하고 수련을 마치고 돌아갔지요. 그리고 작년 봄에 중학교 3학년에 다시 복학을 했는데 졸업할 때에는 10등 안에 드는 좋은 성적으로 졸업을 해서 교장선생님으로부터 감사하다는 말씀을 들었습니다.

또 스님들이 그 학교에 졸업생 특강을 갔는데 "신흥사 스님들이 잘 선도해 주셔서 감사합니다." 하고 선생님들이 모두 인사를 하더랍니다.

또한 그 아버지는 리비아에 가서 새벽마다 기도를 하셨는데 부장급 150명 중에서 혼자 진급되었다고 합니다. 그리고 아들을 구해 줘서 고맙다며 리비아에서 나올 때마다 큰법당에 까는 큰 카페트를 사가지고 와서 저렇게 깔아 놓았습니다. 그리고 아들 졸업식에는 비행기를 타고 달려왔다고 하면서 기뻐했습니다. 그 학생이 올해 고등학교에 입학해서 학교생활에 적응을 잘해 가고 있습니다.

　강조하고 또 강조하는 바이지만 자녀가 문제가 있을 경우 부모가 먼저 무조건 참회하고 기도하는 것이 문제 해결의 가장 빠른 지름길입니다. 물론 불보살과 통신이 될 수 있을 만큼 진실한 마음으로 온 정성을 다해 기도해야 성취할 수 있습니다. 적당히 해서는 절대 안 됩니다.

중 3인데 임신 6개월 기가 막혀

"스님, 제 딸이 중3인데 중2 때부터 탈선하여 집 나가기를 밥먹듯 했습니다. 친한 남자애도 동네 아이인데 둘이서 학교 결석하고 외박까지 합니다. 학교에서 퇴학시킨다고 오라고 하여 몇 번이나 불려 갔어요. 선생님들께 통사정하여 겨우 퇴학은 면했는데, 며칠 전에 아이의 몸이 이상한 것 같아 병원에 데리고 갔더니 임신 6개월이라고 합니다. 그 소리를 듣고 너무 기가 막혀 기절할 뻔했습니다.

아들 딸 단지 남매뿐인데 남편은 그 아이를 이미 포기하였어요. 하지만 어떻게 어미가 되어 자식을 포기할 수가 있겠습니까? 어쩔 수 없어 유산을 시켰지요. 제 사정을 알고 옆집의 불교신도가 들어보라고 준 스님의 기도영험 테이프를 듣고 이렇게 찾아 왔습니다. 어떻게 하면 좋겠습니까?"

"보살님, 그런 자식을 둔 것도 다 전생 인연입니다. 업연으로 태어난 자식이어서 부모에게 그런 고통을 주는 것이지요. 내 자식이 나에게 효도하기를 바라면 먼저 부모인 내가 조상님과 부모님께 효도를 해야 합니다. 먼저 보살님의 시가와 친정의 돌아가신 조상님들 천도재를 잘 지내 드리고, 어머니가 집에서 아침, 저녁으로 100일 기도를 가르쳐 드린 대로 잘 드리세요. 기도로써 부모 자식간의 업장이 소멸되어야 딸이 마음을 잡고 제 할 일 바로 하여 부모님께 걱정을 드리지 않고 효도를 할 것입니다."

 이 어머니는 조상님 천도재를 잘 지내드렸을 뿐만 아니라 딸을 위하여 본격적으로 기도하기 위해 다니던 직장도 그만두고 100일 기도를 열심히 하였습니다. 딸이 그 지경이 되도록 내버려둔 자신을 참회하고 또 참회하고, 자신의 업장을 참회하며 정성 다하여 기도하였습니다.

 그 어머니의 지극한 기도 정성으로 문제아였던 딸은 그 뒤부터 집을 나가지 않고 공부를 하기 시작하였습니다. 그래서 고등학교도 들어가지 못할 줄 알았는데 고등학교에 들어가서 학교도 잘 다니고 있습니다. 함께 놀던 다른 아이들은 모두 퇴학당하고 자퇴하고 공부를 중단하였는데 부처님 덕분에 자기 딸만 학교에 다니고 있다며 그 아버지, 어머니가 절에 와서 감사의 기도를 드리고 갔습니다.

아들을 위해 3년을 하루에 천수 300독씩 기도한 어머니

"스님, 철이가 시험에 합격했습니다. 감사합니다. 모두 부처님 가피이고 기도해 주신 스님 덕분입니다."라고 말하는 보살님의 눈에 눈물이 그렁그렁 맺혀 있었습니다.

"참 잘 됐습니다. 정말 나도 기쁩니다. 3년을 기도 드린 보살님 정성의 덕에 아드님이 합격한 것입니다. 이제 걱정을 덜었으니 좀 쉬세요."라며 보살님과 함께 기쁨을 나누었지요.

3년 전에 아들 둘이 모두 고등학교도 재수할 정도로 성적이 좋지 않아 걱정이라며 속내를 털어놓길래 기도할 것을 권했었습니다. 그 때 보살은 두 아들을 위해서 특별기도를 드렸는데, 큰아들은 대학에 들어갔고(1차 때보다 더 좋은 과에 입학) 작은아들도 고등학교에 입학했습니다. 그리고 1000일 기도를 시작하면서 한 달에 5번 이상 절에 와서 기도하고 집에서도 열심히 기도하면서 큰법당 불사에도 큰 시주를 하였지요.

사람이 살면서 한 가지씩은 걱정거리를 안고 사는 것 같습니다. 부부간에 정도 깊고 형편도 풍요로워 별걱정이 없어 보이는 이 불자님 댁은 아들들이 큰 걱정거리였지요. 착하기는 한데 공부가 뒤떨어져 부모의 속을 답답하게 했던 것입니다.

사실 공부를 잘하는 사람이 있으면 못하는 사람이 있게 마련인지라 사람이 살아가는 데 있어 그 마음바탕이 더 중요한 것입니다. 이 댁의 아들들은 다행히 착해서 그다지 큰 문제는 아니고, '행복은 성적순이 아니라'는 말처럼 성적에 집착할 필요는 없어 보였습니다. 하지만 부모 마음은 자기 자식이 조금이라도 더 나은 위치, 좋은 직장을 갖기를 원하기에 그 주춧돌이라 할 수 있는 학업성적에 관심을 갖게 마련이고, 상급학교에 보내기 위해 그토록 마음을 졸이며 애쓰는 것입니다.

옛사람들이 말하기를, "습관이야말로 인생의 항로를 결정하는 중요한 밑거름인 만큼 좋은 습관을 기른다는 것은 곧 운명을 적극적으로 창조하고 개척하는 것"이라는 말이 있듯 자식들에게 어릴 때부터 공부하는 습관을 들여주는 것은 참으로 중요한 일입니다.

그래 어머니가 모범을 보이면서 지극정성 기도하는 길밖에 없음을 강조하였고, 내 말대로 그 어머니는 3년을 정말 하루도 빠지지 않고, 꾸준히 묵묵히 기도드렸습니다. 그 어머니의 정성이 가상하여 작은아들은 대학시험에 꼭 합격하리라 믿었는데 1차 시험에 떨어졌지요. 그래도 2차 시험을 앞두고 더욱 정성껏 부처님께 와서 기도 드리고 조상 천도재도 지내 드렸습니다.

그런데 작은 아들은 1차에 응시했던 서울에 있는 ㅈ대학 후기 모집에 더 좋은 과를 지망하여 합격이 된 것입니다. 공부를 잘한다고 걱정도 하지 않던 집들의 자녀들은 시험에 떨어졌고, 주위에서 걱정하던 이 댁 아들들이 보기 좋게 대학에 입학한 것을 보고는 "역시 지극한 정성은 헛되지 않다."는 것을 또 한번 느꼈습니다. 그 아버지와 어머니의 불심은 부처님의 가피를 입고도 남을 만한 신심입니다.

신심과 원력의 기도가피

- 금년 서울 음대 성악과 특차 1차 합격한 양민경 -

참으로 보기 드문 불자가정이 있습니다. 아버지는 군인 대장으로 일요일마다 군법당에서 법회를 진행하고, 어머니는 국수를 삶아 군 장병들에게 먹이고, 딸은 중학교 때부터 군법당에서 아저씨들에게 찬불가를 지도하였다고 합니다. 군 사단과 연대 세 곳에 법당을 지을 정도로 불심이 장한 아버지의 소원은 딸이 음대에 들어가 장차 불교음악을 발전시키도록 하는 것이었답니다. 그래서 부모님은 부처님께 열심히 기도 드렸지요.

그 부모님의 서원으로 민경이는 예술고등학교를 잘 다녔고, 금년 서울 음대 성악과에 특차 1등으로 합격하였습니다. 합격 발표가 나던 날 아버지 양대령은 전화로 "충성! 민경이가 서울 음대 특차 1등으로 합격하였습니다. 제일 먼저 스님께 알려 드립니다. 이제 수련 때 많이 봉사시켜 주세요. 충성!" 하고 인사말을 전했습니다. 다른 학생들은 합격 발표가 아직 멀었는데 민경이는 특차로 합격하여서 겨울방학 때 와서 어린이 불교 학교, 청소년 수련법회 때 그 고운 목소리로 찬불가를 즐겁고 경쾌하게 잘 불러 수련회를 생기 발랄하게 진행하는 데 크게 기여하였습니다. 복덕은 짓는 대로 받기 마련입니다. 민경이는 앞으로 우리 신흥사와 불교계, 찬불가 발전에 큰 인재가 될 것입니다.

모자(母子)의 불심(佛心)은 기도 성취를 이루고
- 금년 동국 대학교 한의대 특차 시험 합격한 범식이 -

"스님, 합격자 발표 후 꼭 연락드리겠습니다."

전화를 끊은 후의 느낌은 평소와는 다른 뭔가 비장한 각오가 서린 듯한 보살님의 목소리였습니다. 그리고 수능시험을 한 달포쯤 앞두고는 거의 매일이다시피 수험생 자녀를 둔 어머니들의 지극한 기도 발원과 시험 도중 무장무애를 바라는 천도재도 지냈습니다. 해마다 되풀이되는 연례행사(?)이지만, 자식을 대신해 시험을 볼 수는 없고 오직 해줄 수 있는 일이라곤 안정된 마음으로 최선을 다하기만을 바라는 어머니와 가족들의 정성을 생각하면 축원하는 스님네의 목소리도 더욱 간절해집니다.

드디어 수능시험 전날이 다가왔지요. 평소 잘 알고 가까운 수험생 청소년들의 얼굴을 떠올리다가 달포 전에 전화한 적이 있는 보살님의 아들 생각이 났습니다. 시골에서는 수재라고 기대가 컸었는데 작년에 시험에 낙방하고 재수를 하고 있다고 들었습니다. 다행히 핸드폰 번호를 찾을 수 있어서 누르니 본인이 받더군요.

"범식아, 더도 말고 덜도 말고 네가 공부한 실력만큼은 다 발휘할 수 있도록 해라. 시험지를 받아 들면 제일 먼저 눈을 감고 '나무 석가모니불' 세 번, '나무 관세음보살'을 세 번 생각한 후에 시작하면 네 곁에는 부처님께서 와 계시니 편안한 마음으로 시험 볼 수 있을 것이다."

 시험 당일도 지난 뒤 어느 날엔가 범식이의 이모 되는 보살님이 먼 지방에서 오랜만에 신흥사 참배를 왔습니다. 마침 조카 얘기가 나와서 이런저런 그간의 사정을 알게 되었습니다.

 아들의 시험 공부에 걸림돌이 될까 봐 자신의 불치병을 알리지 못하게 했던 범식이 아버지가 아들의 시험 보름 전에 돌아가셨다고 합니다. 아버지를 무척 따르고 부자간에 정이 도타웠던 탓에 모두가 걱정했는데 내색하지 않고 꿋꿋이 이겨내는 범식이의 모습에 주변 사람들의 안쓰러운 마음은 더했다고 하더군요. 다행히 시험도 만족할 만큼 잘 치렀다고 해서 안심이 된다며 범식이 이모는 합격하면 낼 조카의 등록금까지 준비해 놓고 있다고 했습니다.

 그리고 범식이 주변의 온 가족 친지들 모두가 불교 신자여서 서울과 경상도, 경기도 등지에서 한마음으로 합격을 발원하는 기도를 드려 주었는데, 그 이모 되는 보살님 얘기에 의하면 범식이뿐만 아니라 친척 중 누구든지 어려운 일이 다가오면 각자가 약속이나 한 듯이 기도를 시작하고 그로 인해서 신심을 더욱 다질 수 있는 계기가 되었다고 합니다.

 사실 작년에 범식이 어머니는 별로 기도하지도 않고 아들에 대한 기대감만 갖고 있었다고 합니다. 뿐만 아니라 가정을 소홀히 하는 남편에 대한 원망심으로 가득 차 있었으니 무슨 기도가 잘 되었겠습니까?

 아들이 시험에 떨어진 후에는 이런저런 원망심이 한꺼번에 밀려들어 견디기가 힘들었는데 다행히 빨리 정신을 가다듬고 그 모든 것을 자신의 업장 탓으로 돌려 모든 원망심을 버리고 새롭게 기도를 시작하니, 참으로 가뿐한 마음이 되어 아들의 입시 기도가 날로 날로 힘이 붙는다고 했습니다.

　작년에는 시골에서 이것저것 남들이 하는 것을 따라 해보기도 했지만, 다 소용없고 오로지 부처님께만 매달리기로 결심했습니다. 재수하는 아들 뒷바라지하러 서울 올라와서 아침에 일어나 신흥사 부처님 생각하며 기도하고, 아들을 학원에 보낸 뒤엔 가까운 강남의 큰절 법당에서 하루 해를 보내고, 일요일이면 아들을 직접 절에 데려가서 108배를 시키고 시험이 가까워서는 더욱 더 정성껏 기도하였다고 합니다. 어릴 때부터 절에 다닌 범식이는 고3 때도 학생회에 열심히 나온 모범 학생이었습니다.

　드디어 수능시험 발표일, 매스컴이 떠들어대고 사람들의 화제 거리도 온통 수능결과에 집중되었지요. 묻기도 어려워 아무 데도 전화를 못하고 소식만 기다리고 있었습니다. 며칠이 지나 겨울 수련으로 바쁜 중에 아주 반가운 전화 한 통화가 걸려 왔습니다. 범식이 어머니로부터였지요.

　"스님, 범식이가 동국대학교 한의대에 높은 점수로 합격했습니다. 부처님 가피입니다. 스님께서 늘 보살펴 주시고 축원해 주신 덕분입니다. 이 은혜 어찌 갚을는지요."

　"보살님, 애쓰셨습니다. 더욱 열심히 해서 범식이를 중생들의 몸과 마음의 병고를 덜어 주는 부처님의 장한 일꾼으로 키우십시오. 다시 한 번 축하드립니다."

　"스님, 사실 올해는 기도를 열심히 했습니다. 기도 입재하기 전날도 꿈을 꾸었는데 너무 환희로웠습니다. 기도하는 동안 내내 그렇게 몸과 마음이 편할 수가 없었어요. 합격증 받은 후에 부처님과 큰스님 친견하러 꼭 가겠습니다."

　위와 같이 통화한 뒤 며칠 후 외할머니와 어머니를 따라 신흥사에 온 범식이는 부처님의 가피를 다시 한 번 가슴에 듬뿍 느끼며 여름방학부터는 간사로 봉사할 것을 약속했습니다. 또한 고인이 되신 아버지의 영전에 합격의 영광을 안겨드리고 이제 홀로 남으신 어머님께 효도를 하기로 굳게 마음먹었습니다. 범식이 가족을 보며 "기도는 될 때까지 하면 되고, 절대 거짓이 없다."는 내 지론이 옳음을 다시 한 번 확인하게 되었습니다.

기도와 조상 천도재를 올리고 아들이 공부 잘 하다

"스님, 우리 경현이가 중 3인데 공부가 반에서 끝인데도 공부를 하려 들지 않아요. 저래가지고는 고등학교도 못 가게 생겼어요. 어떻게 하면 마음을 잡고 공부를 하겠습니까? 머리는 나쁘지 않아 하기만 하면 된다는데 잠시도 가만히 앉아 공부를 못합니다."

"다 전생에 지혜와 복은 적게 짓고 죄업은 많이 지어 공부도 뜻대로 되지 않으니 먼저 100일 기도를 어머니가 아들을 위해 정성껏 드려 업장을 소멸하고 조상 천도재를 올려 효도함으로 내 자식도 효도해지므로 마음을 잡고 공부 잘 할 것입니다."

그 후로 경현이 어머니는 부처님께 100일 기도를 아침, 저녁으로 열심히 드리고 시댁과 친정의 돌아가신 분들의 천도재도 정성껏 올렸습니다. 그리고 얼마 안 가서 "스님, 정말 감사합니다. 경현이가 그 동안 마음을 잡고 공부를 어떻게나 열심히 하였는지 15등안에 들었습니다. 감사합니다. 감사합니다." "고맙습니다. 모두가 부처님의 가피입니다. 어머니의 정성이 지극하여 부처님께서 대자비를 내리셨습니다." 그 후로 계속 경현이는 더욱 열심히 공부를 잘 하여 수원시에 있는 고등학교에 좋은 성적으로 들어가 지금도 모범 학생으로 공부를 착실히 잘하고 있습니다.

결혼 못한 두 아들을 위해 기도하고 인연 상봉

농촌 총각이 장가를 가지 못해 농가가 붕괴되기 직전에 와있다는 매스컴을 접하면서도 사실 그리 심각성을 느끼지 못했습니다. 농사 짓기도 힘들고 일에 비해 경제적으로도 열악한 상황이기 때문에 젊은 사람들이 농촌을 떠나는 일은 어제 오늘의 일이 아닙니다. 가뜩이나 젊은 사람도 몇 안 되는데다 여성들이 농촌총각과 결혼하는 것을 기피해서 농촌 총각 결혼 문제는 사회문제로까지 급부상하고 있는 것입니다. 궁여지책으로 연변처녀도 데려오고 필리핀에서도 아가씨를 데려오는가 본데, 그로 인해 결혼 사기까지 횡행하는 실정이니 보통 문제가 아닙니다.

어느 날 이곳 가까운 시골에 사는 육십이 넘은 보살님이 상담을 하러 왔습니다. 아들이 둘인데 큰아들 나이는 서른 여섯이고 작은 아들 나이는 서른 셋인데 혼처가 없어 결혼을 못하고 있어서 너무나 답답해서 찾아왔다고 하더군요. 이다에 주름이 자글자글한 늙은 어머니의 하소연은 처량할 정도였습니다.

"부처님께 아들들의 인연 불공을 올리고 집에서 아침 저녁 100일 기도를 드리세요. 기도는 인연을 만들어 주는 것이니까 정성껏 하면 됩니다."라는 말밖에 달리 방법이 없었습니다.

그렇게 노보살의 기도는 시작되었지요. 노보살이 글을 읽을 줄 모르기 때문에 천수경 독경은 생략하고 관세음보살 정근으로 대신하도록 하였습니다. 절에도 처음 왔고 더욱이나 기도도 처음 하는 것이니 어떻게 잘 할 수 있을까 염려스러웠는데, 기도 시작하고 한 달쯤 되었을 때 노보살이 절에 왔습니다. 그리곤 신이 나서 이야기보따리를 풀어놓더군요.

"스님, 스님께서 왜 기도를 하라고 하셨는지 알았습니다. 정말 너무 신기해요. 기도 시작하고 나서 집안에 좋은 일도 많이 생기고, 특히 큰아들 혼처가 생겨 너무 기쁩니다. 스님께 기쁜 소식도 알려드리고 감사 인사도 드리려고 달려 왔습니다."

노보살은 기도 방법도 서툴고 천수경도 읽지 못하였지만 지성으로 기도하였던 것입니다. 그 정성으로 100일 기도 끝나기 전에 큰아들이 결혼하고 그로부터 반년 후에 작은아들이 또 결혼하였습니다.

낫 놓고 기역자도 모르는 노보살, 설사 불법을 알지도 못하고 천수경을 읽지 못해도 오로지 지극한 마음으로 기도 드리면 부처님의 불가사의한 가피를 입을 수 있다는 것을 깨닫고 그 보살은 소원성취한 뒤에도 기도를 생활화하고 있습니다.

서른 여섯 살 난 딸의 결혼을 위한 기도

혼인은 인생사에서 아주 중요한 통과의례 중의 하나입니다. 대부분의 사람들은 나이가 차면 자연스레 짝을 찾아 혼례를 올립니다. 부모 또한 자식이 결혼을 해야 안도의 한숨을 내쉬는 것 같습니다.

요즘이야 딱히 결혼 적령기라는 게 없다지만 그래도 딸의 나이가 서른을 넘고 그 중반이 넘었으니 그 어머니 속이 한참 탔을 것입니다. 그 마음이 얼마나 간절했으면 대전에서 서른 여섯 살이나 된 딸의 결혼을 위하여 먼 이곳까지 기도를 다녔겠습니까.

어머니는 도대체 딸을 이해할 수 없다고 합니다. 은행에 근무하니 직장도 괜찮고 인물도 아주 좋은데 맞선을 아무리 봐도 맺어지지 않아 딸이 아직도 결혼을 못하고 있으니 답답할 뿐이라며 한숨을 푹 내쉬더군요.

이 어머니는 인연 불공을 올리고 기도를 시작하였는데 100일, 200일, 500일 기도를 회향하는 날까지 딸의 혼처를 찾지 못했지요. 하루하루 날이 갈수록 너무나 조급해 하는 그 어머니에게 "딸이 부부 인연을 짓지 못해 아직 성사되지 않고 있으니 더 정성껏 기도 올려서 인연을 만날 때까지 기도하고 또 좋은 인연 만나 앞으로 잘 살아가도록 느긋한 마음으로 기도하세요."라고 말해주었습니다.

700일 기도 회향하기 얼마 전에 딸이 선을 보았는데 신랑감이 마음에 들었다고 합니다. 마음이 맞은 남녀는 서로 좋아하며 자주 만나게 되었고, 결혼 이야기가 오고갔겠지요. 그런데 이 어머니, 사위감이 능력은 있는데 직장이 없어 걱정이라며 둘 사이를 떼어 놓아야겠다고 하소연하며 그 사람과 떨어지고 다른 사람 만나게 해달라고 기도해야겠다고 합디다.

그래서 "그러지 말고 오히려 사위 될 사람이 취직할 수 있도록 기도하십시오. 또 중매로 만났는데 둘이 그렇게 좋아하니 얼마나 좋습니까. 결혼시키도록 하세요"라고 그 어머니에게 말해주었지요.

그 후 800일기도를 회향하면서 사위감이 취직이 되었고, 딸과 결혼하고 벌써 아들도 낳아서 어머니의 걱정을 덜었습니다. 그 어머니는 지금은 작은딸 결혼을 위해 기도하고 있습니다. 800일 동안 쉼없이 하는 기도가 쉬운 일은 아니지만 기도를 끝까지 될 때까지 하니까 이렇게 성취하는 것입니다.

딸 셋인 부부가 생남기도하고 아들 낳다

"아들은 제주도 구경을 시켜주고 딸은 외국여행을 시켜준다." 위와 같이 딸이 부모에게 더 잘하는 것을 강조하는 말도 있지만 우리나라에는 아직까지도 남아 선호 사상이 남아 있습니다. 요즘에야 그런 집이 드물겠지만 불과 십수 년 전만 해도 아들을 낳으려고 딸을 셋, 넷 심지어 일곱까지도 낳아 칠공주집이라고 불리는 집도 있었습니다.

「관세음보살보문품」에 보면 이런 얘기가 나와 있습니다.

"아들 낳기를 원해서 관음기도를 하게 되면 아주 지혜롭고 복덕을 구족한 아들을 낳게 되고, 또 딸을 낳고 싶어서 기도를 하게 되면 아주 덕성스럽고 예쁜 딸을 낳는다."는 경전 말씀을 기억하실 것입니다.

다음은 위와 같은 경전 말씀대로 가피를 입은 두 분의 이야기를 해 드리겠습니다.

매화리에 사는 신도분으로 맏며느리인지라 대를 이어야 하는데 딸만 셋이었습니다. 아주 살기가 어려운 가난한 집이었는데 생남불공을 올리고 싶다고 찾아왔습니다. 돈이 없어서 불전을 올릴 수도 없는 형편이었던 그 며느리는 결국 충청도에 사는 남동생한테 가서 겨우 돈을 빌려서 기도비를 올렸습니다. 그렇게 애써서 기도비를 장만했으니 얼마나 정성이 더 들었겠습니까?

여기서 잠깐 우리 '불교 학교' 교사들 얘기를 약간만 해드리겠습니다.

예전에 여름방학 때마다 실시하는 불교학교가 끝나면 사중에서 일체 경비를 마련해서 불교 학교 교사들에게 성지순례를 시켜 드렸습니다. 다들 수고했기 때문에 답례차 하기도 했지만 다른 뜻도 있었습니다. 대체로 대학생들이다 보니 아직 젊으니까 돈이 별로 없는 처지를 뻔히 알면서도, "선생님들 모두 기도비 오천원씩 꼭 내고 기도하세요."

이렇게 편지를 써서 주었습니다.

처음에는, "나는 가서 실컷 잠이나 자야지."

"나는 열심히 놀고 올 거야."

이렇게들 말하더니 기도비 오천원을 올리고부터는, "없는 돈에 거금 오천원을 올렸는데 그냥 잠이나 잘 수 있냐!"고 하면서 새벽 두 시까지 1080배를 하더랍니다.

바로 이런 것입니다. 그 부인도 어렵사리 돈을 구해 시작한 생남기도가 호지부지될까 봐 아주 열심히 한 것입니다. 그리고 이 생남기도는 남편과 합심이 되어서 해야 합니다. 아기를 낳을 때 혼자 낳는 것이 아니잖아요. 남자분들은 직장이 있으니까 3일 동안 절에 와서 계실 수는 없고 첫날 퇴근하고 와서 기도를 하고 이튿날 새벽 기도까지 마치고 가면 됩니다. 그렇게 부부가 정성껏 기도를 하고 날을 받아서 합궁을 했는데 아들을 낳았습니다. 그 전에도 그렇게 한 사람이 여럿 되지만 그 해에는 두 집이 득남했습니다.

7년 반 만에 아들 낳다

사강에 있는 신도분 큰며느리인데 7년 반 동안 아기를 낳지 못해 주위사람들이 걱정을 많이 하더군요. 그이가 시할머니 제사를 지내러 올 때마다 제가,

"기도하고 이제는 자식을 낳아야지. 두 사람이 아기 못 낳는 병이 없다니까 기도하면 낳을 텐데요."

이렇게 몇 차례 얘기를 해도 몇 년 동안 말을 듣지 않더니 그 해에는 와서 기도를 하는 것입니다. 그이는 서울에서 동국대를 나왔고, 신심 깊게 절에 잘 다니는 터라 기도비를 내고 잘 할 줄 알았지요. 그런데 기도비를 내지 않고 그냥 마쳤습니다. 그래서 내가 집에 돌아갈 때 기도비 얼마를 가지고 오라고 했습니다. 모르는 것을 가르쳐 준 것이지요.

또 머리도 늘 단발머리를 하고 다니길래,

"머리 모양도 좀 고치세요. 어느 인연 있는 영혼이 그 집에 기도한 공덕으로 태어나려고 와 보면 엄마 얼굴 같아야지 아가씨 얼굴 같으면 누가 부모 인연을 짓겠어요."

하고 충고를 했더니 머리 모양도 바꾸었습니다. 그리고는 바로 수태를 해서 7년 반 만에 아들을 낳았습니다. 그 다음부터는 신도분들에게 빛이 되지 않도록 항상 기도비를 올리게 하고 있습니다.

100일 기도 두 번 하고 결혼 11년 만에 아들 낳다

"스님! 조카딸이 어제 애기를 낳았는데 아들을 낳았습니다. 스님께서 기도를 잘 해 주셔서 이런 영험이 있습니다. 너무 감사합니다. 기도하라고 권한 제가 이제 낯이 섰습니다. 감사합니다." 라는 전화가 아침부터 걸려 왔습니다. 전화기를 통해서도 기뻐하는 모습이 역력했지요. 그도 그럴 것이 결혼하여 10년이 넘도록 한번도 임신조차 해보지 못한 이 신도분의 조카딸은 신체적으로도 결함이 있었습니다. 임신 가능성이 매우 희박한 상태였는데 지극한 정성이면 부처님께서도 돌아보신다는 친정 고모님의 권유로 생전 처음 부처님께 와서 생남기도를 드리고 자식을 낳았으니 그렇게 기뻐할 만도 하지요.

두 부부가 3일기도를 마치고 돌아가는데 제가 "전생에 자식 인연을 짓지 못했으니 집에서 아침저녁으로 100일 기도를 더 하고 한 달에 3번씩 절에 와서 기도를 하십시오." 하면서 기도하는 법을 자세히 일러주었습니다. 그만큼 간절해서였는지 이 젊은 부부는 100일 기도를 정말 열심히 정성껏 잘 마쳤습니다.

그러나 100기도를 회향할 때까지 임신은 깜깜 무소식이었지만 그래도 꾸준히 절에 잘 나오는 이 젊은 부인의 정성이 갸륵하여 제가 또 "남들은 3일 기도를 하고 7년 반 만에도 아들을 낳았는데 워낙 자식 인연을 맺지 않았고, 복을 짓지 못하셨으니 한번 더

100일 기도를 하십시오. 부처님께서 꼭 가피를 내려 주실 것입니다."라고 말해주었더니 이 부부는 더욱 더 두터운 신심으로 두 번째 100일 기도를 올리기 시작하였습니다.

  기도를 하는 동안 조상님들의 천도재도 올리고 지극히 기도한 지 한 달 반인가 되었을 때 임신 2개월이라는 병원 진단을 받고 기쁨에 차서 전화를 했더군요.

  뱃속에 아기를 가졌을 때 지극히 기도하고 염불하면 그것이 태교가 되어 지혜롭고 복과 덕이 구족한 착한 자식이 태어난다는 말을 해주니 열 달 동안 기도를 꾸준히 드리고 아기도 잘 순산을 하였습니다.

  참으로 부처님의 가피는 이처럼 불가사의합니다. 부처님의 가피로 태어나는 이 아기는 건강하고 총명하게 무럭무럭 자랐고, 그 부부는 2년 후에 작은 아들을 또 낳아 단란하고 행복하게 살아가고 있습니다.

지극한 기도로 참으로 어려운 아들을 낳다

재작년 여름방학 때 초등학교 6학년과 3학년에 다니는 두 남매를 데리고 엄마가 외국에 놀러 갔다가 해수욕장에서 아들을 파도에 잃은 분이 있습니다.

그 엄마가 아들 유해를 안고 돌아왔는데 살아 있어도 산 사람의 얼굴이 아니었습니다. 그도 그럴 것이 죽은 아들은 종가집 종손인데다 시댁은 아들이 아주 귀한 집이었습니다. 종교도 갖지 않고 완고한 시댁사람들은 가뜩이나 아들의 죽음 때문에 슬퍼하고 있는 그 엄마에게 모든 탓을 했기 때문에 그 엄마는 못 견딜 슬픔으로 초죽음이 되어 있었습니다.

불교신자였던 동서가 바닷가에 아이의 재를 뿌리면서 염불을 하고 49재를 지내 주었지요. 그리고 그 엄마는 건강을 회복하고 안정을 얻기 위해서 절에 와서 100일 기도를 하면서 정신적 육체적으로 부처님 도움을 많이 받았습니다.

그러면서 어쨌든 아들을 다시 낳아야 했기 때문에 불임 수술했던 것을 회복시키는 수술을 했는데 경과가 좋지 않았나 봐요. 100일 기도도 중지하고 좌절 상태에 빠져 있던 이 부부가 찾아왔길래 내가 말씀드렸지요.

"어떤 상황에서든지 기도는 희망이니까 열심히 최선을 다하셔야 합니다. 다시 기도를 시작하십시오."

그래서 부부는 다시 기도를 시작하고는 100% 힘든 상황이었는데도 10달 만에 아이를 낳아서 절에 안고 왔습니다.

참으로 기도 가피로 어렵게 임신한 것입니다. 가만히 있는다고 뾰족한 수가 있습니까? 어깨 늘어뜨리고 있으면 무슨 이익이 있습니까? 그렇게 어려운 것도 되는데… 기도하면 무엇이든지 다 됩니다.

결혼 9년 반 만에 낳은 아들

서울에 사는 이 젊은 부부는 결혼하여 9년 반이 되었는데도 자식을 가져 보지도 못한데다 남편이 정신이 멍해지는 병을 앓고 있어 절에 와서 삼칠일 기도를 하고 있었습니다.

가끔 교육관 1층에서 2층 다기물 실에서 다기물을 떠가야 하는데 그것을 잊어버려서 계단에 멍하니 서 있곤 하였습니다. 그래도 기도는 열심히 해서 거의 남편의 병이 쾌유되어 갔습니다.

기도로써 남편이 건강해지는 모습을 본 그 부인이 말 타면 종 부리고 싶다고 하듯 좀더 욕심을 부렸지요. 생남불공을 올려 자식을 낳고 싶다고 말하는 그 부인에게 일단 기도 끝나고 남편이 완전히 낫거든 생남불공을 올리라고 하였지요. 기도 회향 후 남편은 말끔히 완쾌되었고, 그 부부는 또 생남불공을 올렸습니다.

그렇게 해서 신기하게도 다음해에 아들을 낳아 벌써 네 살이나 되었어요. 지난 일요일에 아빠가 애기를 데리고 와서 부처님께 절을 시키는데 애기가 정말 절을 잘해서 역시 기도해서 나은 아이라 다르다는 말을 들었습니다. 그 외에도 생남불공을 올리고 자식을 낳은 사람이 많습니다.

5. 가정 화목, 사업 성취

빚이 많은 사람은 많은 이자와 함께 그 빚을 갚아야 하는 것처럼 전생부터 지은 복이 적은 사람은 그만큼 더 열심히 노력해야 합니다. 일도 남보다 몇 배 더 해야 하고 기도 또한 마찬가지입니다. 그래야 가피를 입을 수 있습니다. 한편 더욱 분명한 사실은 부자가 되기 위해서는 기도와 아울러 힘써 복을 지어야 한다는 것입니다. 제 먹을 것을 덜어 가난한 이웃을 돕고, 설혹 재물이 없으면 마음이라도 측은지심을 가지고 힘껏 위로해야 합니다. 그리고 법보시를 해서 불법을 모르는 이에게 부처님의 말씀을 전해서 그 사람의 인생을 열어 주어야 하는 것입니다.

-본문 중에서

전생의 나쁜 인연으로 만난 부부 이야기

요즈음은 이혼하는 부부가 참으로 많습니다. 통계에 의하면 10쌍 중에 3쌍 정도가 이혼한다고 하니 안타까운 일입니다. 좋아서 만난데다 결혼식을 한 번 치르려면 그렇게 일이 많은데, 그 고생을 해 가면서 결혼을 하고는 왜들 그렇게 이혼하는지 모르겠습니다. 부모의 이혼으로 고아원에 맡겨지는 아이들, 고아 아닌 고아로 자라는 아이들을 생각하면 정말 마음이 아픕니다.

물론 속사정을 알고 보면 답답한 사연이 많이 있겠지요. 어쨌든 웬만하면 아이들을 위해서라도 이혼하는 것보다야 같이 화합해서 사는 것이 훨씬 나은 일입니다. 그런데 잘 살펴보면 부부가 서로를 미워하며 아옹다옹 다투며 사는 것도 전생의 악연이 만났기 때문입니다.

부처님 당시에 인도 지방에서 있었던 일입니다.

부처님은 수행 시절에 하루에 일곱 집을 다니며 탁발을 하셨습니다. 어느 날 어떤 마을을 지나가는데 아주 부유한 집 앞을 지나게 되셨습니다. 그런데 그 집 부인은 자식도 재산도 모든 것을 다 갖추고 있는데 몸이 바싹 마르고 수척해 보이는 것이 이상하다는 생각이 들었습니다.

"당신은 부러운 것 없이 모든 것을 갖추고 있는데 왜 그렇게 몸이 말랐습니까?"

"네, 저는 사실 남들이 보기에는 모든 것을 다 갖추고 있습니다. 그렇지만 한 가지 고민이 있습니다. 제 남편은 집에만 들어오면 아무 이유도 없이 매를 들고 저를 때립니다. '20여 년을 이렇게 매 맞고 살다 보니 매에 못 이겨 이렇게 뼈만 남았습니다.' 어떻게 해야 할 지 모르겠습니다."라고 하소연을 하는 것이었습니다. 부처님께서 조언을 해주시기를,

"그러면 오늘 남편이 들어오기 전에 방안에 있는 때릴 수 있는 물건들을 모두 치우십시오. 그리고 돗자리 하나만 말아서 방구석에 세워 놓으십시오."

부처님은 이렇게 말씀하시고는 그 집을 떠나셨습니다. 물론 그 부인은 부처님께서 시키신 대로 했지요.

그 날 저녁 남편이 돌아왔습니다. 그러고는 방안을 두리번거리더니 돗자리를 들고 부인을 때리기 시작했습니다. 돗자리로 한참 동안 부인을 때리고 나더니 돗자리를 휙 내던지면서, "휴, 이제는 원수 다 갚았다."

이렇게 말하더니 그 자리에 쓰러져서 잠이 들었습니다. 그리곤 그 뒤부터는 남편이 다시는 부인에게 폭력을 쓰지 않았습니다. 그 날 이후로 부인은 그야말로 남부러울 것 없이 행복한 나날을 영위했습니다.

그로부터 얼마 후 부처님께서 다시 그 집 앞을 지나가시게 되었습니다. 부처님을 뵌 그 부인은 생명의 은인인 부처님을 반갑게 집으로 모시고 공양을 올리며 그 이후의 일을 말씀드리고 부처님께 연유를 여쭈었습니다.

"당신과 당신의 남편은 전생에 마부와 말이었소. 마부가 말을 때리는 것은 미워서 때리는 것이 아닙니다. 그러면서도 수시로 때

리지요. 그래서 현생에서는 서로가 바뀌어 때리던 마부는 부인으로 태어나고 회초리를 맞던 말은 남편으로 태어나서 그 매를 갚았던 것입니다. 그런데 돗자리는 수만 개의 가느다란 줄로 되어 있기 때문에 한 차례에 몇 만 번의 매가 감해진 거지요. 일평생 동안 맞을 것을 그 자리에서 모두 갚아 버린 것입니다."

이처럼 부부 중에는 전생의 원결로 맺어진 부부가 있습니다. 그럴 때에는 해원결진언기도를 해야 합니다.

여기에서 멀지 않은 곳에 사는 신도분 이야기를 해 드리면, 그 보살의 남편은 공무원인데 집에만 들어오면 신경질을 부리고 짜증을 낸다고 합니다. 그러니까 결혼생활의 햇수가 오래될수록 정이 쌓이는 것이 아니라 서로 불만만 쌓이는 것입니다. 『삼세인과경』에 의하면 모두 전생의 나쁜 인연으로 맺어지면 그렇게 원수처럼 살아간다고 합니다.

그래서 내가, "천수경 기도와 해원결진언기도를 21동안 하십시오."라고 방법을 일러주었습니다. 그런데 기도한 지 일주일이 되었을 때 남편의 숨겨 둔 여자로부터 전화가 왔다고 합니다.

"당신 남편이 당신과 이혼하고 나하고 살겠다고 해서 6년이나 기다렸습니다. 그런데 가끔씩 와서 때리기나 하고, 저도 이렇게 살아서는 안 되겠다는 생각이 들었어요. 남편 단속 잘 하고 잘 사세요."

남편이 공무원인데 이런 사실이 알려지면 당장 파문을 면치 못하지요. 그래서 식구끼리 조용히 처리를 했다고 합니다. 그 동안 이중생활을 했으니까 남편도 얼마나 괴로웠겠습니까? 이제는 성을 낼 염치도 없는 것이지요.

어쨌든지 부부간에도 잘못 만나는 것을 남을 원망할 일이 아닙니다. 모두 자기가 업을 그렇게 지어 놓았기 때문에 그러한 결과가 나온 것입니다. 그러니까 정성껏 기도를 해서 업장을 소멸해야 합니다.

한평생 한 몸이 되어 살면서 이왕이면 서로 아끼면서 즐겁고 행복하게 살아야 하지 않겠습니까? 노력하면 모두 이루어질 수 있습니다. 모쪼록 기도로써 업장을 녹이시고, 또 이웃분들에게도 이 행복의 법칙을 전해 주시기 바랍니다.

별거하던 부부 천도재와 100일 기도로 화목해지다

부부 사이에 아들 하나를 둔 어느 부인이 상담을 하러 왔습니다. 내용인즉 남편이 너무 보기 싫어서 집을 나가라고 했고, 남편이 하숙생활을 한 지 6개월이나 되었다고 합니다. 그리고 남편이 사무실 경리 아가씨를 때려서 고발되어 구속된 상태였는데 보호자로 출석요구를 받아 경찰서에 갔을 때 남편을 어떻게 할거냐고 묻길래, "죽지 않을 만큼만 때려 주십시오."

이렇게 말했다고 합니다. 그 말을 하고 나오는데 자기 자신이 생각해도 자기가 너무 무섭더랍니다. 이건 웃을 일이 아니에요. 그래서 그 옆집 보살님이 우리 절에 데리고 온 겁니다.

"남편이 왜 밉습니까?"

"제가 첫애기를 가졌을 때 무엇을 먹고 싶다고 했더니 사다 주지는 않고 핀잔만 주더군요. 그 때부터 섭섭하더니 그 이후부터는 아주 보기 싫어졌어요."

"앞으로 기도를 열심히 해서 사랑하는 마음으로 돌려서 같이 사는 것이 중요하지 이혼하면 좋을 것이 없습니다. 자식도 있는데 우선 조상님께 천도재를 잘 지내고 100일 기도를 시작해 보시지요."

그 부인은 시키는 대로 100일 기도를 하고 200일 기도를 하였습니다. 그 후 소식이 궁금하던 차에 어느 날 남편과 함께 찾아왔어요. 기도한 뒤로는 남편을 미워하는 마음이 없어지고 인테리어 사업도 같이 하면서 한집에서 잘 살고 있대요.

　이렇듯이 기도를 하게 되면 우선 자기 자신이 편안해지고 너그러워져서 용서하는 마음이 생기고 자신부터 먼저 반성하게 되는 것입니다. 그러나 내 마음이 좋게 바뀌면 자연적으로 상대방의 마음도 녹이게 마련이지요.

　작년에는 이렇게 이혼하려는 부부를 열 몇 쌍을 구해 주었습니다. 힘든 고비는 잘 넘기고 함께 사는 것이 중요하지 이혼한다고 별 뾰족한 수가 없거든요. 그리고 기도할 때에는 진심으로 참회하는 마음으로 해야 합니다.

　이와 비슷한 얘기가 또 있습니다. 대학 다닐 때 만나서 연애 결혼을 한 부부인데 남편 성격이 꼬장꼬장하고 소심해서 못 살겠다고 하소연을 하더군요. 부인은 털털하고 시원시원해서 잘 맞을 것 같은데 그것도 아닌가 봅니다.

　"더 이상 못 참겠어요. 죽고 싶어요."

　"그냥 죽으면 내생에는 더 죽을 지경이 될 것이니 기도를 하면서 법문을 자꾸 들어서 마음을 순화시키십시오."

　그래서 부인이 가족 법회에 나오기 시작했지요. 법회에 나와 법문을 들으면서 가만히 생각해 보니 사실 남편은 연애 시절과 조금도 다름이 없는데 자기가 살면서 남편을 그렇게 본 것이 허물이었다는 생각이 들기 시작했대요. 그래서 마음을 돌려버리니 남편이 연애 시절처럼 좋아지더랍니다. 이렇듯 기도도 열심히 하고 법문도 자주 들어서 마음을 순화시켜야 합니다. 밥도 먹고 또 먹고 몸도 자꾸만 씻어야 하듯이 마음의 집착, 자기에 대한 아집 등도 이를 통해서 극복할 수 있는 것입니다.

아내를 찔러 죽이려던 젊은 남편의 기도 가피

지난 10년 기도를 처음 시작하고나서 이틀 뒤의 얘기입니다.

어떤 젊은 남자가 찾아왔습니다. 네 살바기 아들을 두고 아내가 집을 나가 버렸대요. 두 사람이 정은 있는데 남자 쪽에 의처증이 있는 것 같았습니다.

아내가 가출한 뒤로 아들은 어머니가 키우고 자기는 하던 장사를 집어치우고 지리산에 들어가서 산기도를 하였다며 횡설수설하는 것이 증세가 심각했습니다. 제정신이 아니라는 말은 그런 상태를 두고 하는 말입니다. 산기도를 잘 못하면 잡귀가 쓰여 그렇게 정신이상이 될 수도 있으니 모두들 주의해야 합니다. 그래 제가 단단히 일러주었습니다.

"기도를 해도 바르게 해야 합니다. 잘못하면 큰일나지요."

그 남자가 절에서 기도를 하고 싶다고 청해서 삼칠일 기도를 시작하라고 했지요. 그런데 기도를 하면서도 처가댁으로 전화를 해서 아내를 죽인다 살린다 욕설을 퍼붓는데 눈에 살기가 등등해요. 덩치도 큰 사람이 그러고 있으니까 보는 대중들이 다들 무섭다고 하더군요.

그래서 내가 이틀을 참고 있다가 당장 내려가라고 했습니다. 그랬더니 빌면서 애원을 해서 다시 100일 기도를 시작했습니다. 그때는 방이 없어서 여기 계단 밑에 작은 자리를 깔고 자면서 기도를 했는데 기도를 하면서부터 얼굴에서 점점 살기가 사라지기 시작했습니다.

"인연이 되면 부인과 다시 만나 잘 살 것이고 인연이 안 된다고 하더라도 기도로 업장을 소멸해야지 죽여서는 안 됩니다."

그렇게 100일 기도를 마치고 나서 그 남자는 자기 부인을 죽이려던 마음이 없어지고 모든 사람을 용서하는 마음이 생겼고, 정신병에서도 헤어나게 되었습니다. 요즈음에는 수원 병원에 성실하게 근무하고 새 사람 만나서 잘 살고 있어요. 새 부인은 불교신자로서 아주 얌전한 사람인데 부인과 함께 설날이면 제일 먼저 와서 세배를 합니다.

"그 때 스님께서 야단을 쳐주시지 않았다면 저는 이 자리에 없을 겁니다. 제 생애에서 가장 고마우신 분입니다!"

그렇듯이 기도를 하게 되면 살기등등하던 마음도 안정이 됩니다. 그이로 봐서는 이혼하고 착한 새 사람 만난 것도 더 잘 된 일입니다.

남편의 학대로 자살하려던 부인이 기도로 행복 찾다

작년 칠석 때 일입니다. 결혼한 지 14년이 되었고 예쁜 두 남매를 둔 젊은 여자가 찾아왔습니다. 남편은 학벌이 높은데 아내는 학벌이 낮아서 남편이 늘 학대를 하고, 너 때문에 출세 못한다면서 돈도 안 벌어다 줘서 본인이 돈을 벌어 근근이 산다며 푸념을 늘어놓았습니다. 그리곤 백중기도 3일만 하고 죽는다고 하길래,

"죽는 힘을 가지고 열심히 기도해서 업장을 푸십시오. 지금껏 1/3은 살았지만 앞으로 살 날이 2/3는 더 남아 있는데 이런 상황에서 죽으면 다음 생에 다시 그 남편 만나서 더 큰 고생을 하게 됩니다. 그리고 남아있는 자식들에게 준 상처는 또 어떻게 할 겁니까?"

라고 말해 주었더니 고개를 끄덕이더군요.

그래서 8월 초하루부터 100일 기도를 시작했습니다. 그리곤 천도재 지낼 돈이 생겼다고 기뻐하며 천도재를 지냈습니다. 그런데 신기한 것은 기도를 시작하면서부터 남편의 학대가 덜해졌다고 합니다. 또한 마음이 당신 곁으로 돌아온다고 하면서 남편이 이렇게 말했다고 합니다.

"천도재를 지내고 나면 절에도 같이 나가겠소. 그 동안 일찍 재가하신 어머니에 대한 불만이 풀리지 않았었는데 이제는 산소에라도 가봐야겠소. 같이 갑시다."

그렇게 천도재를 지내고 난 후에는 남편의 태도가 180도 달라져서 요즘은 행복이 이런 것인가 싶게 잘해 준답니다. 부부의 연은 다음 생에도 또 이어집니다. 이렇게 이유없이 괴롭히는 것은 전생에 다 원수 사이였기 때문입니다. 그러니 이생에서 기도로써 전생의 원결을 반드시 풀어야 행복한 인생이 열리는 것입니다.

노름을 하는 아내를 기도로 고치다

도박도 알콜중독처럼 정신질환의 일종이라고 할 수 있습니다. 도박에 빠진 사람이 수렁에서 헤어나기는 참으로 어렵다고 합니다. 요즘엔 남자들뿐만 아니라 여자들도 도박에 빠져 가정파탄이 나는 경우가 많습니다. 한 초로의 거사님이 충남 당진에서 영험록 테이프를 듣고 상담하러 왔습니다.

사연인즉 아내와 결혼하여 30년이 다 되어 가고 자식 삼남매도 다 성장하여 머지않아 결혼도 시켜야 하는데 그 부인이 노름에 빠져든 지 10여 년이 넘었다고 합니다. 그 동안 아무리 못하게 해도 소용이 없었다고 합니다. 때려도 보았고 집에 가두어 두기도 하였는데 언제 어떻게 빠져나가서 노름을 하는지 잡을 수가 없었답니다. 노름빚도 몇 번 갚아 주었는데 죽일 수도 살릴 수도 없는 형편이어서 이 거사님은 가슴을 치면서 상담을 하더군요.

이혼을 하려고 해도 자식들 때문에도 어렵고 또 그 거사님이 전국에 무궁화 심기 운동을 하는 사회 봉사자로 널리 알려진 사람으로서 가정 생활이 원만치 못하다는 것이 알려지면 사회적으로 부끄럽기도 하여 비밀스럽게 수습하려니 정말 힘이 든다고 울먹이며 하소연을 하였습니다.

무엇이든지 정신없이 빠져드는 데는 다 문제가 있습니다. 그래서 일단 천도재를 지내고 100일기도 입재를 하라고 했지요. 이 거사님은 집에서 새벽, 저녁기도를 열심히 하였습니다. 100일 기도가 끝나고 집에서 올렸던 공양미 세 포대와 과일을 검은 코란도 차에 싣고 와서 부처님께 올리고 회향하고는 또 200일째 기도를 입재하였습니다. 200일 기도하고 회향하러 왔을 때 부인이 좀 어떠냐고 물었더니 노름하는 것이 여전하다는 것이었습니다.

거사님에게 "전생에 큰 원수가 만나 부부가 되었고 또한 거사님이 전생에 부인에게 그렇게 고통을 줘서 받느라고 그러니까 이번 300일 기도 때는 더욱 참회하고 정성 들여 기도하면 기도 성취가 있을 것이니 더 열심히 하세요."라고 말해주었지요.

그 후 그 거사님이 300일 기도 회향하러 왔을 때 아주 기쁜 얼굴로 아들과 함께 와서 그간에 일어났던 일들을 얘기하는 것이었습니다.

"부처님, 스님, 참 감사합니다. 제가 200일 기도까지는 기도하면서 참회가 되기는커녕 내자가 밉고 원망스러운 마음으로 기도가 잘 되지 않았는데 이번 300일 기도를 하면서 점점 내 업장의 두터움을 참회하였습니다.

어느 날 노름에 지쳐 곤하게 자고 있는 아내의 얼굴을 쳐다보니 정말로 불쌍한 생각이 들어 '내가 전생에 당신에게 저지른 모든 잘못을 진심으로 참회하니 어서 마음 돌려 노름하지 말고 가정으로 돌아오시오' 하는 생각이 들면서 참회의 서러운 눈물이 한없이 쏟아지더니 그날 저녁기도를 하면서도 정말 오랜만에 진심에서 나오는 참회와 정성으로 기도를 올렸습니다.

그런데 신기하게 그 다음날부터 내자가 노름방에 발을 끊고 가지 않는 것입니다. 아직 불심은 없어서 절에는 오늘 같이 오지 못하였습니다만 우선 노름방에는 가지 않으니 이 얼마나 부처님의 크신 가피입니까? 정말 감사합니다."
 알콜 중독보다 더 무서워 패가망신의 지름길이라는 도박 중독도 기도로써 치유할 수 있다는 것을 직접 확인하면서 참으로 기도는 만병을 다스리는 진리행임을 다시금 깨달았습니다.

가정의 평온 되찾게 한 일요가족법회

"스님! 일요 가족 법회는 참 잘 만드신 것 같아요. 법회에 나와서 법문을 듣기 전에는 모든 허물을 남편에게 돌리고 남편만 원망하였는데, 부처님의 가르침을 알고 보니 그게 아니라는 걸 알았습니다.

결혼해서 좀 살다 보니 연애 시절 그렇게 좋았던 남편이 성격이 너무 꼿꼿하고 괴팍한 것 같아 숨이 막혀 못살 것 같아서 한때는 죽어 버릴까 하고도 생각했었는데 법문을 듣고 자신을 돌이켜 생각해 보니 남편의 성격은 연애할 때나 지금이나 변함이 없는데 내 마음에서 남편을 부정적으로 바라보아서 그렇구나 하고 남편의 좋은 점만을 보도록 노력하니 어느새 내 자신의 마음이 편안해지고 남편도 자식도 다 사랑스러운 마음으로 가득 찼습니다.

그리고 그 전에는 제가 절에 가면 '뭐? 절에 간다고 공부를 잘하나? 뭐? 절에 간다고 사업이 잘 되나? 본인이 노력해야지' 하면서 절에 와도 기도도 법회도 잘 참석하지 않던 남편도 7일 기도 드리고 부처님 가피를 입고부터는 열심히 기쁜 마음으로 동참합니다.

남편은 외국에서 수금이 몇 달째 들어오지 않아 아무리 노력해도 되지 않아서 무척 고전을 겪고 있을 때 스님께서 신중불공 올리고 일주일 열심히 기도하라고 하신 덕분에 일이 잘 풀렸습니다.

그 때 정말 기도 시간에는 아파트 문 잠그고 전화 코드 선도 빼놓고 아침저녁 하루 네 시간씩을 열심히 기도했습니다. 그런데 7일기도 끝나기도 전에 그렇게 들어오지 않던 돈이 들어오고, 또 될 듯 될 듯 하면서도 되지 않던 기계 전시회도 외국에서 와서 해 주었고 해서, 어려웠던 때에 부처님께서 크게 가피를 주셨습니다. 그 때부터 남편도 인간이 노력만 한다고 다 되는 것이 아니구나 지극한 정성과 복을 지어야겠구나 생각합니다.

그리고 한 달에 두 번이라도 온 가족이 절에 와서 아이들은 아이들대로 법회를 보고, 어른들은 어른들대로 기도하고 법문 듣고, 점심 공양 맛있게 들고, 맑은 공기 한껏 마시고 숲 속에서 새소리 듣고 가니 참 좋아요.

또 법회 가족들끼리 서로 대화도 나누고 집에 돌아가면 그 동안 쌓였던 생활의 스트레스 피로가 말끔히 가신다고 남편도 아주 좋아해요. 그리고 화엄회가 조직되어 회원들 간에 좋은 일이 있을 때나 어려운 일이 있을 때 모두 가서 돕고 하니 너무 좋아해요. 많은 가족들이 나와서 함께 이런 기쁨을 느끼면 좋겠습니다."
라는 이 보살님 말대로 모두들 일요가족법회에 참석해서 가족간에 화목하고 이웃간에 기쁨과 슬픔을 함께 나누며 서로 돕고 함께 사는 세상을 일구시기 바랍니다.

큰 서원으로 불교 위해 큰 일 하신 거사님

다음은 고(故) 장경호 거사님의 얘기를 해 볼까 합니다.

우리 불교계에서도 오랫동안 노력을 해서 몇 년 전 불교 방송이 개국되었습니다. 그리고 동국 그룹의 회장이었던 고(故) 장상문 씨가 불교 방송의 1대 사장이 되었는데 그 장사장의 아버지가 바로 장경호 거사님으로 동국 그룹을 창시한 분이지요.

그 분이 29세 때, 아주 빈털터리 청년 시절 통도사에 가서 구하 큰스님께 법문을 들었는데 불교가 너무 좋더랍니다. 그래서 통도사 법당에 가서, '부처님, 저 좀 돈을 많이 벌게 해 주십시오. 불교를 위해서 크게 쓰겠습니다.' 라는 원을 세웠답니다. 그 당시로서는 그야말로 무일푼의 청년이었으니까 부자가 될 가망이 전혀 없어 보였다 해도 과언이 아닙니다. 그래도 희망을 잃지 않고 그렇듯 큰 원을 세우고 자기 나름대로 열심히 기도를 했다고 합니다. 그런데 그 후 6·25 사변이 나고 고철들이 막 굴러다닐 때 그걸 수집해서 재생해 내는 사업을 했는데 돈이 순식간에 벌리기 시작해서 그것이 오늘날 동국 그룹의 전신이 된 것입니다.

예전에 불교 신문에 그 분 기사가 난 것을 읽어보았는데 참으로 감동적이었습니다. 당신은 일평생 돈을 벌면서 구두 한 켤레를 맞추면 떨어질 때까지 7, 8년을 신고, 양복 한 벌을 맞추어도 소매 끝이 날강날강 닳아서 떨어질 때까지 입었답니다. 또한 기업을 운영함에 있어서도 낭비성, 소비성 있는 물건은 절대로 안 만들고 국민들에게 꼭 필요한 생활 필수품만 만들어서 돈을 벌었다고 합니다.

그렇게 모은 재산으로 부처님께도 약속을 지켰습니다. 서울 남산 공원 국립도서관 맞은 편에 '대원정사' 라는 절이 있습니다. 그 분은 그 대원정사를 짓고 '대원 불교 학교'를 운영해서 일 년에 불교 학자들을 몇 백 명씩 배출해 냈습니다.

그리고 돌아가실 때 불교에다 35억원을 회사(喜捨)했습니다. '회사'는 재물을 '흔쾌히 주는 것'을 의미하는 말인데 본디 불교에서 비롯된 말로 '보시'와 같은 말입니다. 장경호 거사님의 회사로 재단법인 '대한불교진흥원'이 탄생했습니다. 회사한 돈의 이자만 해도 일 년에 2, 3억원이 나온답니다. 전국 군부대나 교도소에서 자주 볼 수 있는 『불교성전』 등의 책자가 대부분 진흥원 기금으로 배포된 것입니다. 그리고 그 기금으로 불교 방송 운영에도 한 몫 담당하고 있습니다. 진실로 그 분이 회사한 35억원은 천만 년이 가도 많은 사람들을 위해, 진정한 불사를 위해 정말 뜻있게 쓰여지는 그런 돈입니다.

거듭 말씀드리지만 지금 처음으로 사업을 시작하시는 분들은 원을 조그만 데 두지 말고 크게 세우십시오. 그리고 장경호 거사처럼, '부처님, 불교를 위해서 크게 시주하겠습니다. 돈을 좀 많이 벌게 해주십시오.'라며 진심으로 큰 서원을 세우고 기도한다면 반드시 부처님께서, 호법신장께서 도와주시어 소원을 성취하실 것입니다.

큰 서원으로 신묘장구대다라니 기도로 사업 성취

『신행법전』 앞부분을 보면 '천수경'의 위력과 그 공덕에 대해 나와 있습니다. 그것은 부처님의 말씀으로 단 한 말씀도 헛되지 않고 처음부터 끝까지 진실한 말씀입니다.

대한불교 조계종 전국비구니회에서 학교를 인수할 때 거액을 시주한 젊은 사장이 있습니다. 김 사장은 우리 절에도 몇 번 오셨지요. 그런데 달도 차면 기울듯이 사업이 잘 안 되어 파탄에 이를 무렵 그 위기를 극복하기 위해서 달리 도리가 없더랍니다. 오직 부처님만 의지할 뿐이었던 김사장은 천수경의 '신묘장구대다라니' 기도를 일 년 동안 했답니다.

그 뒤로 위태로웠던 사업이 안정 기조를 보이다가 불같이 일어나게 되었다고 합니다. 부처님 덕분에 그 돈을 벌었으니 이제는 부처님을 위해서 회향해야겠다고 말하는 것을 들었습니다.

누구든지 원을 세울 때에는 조그만 데에 두지 말고 크게 세워야 합니다. 또한 그 원이 사사로운 개인 욕심에 그치지 않고, '이 원을 이루면 반드시 많은 사람들을 위해 쓰겠다. 불사를 이루어 회향을 잘 하겠다.'는 굳은 서원을 세우면 성취되지 않는 일이 없습니다.

사업 실패로 불면증 환자가 기도하고 병도 낫고 사업 회복

　우리가 이 세상에 살아 있는 동안은 이 몸뚱이 자체가 물질이기 때문에 경제가 필요하게 됩니다. 그런데 요즘처럼 사회가 어려울 때에는 사업하는 데 힘든 분들이 참 많지요.
　사업 실패로 불면증에 시달리던 한 거사님이 우리가 지난 10년 기도를 처음 시작할 때부터 인연이 되어서 지금까지 6년 동안 기도를 하고 있는데 일요일이면 10시 5분 전에 꼭 법당에 미리 와서 기도를 했습니다. 그렇게 기도를 열심히 하다 보니 한 6개월쯤 되었는데 자기도 모르는 사이에 불면증이 없어지고 건강이 회복되기 시작했지요.
　그리고 차츰 사업이 일어나기 시작해서 근래에는 낮에 기도하러 오기 힘들 정도로 바쁘답니다. 그 바쁜 와중에도 낮에는 절에 오지 못하니까 새벽 3시쯤 집에서 나와 절에 와서 새벽 기도를 하고 출근을 하는 정성을 보이는 거사님이 계십니다. 그 분은 그렇게 6년 동안 기도를 하면서 그 동안 사업에 성공하여 3000일 기도 중에는 제일 먼저 대들보 시주를 했지요. 그 분을 볼 때 6년이란 세월이 짧은 것도 아닌데 그렇게 오랫동안 기도를 하면 안 되는 것이 없다는 확신이 들었습니다.

절에 다닌다고 사업이 잘 되냐던 어느 젊은 거사님 이야기

부인이 절에 갈 때마다 "절에 간다고 사업이 잘 되나? 공부가 잘 되나?" 하면서 반대를 해 오던 젊은 거사님이 어쩌다 부인을 태우고 절에 와도 한 번도 법당에 올라가서 절을 안 했지요. 어느 날 한참 만에 그 부인이 절에 왔는데 얼굴이 시커멓고 아주 못쓰게 됐어요.

"얼굴이 좋지 않은데 어쩌다 그렇게 되었는지요?"

"남편이 사업을 하는데 잘 되지 않습니다. 미국에서 수금 들어올 것이 있는데 6개월 동안이나 주지 않아서 돈을 빌리러 다니느라고 고생을 해서입니다. 그리고 기계전시회도 외국에서 와서 해주어야 하는데 그것도 될 듯 될 듯 하면서도 안 되고 있어요. 그래서 요즘은 너무 힘듭니다."

"그러면 여기 와서 신중불공 올리고 1주일만 죽기 살기로 기도를 해보십시오. 사업은 남자 분들이 많이 하니까 신중불공은 사업하는 사람들이 직접 와서 해야만 빨리 부처님 가피를 입을 수 있습니다."

그 때는 그 남편도 무척 답답했는지 둘이 함께 와서 신중불공을 올렸지요. 그리고 그 부인이 하루 4번씩 기도를 하는데 아파트 문을 걸어 잠그고 전화 코드도 빼고 절에서처럼 똑같은 시간에 똑같이 기도를 열심히 했습니다.

그렇게 기도를 시작한 지 닷새 만에 안 들어오던 수금이 들어오고 또 얼마 후에는 그렇게 안 되던 기계 전시회를 미국에서 와서 열어 주었대요. 그래서 그 때부터 그 남편도 '인간이 노력만 한다고 다 되는 것이 아니구나. 지극한 기도와 복을 지어야 겠구나' 생각하고 그 후로부터 신심이 생겨서 일요 가족 법회에 결석을 하지 않고 열심히 나오고 계십니다.

이런 것들을 볼 때 우리가 인간의 복으로는 억지로 되지 않는 부분들이 분명히 있다는 것을 알 수 있습니다. 그럴 때 기도를 하게 되면 업장을 소멸하고 또 복을 증장시켜서 원만하게 부처님의 가피를 입을 수 있습니다.

사업이 어려워 고전하던 여사장이 기도하고 사업을 회복시키다

하루는 어떤 여사장님이 찾아왔습니다. 사업에 하도 고전을 겪고 있는 부인이 안쓰러워 남편이 공무원인데 이 테이프를 얻어다 주면서 이 곳에 가보면 살아날 거라고 해서 찾아왔다고 합니다.

우선 사업 자금이 회수가 안 되어 걱정이라길래 신중불공을 먼저 올리고 열심히 기도를 하라고 했지요. 그래도 모자라서 조상님들 천도재를 지내고 100일 기도를 하는 중에 아주 어려운 일들이 네다섯 가지가 해결되었습니다. 가피를 입고 부처님께 감사하다면서 이 여사장은 200일 기도를 이어서 하였습니다.

그 여사장이 말하길, 지금까지 살아오면서 많이 벌고 쓰는 것만 재미로 알고 지냈는데 막상 자기가 어려워서 부처님께 귀의를 하고 보니 참으로 어떻게 살면 잘 살 수 있고 또 남을 도울 수 있는지 기도를 하면서 터득했다며 너무 고마워했습니다.

시골 장 전날 꼭 보시 올리고 부자가 된 시골 장터 완구점

　시골에는 닷새마다 한 번씩 장이 섭니다. 그런데 그 장날 전 날이면 꼭 부처님한테 와서 절을 하고 보시를 하고 가는 보살님이 계십니다. 여기서 가까운 곳에 사시는 분인데 그 보살님이 오면 우리는 '내일이 장날이구나' 하고 알게 되지요. 그 보살님 이야기는 테이프 1집에 이미 나와 있는데 그 뒤로도 또 기도를 해서 굉장히 가피 입은 이야기가 많습니다. 늘 그렇게 부처님께 공양 올리고 참배를 하고 가면 이튿날은 점심을 못 먹을 정도로 장사가 잘 된대요.

　남편이 하는 건축업도 다른 집은 다 놀고 있는데 늘 일이 많아서 부자가 되었다고 합니다. 그 보살님은 부처님께서 베푸신 은혜에 비하면 아주 적지만 우선 하겠다면서 기둥 시주도 해주셨지요. 동네에서는 부처님한테 열심히 다니더니 부자가 된다고 다들 부러워한답니다. 닷새마다 한 번씩 그렇게 한 달에 6번 이상을 오게 되고 그렇게 6, 7년 동안 열심히 다니는 동안 마음도 맑아지고 복덕도 증장시켜 부처님 가피를 입은 거지요.

부처님 가피로 마음이 안정되었어요

서울에 사는 젊은 분인데 결혼 생활 10년 동안 미용원을 경영하면서 아주 열심히 살았는데 아기가 없었대요. 생활이 너무 바쁜데다 남편도 아기가 없는 것을 그리 탓하지 않아 아기 낳으려고 애쓰지도 않고 일에 부대끼며 살았다고 합니다. 그런데 그러던 어느 날 남편이 다른 여자와 눈이 맞아서 급기야 이혼을 했다고 합니다.

자식을 낳지 못하는 점과 배신을 당해 이혼을 했다는 사실 때문에 정신적으로 받은 충격이 굉장했겠지요. 그런데 마침 영험록 테이프를 듣고 이 곳에 와서 기도를 하고 그렇게 남편을 원망하던 마음도 사라지고 마음의 안정을 찾았다고 합니다.

또 혼자 살아갈 수 있는 힘이 생겨 너무 감사하다고 하면서 경제적으로 넉넉치 못한 때였는데도 불구하고 교육관 지을 때 많은 금액을 시주했습니다. 그 후로 그보다 몇 십 배를 더 많이 벌어서 큰 건물을 사게 되어 미용실도 더 크게 넓히고 하는 일이 모두 감사하고 기쁨으로 차 있다고 하였습니다.

지극한 기도로 가난에서 벗어나다

충남 공주에서 큰 정육점을 하다가 홀딱 망해서 빚만 잔뜩 지고 공주를 떠나온 가족이 있습니다. 부부가 안성 시누이 댁의 식당에서 함께 일하며 건물 옥상에 방 한 칸 들여서 네 식구가 억지로 생활한다고 합니다. 시누이와의 갈등과 경제적인 어려움으로 도저히 견디기 힘들었다고 합니다. 그 때 마침 부산에 사는 친정 언니가 신흥사 기도 영험록 테이프를 보내 줘서 들어보니 너무 가슴에 와 닿아 찾아왔습니다.

그렇게 한 번 다녀갔던 보살님이 또 시누이하고 싸움하고 부산 언니한테나 갈까 하고 집을 나왔다가 부처님께 절하고 간다고 왔길래 그 보살님더러 "그렇게 속상한 상태에서 언니 네 집에 간다고 뭐 좋은 일이 있겠느냐? 그러지 말고 절에서 일주일 기도를 열심히 하여 내 자신의 박복한 업장 소멸을 하고, 또 시누이와도 사이가 좋아지도록 기도를 하여야지요. 지금 형편으로 봐서는 시누이가 고마운 분이네요."라고 말해주었습니다.

그 보살은 내 말대로 열심히 기도드리고 집으로 돌아갔지요. 그 뒤로 모든 것을 자신의 업장 탓으로 돌리건서 사람을 대하다 보니 시누이와도 사이가 좋아졌고, 식당과 목욕탕에서 일하면서도 삼천불 시주하고 기도 후 3년 뒤에는 빚도 다 갚고 남편의 직장도 안정되고 진급도 하여 별 걱정이 없다고 합니다. 게다가 아들, 딸

남매도 다 대학에 들어가 공부 잘한다니 이보다 더 좋은 일이 어디 있겠습니까. 지금도 절에 오면 그 보살은 "그 때 기도비 한 푼 올리지 못하는데도 기도를 할 수 있게 해 주신 스님 덕분입니다."라며 진심으로 고마워합니다.

자살할 힘으로 기도해서 살아야지

"스님, 오늘 300일 기도 회향하고 400일 기도 입재하러 왔습니다. 그 동안 너무너무 부처님의 가피를 많이 입었습니다. 이제 남편도 마음이 안정되고 사업이 잘 되어 집도 샀습니다. 제가 기도하면 남편과 아들도 열심히 절하더니, 아들이 5학년인데 공부를 잘하여 반장이 되었어요. 이 모두가 부처님의 가피이고, 기도 열심히 해주신 스님의 기도 가피요, 저희에게 기도하게 해주신 스님의 덕입니다." 라고 말하는 이 보살님의 말씀을 듣자니 일 년 전 어느 날의 일이 생각납니다.

10개월 전에 절에 나온 지 얼마 되지 않은 부천 사는 한 젊은 남자 신도분으로부터 전화가 왔는데 막 울면서 하는 첫말이 죽고 싶다는 것이었습니다.

흥분을 가라앉히고 자세히 이야기해 보라는 말에, "스님, 제가 하는 사업이 너무 되지 않아 세 식구 굶어 죽게 생겼고, 또 평소 남을 도와주는데도 끝내 돌아오는 것은 해코지밖에 없습니다. 그저께도 '형님, 동생' 하던 사이로 친하게 지내는 사람인데 자기들 어려운 처지를 도와주었더니 오히려 욕을 하고는 자기 부인에게 모욕적인 행동을 하였다고 고소를 하였습니다. 사는 것이 너무 힘들고, 어렵고 거기에다 주변 사람들까지 잘못한 것도 없는데 저를 괴롭히니 죽고 싶습니다." 라고 얘기하는 것이었습니다.

그래 "남자가 뭐 그만한 일에 죽어요?"라고 하면서 "자살하는 것도 부처님께서는 큰 죄라 말씀하셨고, 또 본인의 업장이 두터워 사업도 되지 않고 세상에 되는 노릇이 없는데 죽는다고 그 업이 없어지지 않습니다. 이생에 다 소멸하지 못하고 죽으면 남은 업을 다음 생에 또 받으면 얼마나 더 고통스럽겠습니까? 죽을 힘으로 열심히 기도하셔서 업장을 소멸하고 또 기도하면 마음속에 억울함, 서운함 분노 모두 사라질 것입니다. 마음이 안정되고 업장만 소멸되면 세상 만사 모두 뜻대로 이루어집니다."라고 대답해 주었지요.

이렇게 전화 상담을 한 이후로 이들 부부는 근 일 년 동안 열심히 기도하여 부처님의 크신 가피를 입고 모든 일이 원만하게 잘 풀리게 된 것입니다. 하지 않아서 그렇지 누구든지 기도하면 성취할 수 있으니 오늘부터라도 신심 내어 기도를 하시기 바랍니다.

직장에 열심히 다니게 되다

"스님, 결혼한 지 7년이 되었습니다. 그런데 남편이 인간적으로 너무 괴롭히고 거기에다 기술은 좋은데 직장에 들어가도 꾸준히 다니지를 않습니다. 며칠 다니다가 그만두고 하여 직장 상사가 몇 번 달래고 봐 준다고 회사에 나오라 하는데 요즘은 사표를 내고 아예 나가지도 않고 방에만 틀어 박혀 아무 것도 안 하려고 하고 사람만 괴롭힙니다. 정신이 이상해진 사람 같아요. 도저히 못 살겠어요. 이혼하고 싶어요."

"몇 년간 지켜봐도 도저히 참고 사는 것이 너무 힘에 겨운 동생이 안타까워 스님께 상담하러 왔습니다."라며 함께 온 그녀의 친정 언니도 한마디 거들었다.

"그러면 지금 남편은 혼자 내버려두던 자기 혼자 살아갈 수 있습니까?"

"아닙니다. 혼자 내버려두면 밥도 먹지 않고 혼자 들어앉아 폐인이 되어 버릴 거예요."

"부처님 말씀에 부부가 되는 인연은 500생의 인연이 있어야 부부가 된다고 하셨습니다. 전생에 다 그런 큰 인연이 있어서 부부가 되었는데 지금 남편이 그런 상태에 있는 것을 보고 이혼한다면 아주 사람을 버릴 건데 다시 한번 마음을 돌려 먹고 부처님께 열심히 기도하여 서로 함께 잘 사는 것이 더 중요하지 않겠습니까?"

"그럴 수만 있으면 좋겠지만 어떻게 해야 합니까?"

"전생의 인연으로 그런 남편 만난 것이니 부처님께 지성껏 귀의하여 참회하고 기도 드리면 남편도 달라지고 고통도 사라질 것입니다. 남편에게 문제가 있어 보이니 일단 천도재와 구병시식을 하세요. 그리고 절에서 21일 기도를 하고 있으면 그 동안 남편도 부인이 없는 집에 혼자 생활해 보면서 서로 자신을 되돌아 볼 수 있는 기회도 되고 또 부처님께 열심히 기도한 가피로 다 좋아 질 것이니까 그렇게 해 보세요."라고 상담해 준 일이 있습니다.

이리하여 그 젊은 부인은 남편을 위하여 부처님께 처음 귀의하여 열심히 기도하였습니다. 그러던 중 그 젊은 남편도 소식을 알고 절에 와서 처음에는 뭣하러 기도하느냐고 거부 반응이었지요.

어쨌든 21일 기도를 마치고 집에 간 그 부인은 아침, 저녁 100일 동안 정말 기도를 열심히 하였습니다. 그 후 이 부부는 100일 기도 회향하러 함께 절에 와서 나란히 부처님께 깊은 감사를 드렸습니다. 부인은 남편이 열심히 직장에 잘 다니고 사람을 괴롭히지도 않고 안정된 생활이 되었다고 거듭 고마워했지요. 그리고 둘이서 한 달에 한 번씩만이라도 절에 오기로 하였다고 말하였습니다.

절망스러운 생활 속에서 이혼을 생각하며 방황하던 그 젊은 부부는 그들의 정성과 부처님의 가피로 다시 새롭게 안정된 가정을 이루었습니다. 이처럼 부처님의 불가사의한 가피는 불행을 행복으로 돌립니다.

기도 가피로 사업이 성공의 궤도에 오르다

"스님, 한때는 너무나 사업이 어렵고 고통스러워서 기도하는 마음도 해이해지고 모든 것을 포기하고 절에도 오고 싶지 않았는데 스님께서 그 때 야단을 쳐주셔서 다시 탄성하고 힘을 내어 술, 담배도 끊고 매일 새벽에 2시간씩 열심히 기도하였습니다. 기도하면서 방황하던 제 마음은 안정이 되었고 사업에도 자신과 용기가 생겨 열심히 하여 오늘 같은 기쁜 일이 있습니다. 스님께서 정성껏 기도해 주시고 또 힘을 주셔서 이런 좋은 결과가 왔습니다. 감사합니다. 이제까지처럼 법회에도 열심히 나오고 기도 더욱 열심히 하겠습니다."

종불사 시주하고 사업이 잘 되다

"스님, 식구 여섯이 다 종불사를 올려놓고 불사비 얼른 갖다 내어야지 하고 마음먹었더니 이웃 공장들은 일이 없어 다 놀고 있는데 저희 공장엔 주문이 많이 들어오고 사업이 잘 되어 오늘 불사비 모두 완불하였어요. 너무 너무 부처님께 감사한 마음입니다." 라는 보살님의 말처럼 종불사에 시주하고 소원을 성취했다는 이야기도 아주 많이 듣고 있지요. 그러한 소리를 들을 때마다 다음과 같은 이야기를 들려주곤 합니다.

"원래 옛날부터 종불사 시주 공덕은 한량이 없습니다. 절에서 저녁 예불 때 종을 치면서 저녁 쇳송을 합니다. 그 쇳송의 뜻이 '이 종소리를 듣고 모든 중생이 번뇌를 끊고 지혜를 성취하여 깨달을 마음을 내고 지옥과 고통을 여의고 모두 함께 성불하여지이다.' 하는 말씀인데 이제 종 시주한 분들 모두 종에 이름을 새겨 종을 칠 때마다 업장 소멸하고 모든 고통스런 일들은 사라지고 복덕구족하여 만사가 뜻대로 이루어지라고 기원하니 모든 일이 잘 될 수밖에 없습니다. 또한 큰마음으로 기쁜 마음으로 부처님 전에 시주하니 그렇게 잘 되는 것이니 보살님 마음 쓰는 공덕입니다."

마음먹기에 따른 두 사람의 행과 불행

화엄경에 선용기심, 즉 그 마음을 잘 쓰라는 말이 있는데 바로 이 말처럼 마음을 어떻게 쓰느냐에 따라서 행복해질 수도 있고 불행해질 수도 있습니다. 똑같은 일을 당하고도 그 사람 됨됨이와 마음씀에 따라서 그 일에 대한 생각이 천차만별이요, 뒷날 전개되어가는 양상도 천양지차가 나는 것입니다. 요 근래 3일 사이로 일어난 두 사람의 이야기를 해드리겠습니다.

먼저 수원에 사는 젊은 보살님이 와서 하는 이야기가 "스님, 저는 너무 가난해서 지하 사글세방에 살고 있는데 누가 스님께서 설법하신 기도 영험록 테이프를 줘서 듣고 이렇게 왔습니다. 전에는 이렇게 못 사는 것이 다 남의 탓이라고 돌렸는데 테이프 법문을 듣고 보니 모두가 제 업장 탓이고 복을 짓지 못해 이렇게 가난하게 산다는 것을 알았습니다. 그래서 이렇게 장엄하게 법당을 지으시는데 서까래 하나 시주를 하려고 왔습니다. 시주금이 적지만 저에게는 큰 돈입니다. 이 세상에 나서 처음으로 시주 올리니까 너무 기쁩니다." 하고는 시주금을 내고 갔습니다.

그리고 3일 후에 수원에서 출퇴근을 하고 뒷산 너머 조그만 초등학교 교장 선생님으로 계신 노거사님이 오셨지요.

"스님, 영험록 테이프를 들어보았는데 스님이 너무나 돈에 대해서 많이 이야기한 것 같습니다."라고 하며 아주 언짢아하더군요. 그 거사님의 말을 듣고 "그러세요?" 하고 '허허' 웃고 말았지요.

　이 교장 선생님은 이제 정년을 바라보는 60이 넘은 분으로 서울의 어느 신도 신행단체에서 교육을 받았다고 합니다. 이른 아침 출근길에 우리 신흥사 큰법당에 들려 도량이 떠나갈 듯이 크게 독경을 하고 가길래 신심이 깊은 분인 듯해 영험록 테이프를 하나 드렸더니 그것을 듣고 그렇게 기분 나빠하는 것이었습니다.

　한 보살은 3일 전에 똑같은 테이프를 듣고 신심 내어 그 가난한 환경에서도 시주를 하는가 하면 이 거사님은 이렇게 언짢아하는 것이었습니다.

　그리고 보름 후에 다시 테이프를 듣고 서까래를 시주한 그 가난한 보살님이 와서 감사하다고 인사를 하였습니다. 사연인즉, 친정 남동생은 잘 살면서도 이제까지 누나를 한 번도 도와준 적이 없었는데 지난번에 와서 시주하고 간 뒤 이틀 후에 남동생이 난데없이 찾아와서 누나가 살고 있는 지하 사글세방이 너무 고생스러워 보인다며 2천만 원 들여 전세방을 얻어 주었다는 것입니다. 사글세를 살면 돈이 모아지지 않아 가난에서 헤어나기 힘들지만 일단 전세를 살게 되면 형편이 조금씩 나아질 것은 자명한 사실이니 그렇게 고마워하는 것이었습니다.

　그래 "다 보살님의 마음 씀에 따라 복을 지어 복이 온 것입니다."라고 오히려 그 보살을 칭송해주었지요.

　그리고 또 사흘 후 그 똑같은 영험록 테이프를 듣고 스님이 돈 이야기를 많이 하였다고 언짢아하던 그 노교장 선생님은 늘 다니던 아침 출근길에 교통사고를 냈다고 합니다. 게다가 인명 피해로 인하여 퇴직금을 미리 타서 엄청난 피해 보상을 하였다는 소식을 전해 들었습니다.

  사흘 간격으로 두 사람에게 일어난 일을 가만히 생각해 보니 참으로 부처님의 말씀을 되새기게 됩니다. '일체유심조' 일체가 오직 마음 먹기에 달려 있는 것입니다. 같은 테이프를 듣고 한 사람은 환희심 내어 시주하니 그런 좋은 일이 있고 한 사람은 기분 나빠하더니 그런 나쁜 일이 있으니 말입니다.

  우리는 살아가면서 늘 긍정적인 사고로 생각하는 것이 참으로 중요한 것입니다. 좋은 생각, 밝은 생각으로 살아가다 보면 행복한 일이 생기는 것이고 매사 부정적으로 생각하면 경제적인 문제는 물론이고 사람들과의 관계에서도 서로 사이가 벌어져 외로운 사람이 되기 십상인 것입니다. 특히 나이가 들수록 기도하고 참회하며 전생은 물론이고 일생 동안 자신이 알게 모르게 지은 업장을 녹여야 하는 것입니다. 그렇게 한다면 행복한 노년, 존경받는 노년이 될 것입니다.

저런 팔자가 바뀌지려면 얼마나 기도를 해야 하나

안양에 사는 키가 자그마한 50대 보살님이 찾아 왔습니다.

결혼해서 28년간 남편이 돈 한 푼 벌어다 준 적이 없고 매일 매일 술 먹고 들어와서 살림살이를 때려부수고 아내를 때린다고 합니다. 이렇듯 집안이 하루 한 날도 조용할 날이 없으니 3남매 중 제일 큰딸이 아버지가 원망스럽고 집에 들어오는 것이 지겹다며 가출을 했다고 합니다. 27살 된 딸이 집을 나가 무엇이 되겠느냐며, 딸이 무사히 집으로 돌아와야 하는데 어떻게 하면 되겠느냐고 눈물을 흘리며 하소연을 하였습니다.

듣자니 그 사연이 하도 딱하고 그 업이 하도 두터워 '얼마나 기도를 해야 저 업이, 저 팔자가 바뀌겠나?' 막막할 정도였습니다.

그렇지만 그대로 있어서야 되겠습니까? 희망을 가지고 열심히 기도하면 딸이 돌아올 테니까 기도를 시작하라고 하였지요. 그래서 그 가난한 엄마는 딸의 귀가를 발원하는 100일 기도를 시작하였습니다. 하루종일 아파트 청소, 목욕탕, 경마장 청소까지 하면서 벌어먹어야 하는 힘든 상황이었지만 새벽기도, 저녁기도를 몸이 부서져도 한다는 정성으로 열심히 기도를 하였습니다.

그 보살은 기도하면서 조상 천도재를 올려 드리고 싶어하였으나 워낙 형편이 어려워 마음만 먹고 있었는데 난데없이 친척이 와서 좀 주고 갔다고 큰맘 먹고 천도재를 지내고 열심히 기도하기 한 달 가까워서 가출하였던 딸이 무사히 귀가하여 직장에 잘 다니고 있다는 연락이 왔습니다.

계속해서 100일 기도 회향하고 300일째 계속 기도 중인데 그 없는 살림에도 관음전 기둥 시주를 하더니 그렇게 술 먹고 애먹이던 남편이 우선 술을 마시지 않고 일하러 나가 한 달 월급을 처음으로 갖다 주었다며 너무너무 기뻐서 하나도 쓰지 않고 불사비로 다 가져와 시주하였습니다.

이 보살님은 그 동안 기도도 정성껏 하였고 또 시주도 그 형편에는 과하다 할 정도로 하였습니다. 처음에 상담할 때 '져 나쁜 팔자가 얼마나 기도를 해야 바뀔까' 할 정도로 아득하더니 자기가 열심히 지성껏 하니 그런 운명도 금세 바꿔 놓는 것을 보고 정말 기도는 될 때까지 하면 된다는 믿음이 더욱 확고해졌습니다.

부처님이 도우셨나 봐

"스님, 지난 팔월 추석 때 일인데 추석 전 날 시댁에 추석 세러 늦게 딸아이와 가는데 택시를 타려고 애를 쓰다 간신히 한 대 세워 타려고 하니 방향이 틀리다고 태워 주지 않고 그냥 가 버렸어요. 가 버린 택시에서 돈 7,000원이 떨어져서 주워 들고 보니 '아차! 내 핸드백이 없잖아?' 조금 전에 공중전화 부스 안에 두고 온 것을 알아차렸지만, 벌써 20분이나 지났는데 허겁지겁 쫓아가 보니 핸드백은 보이지 않았습니다.

그 옆으로 차를 기다리는 사람들을 죽 보니 어느 아주머니가 제 핸드백을 옆에 끼고 서 있어서 '아줌마, 제 핸드백'하고 소리쳤더니 그렇지 않아도 주인을 찾아 주려고 있었다고 하면서 건네주었습니다.

그리고는 곧 그 아주머니가 기다리던 차가 와서 타고 가 버렸습니다. 너무 기뻐서 어쩔 줄 몰라 하는데 옆에 있던 딸아이가 "엄마, 부처님이 도우셨나 봐."라고 하는데 저 역시 '부처님 감사합니다' 라는 소리가 절로 나왔습니다.

정말 아슬아슬한 순간이었습니다. 그 택시기사가 우리를 태워 주었어도 핸드백은 잃어버렸고 조금 늦게 찾았어도 그 아주머니는 가 버렸을 겁니다. 그 핸드백 속에는 삼천불 시주증과 많은 현금과 패물, 저금통장이 들어 있었는데 삼천불을 모실 때 스님께서 말씀하시기를 이 시주를 하면 부처님께서 그 몇 백 배 벌어 주신 다고 하시더니 그 말씀이 맞았습니다. 부처님께 감사드리는 마음으로 법당 기둥 시주를 하겠습니다."

　위와 같이 위기의 순간을 무사히 잘 넘기고 부처님께서 도우셨다고 생각하는 분들, 믿음이 깊은 만큼 평소 기도생활을 열심히 하는 분들의 앞날에는 장애가 없습니다.

부동산이 잘 팔리지 않을 때 신중불공의 가피

　지금도 한 분이 오셔서 기도를 하고 있는 중인데, 불자들이 생활 속에서 늘 부딪치는 일 중 어려운 것이 경제적인 문제입니다. 특히 꼭 부동산을 팔아야 할 사정이 생겼는데 잘 팔리지 않으면 점점 일이 꼬이기 마련인지라 고통스러운 것입니다. 그럴 때 신중불공을 올리게 되면 그 일이 빨리 해결되는 실례가 아주 많습니다.

　이곳에 와 계시던 할머니의 아들이 2년 동안 당구장을 했는데 그것이 팔리지 않아서 너무 고생을 한다는 얘기를 들었습니다. 그래서 부처님께 신중불공을 올리라고 말씀드렸더니, 그 아들이 과일과 진수(나물거리)를 양쪽에 들고 땀을 뻘뻘 흘리면서 찾아와 불공을 올렸습니다. 그리고는 보름도 안 되어서 아주 좋은 값에 당구장이 팔렸습니다.
　또한 당구장을 판돈으로 아파트를 샀는데 잠깐 사이에 또 몇천만원을 벌었다고 합니다.

　또 오류동에 사는 분은 땅이 있었는데 근 10여 년을 팔려고 내놓았는데도 팔리지 않는다고 상담을 해 왔습니다. 그래서 또 그렇게 불공을 올리고 삼칠일 기도를 하라고 했지요. 그런데 기도가 끝나고 일주일 정도 지났을 무렵 임자가 나타나서 반을 잘라서 팔라고 하더랍니다. 큰 땅덩어리였으니까 반만 팔아도 그 댁에는 큰 힘이 되었습니다.

'이것도 부처님 가피일 거야.' 라고 고마워하면서 다 팔았으면 좋겠지만 이것만이라도 좋다고 여기며 팔았고, 그 뒤로도 매사가 순조롭게 풀리는 것이 다 기도한 덕분이라며 그분은 항상 열심히 기도하며 생활하고 있습니다.

그리고 또 한 분은 이층집이 하도 팔리지 않아서 불공을 올렸더니 금세 매매가 되었다고 들었습니다.

어쨌든 특별히 기도를 하고 좋은 일이 생긴 댁은 부지기수로 많은데 앞으로도 그런 가피를 입으신 일이 있으면 알려주시기 바랍니다. 함께 기뻐하고 즐겁게 웃으면 엔돌핀이 속속 솟아나고 세포가 행복 세포로 바뀌게 되어 건강해지기 마련입니다. 부처님도 그렇게 말씀하셨습니다. 좋은 인(因)을 지으면 좋은 과(果)가 생긴다고 말입니다.

그리고 또 어려운 일이 있으면 항상 상담을 하십시오. 부처님의 말씀은 팔만사천 방편으로서 가지가지 근기에 맞게 골고루 되어 있기 때문에 각자의 형편에 맞는 기도를 하실 수가 있고, 반드시 가피를 입을 수 있습니다.

갑작스런 재난을 만났을 때 대자 대비하신 부처님의 신통력

사람이 살다보면 늘 평탄할 수는 없습니다. 별탈 없이 잘 살던 사람들도 갑작스럽게 재난을 맞아 당황할 때가 많습니다. 앞서도 말씀드렸듯이 우리가 늘 기도생활을 꾸준히 하면 부처님의 가피로 재난이 슬쩍 비껴가기도 하고 설령 재난이 닥쳤다 해도 그것을 이겨낼 수 있는 마음의 힘이 이미 준비되어 있고, 더 열심히 기도를 해서 손쉽게 재난을 물리치는 것입니다.

다른 절의 신도 분인데 우리 절에 천불을 올린 분이 어느 날 찾아오셨습니다.

그분은 차에 물건을 실어 내 주는 일을 하는데 그만 엉뚱한 차에 이천만원어치의 물건을 실어 줘 버렸다고 합니다. 그러니까 고스란히 이천만원을 물어내게 생겼지요. 이천만원을 벌어도 시원찮은데 이렇게 되었으니 얼마나 힘이 들었겠습니까?

그래서 마음이라도 진정시키기 위해 신중불공을 올리고 집에서 7일기도를 하는 중인데 어느 날 새벽녘에 그 회사의 담당 상관 꿈에 법복을 입은 보살이 나타났다고 합니다.

꿈속에서 보살이 말하기를,

"이번 일은 없는 일로 해 주십시오. 그러면 회사에도 좋은 일이 있을 것입니다."

이렇게 생시처럼 분명하게 말을 하고 갔답니다.

'정말 이상한 꿈이다!'

그 돈 이천만원은 그 사람 월급에서 계속 나가기로 했었는데 그 꿈을 꾸고는 없던 일로 해 주었답니다. 그 대신 그 회사는 손해를 본 것 이상의 많은 혜택을 입는 일이 정말 생겼다고 합니다. 그래서 그 상관도 우리 절에 오기 시작했고, 지금은 열성 신도가 되었습니다.

어쨌든지 부처님은 대자 대비하시고 또 신통력이 무한하시기 때문에 무엇이든지 열심히 하면 못 해주시는 일이 없습니다. 우리가 안 해서 그렇지 하기만 하면 됩니다. 무엇보다도 그처럼 기적 같은 일이 일어난다는 확신을 가지고 지극 정성으로 기도하면 성취 못할 일이 없는 것입니다.

더 큰 정성으로 기도하고 진급하다

우리가 신앙을 가지면 정말 부처님이 화현해서 도와줄 수 있도록 아주 열심히 해야 합니다. 그런데 이것도 저것도 아닌 어중간하게 해 놓고는,

"아이고, 부처님 가피도 없네!"라고 말하면서 중도에 포기하는 분들이 많습니다. 그런데 부처님의 가피가 없는 것이 아니라 기도 가피를 입을 수 있는 우리의 정성이 부족하다는 것을 깨달아야 합니다.

몇 년 전에 한 장교가 찾아와서 잠깐 동안 얘기를 나누었는데 부처님을 원망하는 말투였습니다. 중령에서 대령으로 진급이 꼭 되어야 하는데 탈락이 되었다고, 부처님이 도와주지 않으셨다며 불만이 가득 찼습니다. 그래서 제가,

"부처님한테 공을 들인 거기에서 안 되거든 이만큼을 더 드리고 또 이만큼 해서 안 되거든 자신으로서는 최대의 정성과 최고의 기도를 올리십시오. 그러면 꼭 뜻대로 될 것입니다. 그렇게 해본 다음에 나중에 다시 얘기합시다."

물론 그 군인은 자신으로서는 최대의 기도를 올렸고 그 해에 대령이 되었습니다. 그리고는,

"부처님께 은혜를 갚고 싶습니다. 나중에 사단장이 되면 그 사단 내의 사병들을 모두 불교신자로 만드는 것이 저의 목표랍니

다."라고 힘차게 말했습니다.

얼마 전에는 어떤 거사님이 오셔서,
"신흥사에 다니면 부자가 될 수 있다고 하던데 저는 왜 항상 이렇습니까?"
"거사님 정도의 신심을 가지고 되겠습니까?"
"아, 나같이 신심 있는 사람이 또 어디 있나요?"
"지금 가지고 있다는 그 신심에서 배를 늘려서 더 해보십시오."
라고 했지요.

빚이 많은 사람은 많은 이자와 함께 그 빚을 갚아야 하는 것처럼 전생부터 지은 복이 적은 사람은 그만큼 더 열심히 노력해야 합니다. 일도 남보다 몇 배 더 해야 하고 기도 또한 마찬가지입니다. 그래야 가피를 입을 수 있습니다.

한편 더욱 분명한 사실은 부자가 되기 위해서는 기도와 아울러 힘써 복을 지어야 한다는 것입니다. 제 먹을 것을 덜어 가난한 이웃을 돕고, 설혹 재물이 없으면 마음이라도 측은지심을 가지고 힘껏 위로해야 합니다. 그리고 법보시를 해서 불법을 모르는 이에게 부처님의 말씀을 전해서 그 사람의 인생을 열어 주어야 하는 것입니다.

팔기 어려운 연립주택 기도 드리고 팔다

　용인에 사는 건축업을 하는 신도인데 연립 주택 몇 동을 지어 놓고 팔리지 않아 자금난에 아주 고전을 겪고 있을 때였습니다.
　그 날도 아침에 등교하는 아이들 도시락 싸다 말고 어제 누가 좀 갖고 온 돈이 생각났다면서 삼천불 시주금을 내어야지 하고 아침도 먹는 둥 마는 둥 하고 절에 왔습니다.
　그런데 네 식구 불사비를 완불하고 집에 돌아가니까 집 한 채가 팔렸다고 남편한테서 전화 왔다며 바로 기쁜 소식을 전해 주었습니다.
　그 후로도 이 집은 건축물 속득매매 신중불공만 드리고 가면 집이 쉽게 팔리고 또 팔리고 하였습니다. 계속 부처님의 가피를 입는 집들은 마음에 확신이 서니까 꼭 된다는 생각으로 기도하니까 이런 가피가 있습니다.

삼천불 불사증 보고 잃어버린 통장 보내 오다

우리 신흥사 큰법당 단청을 맡은 전 거사님이 신흥사 단청을 할 때였는데 은행에 가서 일본에 단청 재료비를 송금하러 갔다가 예금통장 세 개를 분실하였는데 며칠 후에 그 잃어버린 통장이 돌아왔다고 합니다. 통장을 주운 이가 삼천불 시주 불사증에 기재된 주소를 보고 삼천불증과 함께 통장 세 개를 그대로 보내 준 것입니다.

그 거사님은 통장을 보내준 이에게 고마워하는 것은 물론이고 삼천불 봉안하고 시주한 공덕이라며 크게 감사해 하였습니다.

불사비 송금한 공덕으로 가스에 날아갈 집 구하다

　서울 불광동에 사는 다른 사찰 신도인대 우리 영험록 테이프를 듣고 신흥사에 왔다가 도량이 너무 환희심 난다고 '큰법당 건축 불사 서까래 시주를 해야지' 하고 마음먹고 있었다고 합니다. 그런데 그 날 따라 남편이 김장 보너스를 갖다 주어서 먼저 서까래 불사비를 떼어 송금하고 김장을 하기로 하고 아침 일찍 직장에 출근을 하였답니다. 직장일 잘 마치고 퇴근하여 길 건너 집이 바라보이는 건널목에 서서 파란 불이 켜지도록 기다리는 순간에 '아차, 아침에 가스 불에 보리차 주전자를 올려놓고 잊어버리고 나왔는데 이걸 어쩌나?' 하면서 그 때부터 딴 생각은 없고 그냥 '관세음보살'을 정신없이 외우며 황급히 집에 돌아왔다고 합니다.
　"세상에 스님, 주방에 가보니 아직도 가스 불은 켜 있고 보리차 탄 것은 말할 것도 없고 주전자가 벌겋게 되어 있었는데도 그게 폭발하지 않고 8시간 반을 그냥 있어 주었어요. 저희 집 주위에는 모두 조그만 공장들이 있어서 만약 가스가 폭발해 불이 났다면 연쇄적으로 엄청난 화재가 일어날 뻔하였는데, 아찔했어요. 이게 다 아침에 서까래 시주 송금한 공덕인 것 같아요." 라고 떨리는 목소리로 전화한 불자에게 참으로 다행한 일이라며 늘 기도하며 생활하면 부처님께서 항상 우리와 함께 계시어 모든 고난과 장애가 스러진다고 위로해주었습니다.

6. 신행, 기도영험 수기

기도 중에 1차 중간 검사와 2차 중간 검사를 받은 결과 병원 측은 깜짝 놀랐습니다. 병간호를 어떻게 했기에 이런 좋은 결과가 나올 수 있느냐는 돌음이었습니다. 병이 거의 다 나아져 있다는 의사 선생님 말씀에 "부처님 가피입니다."라고 대답했습니다.

- 본문 중에서

주지스님의 설법을 듣고 불문에 들어간 '나'

거사회장 혜운 김찬규

오직 외곬으로 40여 성상 동안 공직을 천직으로 알고 살다가 정년 퇴직을 한 지도 어언 4년, 박봉으로 5남매를 다 최고 학부까지 교육을 시켜 출가시키고 보니 이미 육십 고개를 넘어 지금은 내자와 단 둘이 살고 있다. 나의 내자는 독실한 불자로 소시적부터 부처님께 귀의하여 신행 생활을 해 오고 있고, 우리 가족이 모두 건강하게 생활해 온 것도 내자의 부처님을 향한 정성 덕분이 아닌가 생각된다.

바쁜 공직생활에서 물러나 시간이 많아진 나는 새벽에 등산하고 낮에 책을 읽는 것이 대부분 하루 일과이다. 이러한 나에게 내자가 신흥사에 같이 나가자고 하기에, 절에는 아녀자들이나 다니며 불공이나 드리고 행복과 소원을 발원하는 곳이지 남자가 어떻게 가느냐고 일축해 버렸다. 더욱이 주지 스님이 비구니스님이시니 더욱 그렇지 않느냐고, 계면쩍어 가지 못하겠다고 이 핑계 저 핑계를 대고 도통 절을 찾지 않았다.

그런데 어느 날 서가를 정돈하던 중 우연히 불교 입문이라는 단행본으로 된 책자를 발견하여 호기심으로 탐독하게 되었다. 이제까지 내가 아는 불교 지식은 학술적으로 조금 아는 것 '석가모니 부처님은 역사상 실존 인물로서 세계 4대 성인 중 한 분이시며 중생을 제도하시기 위하여 이 땅에 오셨다'고 하는 것밖에는 몰랐다. 불교 입문을 읽고 나서 부처님의 생애와 사상을 조금이나마 알게 되었고 많은 감명을 받았다.

"인간은 본래부터 부처님의 마음인데 다만 번뇌와 망상과 무명에 싸여 자기 참 마음을 보지 못함이요, 누구든지 마음에 탐내고 성내고 어리석은 망상의 구름을 제거하면 그대로 부처다."라고 하는 구절을 보고 마음의 눈이 번쩍 뜨였다. 이 불멸의 말씀은 인류에게 무한한 능력을 개발할 수 있다는 용기를 깨닫게 하고 내 마음 한 구석에 불심의 불티가 일기 시작했다.

내 스스로 절을 찾을 것을 내자에게 제의하고 경건하고 숙연한 마음으로 신흥사 절 문을 두드렸다. 처음엔 여신도들 뒷전에서 주지스님의 설법을 듣는 둥 마는 둥 설법이 끝나기가 무섭게 하산하였지만, 그 다음부터 남자 신도들이 많아져서 덜 어색하였다. 법회를 보고 진지하게 설법을 들으니 세상 밖에서 이해하던 불교와는 판이하였다.

특히 내가 불자가 되겠다고 굳게 마음을 먹게 된 것은 석가모니 부처님의 생애와 5계의 설법이었다. 신도 5계 수계식을 엄숙히 거행하고 다섯 가지 계율 중에서 불음주계를 파함으로 나머지 네 가지의 계도 다 파하게 된다는 주지스님의 설법은 애주가인 나에게 많은 자제를 가져왔다. 당장 금주한다는 것은 어려운 일이나 자제하는 시일이 흐르면 단주하게 될 것이다.

주지스님의 간곡한 설법을 듣고 불현듯 생각나는 것은 이제까지 그냥 살아 온 세월이 너무 허망하고 인간으로서 참다운 보람과 희열을 느끼지 못하였구나 하는 반성과 자책감이 앞서며, 늦게나

마 만난 부처님의 가르침이 얼마나 감사스러운지 모른다. 이제 남은 여생 독실한 불자로서 사는 것이 바람이며 이러한 좋은 가르침이 더욱 더 많은 사람들에게 전해져야 하고 더욱이 남자들이 불교에 많이 귀의하여야 한다고 생각한다.

우리 신흥사는 다행히 거사회가 조직되어 많은 남신도들이 마음을 활짝 열고 부처님을 찾아뵙는 복이 주어졌다. 아직도 쑥스럽고 관심이 없어 부처님을 찾아뵙지 못하는 이들에게 부처님의 가피가 함께 하여 속히 부처님 전에 나오기를 염원해 본다.

〈신흥사보 1985년 6월호〉

고향처럼 편안한 안식처

선행월 조영언

　부처님의 도량은 항상 가을 뜨락같이 고요와 질서가 있고 초 향내 그윽한 보금자리이며 잠시나마 자기를 찾을 수 있는 영혼의 휴식처다. 서울에도 부처님 도량이 많건만 내 나름대로 찾아뵙는 곳이 있다. 경기도 화성군 서신면 상안리 신흥사. 점에서 점으로 이어가는 선(線)처럼 이 세상의 인연도 이어졌다 끊어졌다 하지만 신흥사와 오성일 스님과의 인연은 나와 영원할 것이다.
　지금으로부터 15년 전 길을 잃고 아이처럼 방황하던 나에게 스님은 불법을 가르쳐 주셨고, 떠도는 마음을 정착하게 해 주셨다. 그로부터 몇 해를 스님 계신 곳을 몰라 애태우던 중 우연히 신흥사에 계시다는 것을 알았다. 반가운 마음으로 이 곳을 찾은 뒤부터 신흥사는 고향과 같고 보금자리와 같다.
　서울에서 그리 먼 곳은 아니지만 터덜거리는 시골길이라 시간이 오래 걸려도 가고 싶을 때는 훌쩍 떠나 얕은 산길을 올라가노라면 울창한 심산유곡의 경치 좋은 절도 아니고, 훌륭한 건물로 된 절도 아니건만 그 곳은 나의 심신이 휴식할 수 있는 편안한 안식처. 사치와 향락, 명예와 금욕, 속세의 모든 것을 등진 오만하고 불순하지 않은 깨끗한 영혼이 쉴 수 있는 곳이다. 도시의 답답하고 숨막히는 오염된 공기에서 생존 경쟁에 허덕이는 사람들의 숲을 헤쳐 신흥사로 가는 길은 즐겁고 행복하다.

찻길에서 조금 올라가는 야트막한 산길은 이름 모를 가을 산꽃이 피어 있고, 솔바람이 불어와 세파에 찌들어진 가슴속을 시원하게 씻어 준다. 물든 나뭇잎들이 한 잎 두 잎 가랑잎 되어 바람 따라 어디론가 떠나면 도토리나무에 겨울의 고요가 내린다. 나목 사이로 보이는 법당과 요사채는 연약하고 초라한 옷을 입은 촌부의 소박한 모습이다.

태고적부터 쌓인 그리움을 안고 인기척 없는 도량에 적막이 흐르고 쓸쓸한 바람만 오간다. 고요한 도량에 가지런히 널린 붉은 고추와 누런 콩들이 가을 햇볕에 따사롭고 낡은 지붕, 퇴색된 바람벽, 긴 툇마루, 댓돌 위에 하얀 고무신 두 켤레, 어느 것 하나도 정겹지 않은 것이 없다.

'스님!' 하고 부르기도 전에 적막을 깨뜨린 인기척에 해맑게 웃음 띄우신 노스님과 주지 오성일 스님께서 합장하며 반갑게 맞아 주신다. 나도 모르게 두 손이 모아지고 경건한 마음으로 인사드리면 사바의 모든 번뇌는 사라지고 마음은 편안해 진다. 스님과 대화를 나누노라면 세파에 찌든 얼굴들은 저 멀리 사라지고 창호에 비치는 햇살처럼 새하얀 얼굴이 다가온다. 밝음이 있는 곳, 질서와 규율이 있는 곳, 고요가 있는 이 도량에서 마음은 어느새 푸른 하늘을 훨훨 날아 휴식을 찾아 편안하고 포근하다.

부처님께 예쁘게 꽃 꽂아 올리고 향불을 올리고 예배드리면 탐·진·치(貪嗔癡) 번뇌 속에 살고 있는 인간 세상의 이유 없는 설움이 참회로 승화되어 눈물이 두 뺨을 흐른다. 오랜만에 나를 찾고 나의 영혼은 부처님 곁에 맴돈다. 청아한 스님의 독경 소리에 참회의 절을 하노라면 어느새 부처님께서는 자비로우신 미소를 띠우시고 불쌍한 중생을 내려다보신다.

'부처님, 당신이 계시기에 이 인간들은 의지하며 행복하게 삽니다. 고통의 바다에서 표류하는 많고 많은 중생들을 부처님 자비의 그물로 건져 주세요.'

이렇게 신흥사를 찾은 일이 엊그제 같은데 벌써 열두 해 전의 일이고, 오늘의 신흥사는 가을 도량에 고요가 내릴 사이도 없이 많은 불자들이 찾아와서 부처님께 기도 드리고, 부처님의 가르침을 배우는 도량이 되었다. 주지스님의 원력으로 초라했던 요사채는 커다란 설법당으로 변하여 어린이회, 중·고등학생회, 관음회, 거사회의 잦은 법회 외에도 방학 동안 줄곧 대학생, 청년회 할 것 없이 계속 수련이다.

항상 바쁘게 포교하시는 주지스님을 뵈면 그저 마음이 숙연해질 뿐이다. 남을 위해 산다는 인생이 얼마나 아름다운가? 오늘도 가을 뜨락에 부처님의 은혜가 내린다.

〈1985년 신흥사보 9월호〉

정신병 환자가 된 아내가 부처님께 귀의하고 병이 낫다

거사회 안상현

　인간은 누구나 마음이 약해질 때 인간 아닌 어느 위대한 힘에 의지하고 신에게 의지하는 마음이 생긴다. 우리 가정은 선대 조모님으로부터 증손에 이르기까지 근 70년간 기독교를 독실히 믿어 왔다. 나 자신은 장로로서 한 교회를 이룩하다시피 하였고, 기독교에 대한 나의 신앙은 돈독하였다.

　그 믿음으로 축복 속에서 가장 행복하다고 생각하던 어느 날 불의의 교통사고로 40이 넘은 큰아들과 딸을 한꺼번에 잃게 되었다. 자식을 한꺼번에 둘이나 잃고도 나의 신앙은 낙심하지 않고 욥의 신앙을 본받으면서 더 큰 축복을 내려 주실 것이라 굳게 믿고 더욱 열심히 하느님께 기도드렸다. 그러나 설상가상으로 아내가 자식을 잃은 어미의 슬픔을 이기지 못하였다. 아내는 결국 잠을 이루지 못하여 밖으로 뛰어 나가는 일종의 정신병 환자가 되었다.

　이 광경을 지켜보던 질녀의 권유로 아내가 절에 가서 불공을 드리고 법문을 듣고 왔다. 그런데 절에 다녀온 뒤부터 아내는 이상하게도 잠도 잘 자고 마음도 평안을 되찾았다. 그런 아내의 모습을 지켜보면서 나는 큰 용단을 내려 그 때부터 절에 다니게 되었다.

그런데 뱃속부터 기독교 사상에 뿌리 박힌 내 머리 속에는 부처님께 절할 때마다 우상에게 절을 하는 것이 아닌가 하는 생각으로 혼란이 왔다. 나름대로 천수경도 열심히 외우고 법문도 들었지만 어려워서 뜻을 다 이해하지는 못하였다. 그러나 기독교 사상은 믿음의 종교로 하느님을 믿기만 하면 구원을 받아 천당에 가서 편안히 있을 수 있다고 했고, 불교 사상은 실천 종교로서 스스로 오랜 수행으로 부처님 되어 진리를 깨치고 중생을 구제하는 끊임없는 자비의 종교임을 알았을 때, 수십 년을 믿던 종교를 바꾼 데 대한 갈등은 서서히 사라지고 불교야말로 인류가 함께 믿어야 할 종교라는 생각이 들었다.

신흥사에 거사회가 생기기 전에는 법회 때 수많은 여자신도들의 틈바구니에서도 열심히 참석하여 거사 오계(居士五戒)도 받았다. 그러면서 나의 불교에 대한 신앙은 차츰차츰 자리잡혀 갔고 불교에 대한 애정이 깊어 가면서 우리 불자들이 신앙에 대한 반성과 변화가 있어야겠다고 생각된 몇 가지를 적어 본다.

첫째, 타종교인들은 그 종교에 들어간 지 일주일만 되면 전도를 일삼고 같은 신자끼리 단결하여 서로 돕는데 우리 불교 신자들은 자기 신앙에 대해 너무 소극적이고 신도끼리 서로 협력하고 단결하는 힘이 부족하여 절에 몇 년 다녀도 서로 얼굴도 제대로 모르는 실정이며, 포교를 거의 하지 않기 때문에 불교 신자인지도 모르는 불자가 많은데 이러한 점은 정말 변해져야 한다는 바람이다.

둘째, 타종교인들은 일주일에 새벽 모임 빼고도 4, 5번 모이는데 우리 불교 신자들은 한 달에 한 번 법회에도 제대로 모이지 않으니 그런 성의로 무슨 부처님의 가호를 바라겠는가? 우선 자주 나와야 부처님의 그 좋은 가르침을 알게 되고 신심이 돈독해질 것이다.

셋째, 타종교인들은 3, 40명만 모여도 큰 회당을 짓고, 논·밭 문서까지 헌납하는데 우리 불교 신자들은 시주에 너무 인색한 것 같다. 신흥사 신도 가호 수가 600여 가정인데 법당을 짓겠다고 몇 년 전부터 서두르지만 아직 엄두를 내지 못하고 있으니 참으로 남부끄러운 일이라 하겠다.

아침 불공 드릴 때 가정마다 200원씩 올리고 기도 드리면 500가정만 치더라도 10만원, 1달이면 300만원, 1년이면 3,600만원이 될 터이니 법당 세우는 것이 무슨 어려운 문제가 되겠는가? 법당이 좁아 추운 겨울에도 밖에서 불공을 드리는 법우들의 어려움을 생각하여 내가 아니면 법당을 짓지 못한다는 애착으로 내년에는 꼭 법당을 지어야 한다고 모두 마음에 새기고 힘을 기울여야 한다고 생각한다.

넷째, 나만이 절에 다니면 그만이지 하는 생각은 이제 지양하고 포교하는 데 힘써야겠다. 내 가정부터 모두 부처님을 따르고 이웃에게 부처님을 믿게 하는 것이 정말 중요한 일이다.

다섯째, 타종교는 수단과 방법을 가리지 않고 전도에 총력을 기울이는데 우리 불교는 노인들만 다니는 종교로 생각하는 사람들이 많으니 앞으로 이 나라의 주인이 될 젊은이, 어린이들에게 불심을 심어 주는 데 힘을 기울여야 한다.

이제 노후에 내가 만난 불교가 이 세상 어느 종교보다 그 가르침이 수승한데 불교를 믿고 지키는 우리들의 무성의로 불교 발전이 뒤떨어져서는 아니 되겠다는 안타까운 마음으로 생각해 보며 그런 바람이 이루어지도록 부처님께 조용히 기도 드린다.

〈1985년 신흥사보 10월호〉

방탕한 생활을 부처님께 귀의하며 청산하고

거사회 문용득

물고기를 잡아 생계를 이어가는 가난한 어부의 아들로 태어나 어릴 적부터 물고기 잡는 데는 천부적 소질이 있어 많은 살생을 하였고 대학 시절부터는 말술을 퍼마시고 뭇 여성들의 치마폭에서 허우적거렸다. 그 헛된 욕망을 채우기 위하여 돈을 벌어야 했으며 그로 인하여 얼마나 많은 일본인들이 내 한 치 혀끝에 휘말려 주머니를 털어놓았던가. 그래도 외화를 벌어들인다고 큰소리치고 거들먹거렸으니….

살생과 음주와 음란으로 가득 찬 그야말로 방탕한 생활 그대로였다. 그러던 중 부처님이 말씀하신 전생 500생의 인연인지 아내와 결혼을 하였다. 결혼하면 좀 나아질까 생각도 하였지만 제 버릇 개 주지 못해 툭하면 술 마시고 북어 두드리듯 마누라 패고, 걸핏하면 외박하고, 사흘들이 쌈질하여 유치장 가니 부처님 반쪽 같은 아내가 흘린 눈물은 이루 말할 수가 없었다. 어린 자식이나 없어야 도망이라도 가지….

그러한 어처구니없는 생활이 연속되던 어느 날 부처님이 불쌍히 여기셨는지 맹장 수술을 한 창자가 갑자기 끊어질 듯 아파 병원에 갔더니 수술 후 술을 많이 마셔 염증이 생겨서 창자가 썩어

들어간다고 하였다. 썩은 창자를 15cm나 잘라 내고도 돈을 벌어야지 하는 생각으로 잠이 오지 않았다. 그 놈만 있으면 대형 아파트 사고 별장 짓고 벤CM500에 기찬 아가씨 태우고 신나게 놀아 볼텐데….

  그러한 허욕의 망상으로 머리가 터질 듯이 쑤셔 오고 창자도 아프고 금방이라도 미쳐 거리를 히죽거리며 방황하는 자신의 모습이 뇌리에 스쳐 가면서 몸서리쳤다. 불현듯 믿음이란 것을 생각하게 되었다.

  절, 교회, 성당? 절을 찾자니 스님들의 회색 옷도 빡빡 깎은 머리도 맘에 들지 않고 절에 오는 사람들 거의가 여자들인 것도, 알아듣지도 못하는 주문(불경)을 외우는 것도 마음에 들지 않았다. 교회는 가까운 곳에 있어 가기도 편하고, 하얀 와이셔츠의 단정한 옷차림의 목사님도 마음에 들었고, 열띤 설교도 감동적이었다. 그런데 10여 종의 헌금을 강요하다시피 하고 헌금한 이의 이름과 헌금 액수까지 기재하는 데는 놀랐다. 실망과 회의로 가득 찼다. 나 같은 서민 인생들은 천당 문턱에나 가 보겠나?

  이러한 계제에서 부처님께서 우리 가족을 부르러 오셨다. 기독교 신자였던 처형이 부처님께 귀의하여 신흥사 주지이신 성일 스님 문하에서 신행 생활을 해 오던 중 불교 책을 한 권 가져 와서 읽기를 권하였다.

  처음엔 마다하는 것을 처형이 떠맡기 다시피 두고 간 '불교 입문' 서를 한참 후에 읽어보았다. 이제까지 들어보지도 생각도 못한 고귀한 가르침이다. 이제까지 방황하던 내 마음에 편안함을 주었다. 우리는 그 때부터 불교에 귀의하였고, 내 자신은 불제자라는 말을 듣기에는 부끄러운 입장이지만 아내가 지성으로 부처님을 믿고 미욱한 남편을 위해 불공을 드려 준 공덕으로 가정은 안정이 되었다.

  나는 불교를 믿고난 뒤부터 사치하고 방탕하고 남을 기만하는 그 늪에서 벗어나 이제는 기름옷과 먼지 속에서 열심히 일하면서도 마음은 편안하고 즐겁다. 이것이야말로 오로지 부처님의 가피가 아니고 무엇이겠나 싶다. 새삼 부처님께 감사드리는 마음으로 충만해지고 불연을 맺게 해준 분들이 고맙다.

  "그는 나를 욕하고 때렸다.
  나를 이기고 내 것을 빼앗았다.
  이러한 생각을 품지 않으면
  마침내 원한이 가라앉으리라."

〈1985년 신흥사보〉

부처님 감사합니다

부산 황원일성

　결혼해서 13년이 되도록 매일 남편의 술 주정과 매에 시달리며 경제적으로도 너무나 힘든 생활로 파출부, 청소부 할 것 없이 별 일을 다 해도 여전히 가난했다. 찢어지게 빈한한 살림살이, 몸도 아프고 거기에다 바깥출입을 싫어하는 남편과 싸우는 것도 힘겨웠다.
　하루종일 파출부, 청소부 일을 하고 들어와도 아내를 믿지 못하는 남편과 매일 싸우는 것을 본 친구들이 도와줘서 백화점 내에 가게 하나 얻어 장사를 했는데 처음 1년은 곧잘 되어서 빚도 갚고 하였다. 그런데 작년 연말 백화점에서 바가지 세일한다고 TV에 나온 뒤부터는 영 장사가 되지 않아 돈을 빌려준 사람들은 빌려준 돈을 돌려 달라고 재촉이 심하고 도저히 살아갈 힘이 없었다.
　완전히 죽을 지경인 나에게 친구가 '현대관음기도영험록' 설법 테이프를 들어보라고 줘서 들어보았다. 영험록 테이프를 듣고 살 길이 열릴 듯하여 한 번도 뵙지 못한 성일 스님께 나의 절박한 사정을 편자로 자세히 써서 보내드리면서 구해 주실 것을 부탁드렸다.
　7월에 보낸 편지의 답장이 10월에야 왔다.

스님께서는 삶의 용기와 희망을 잃지 말라는 말씀과 설법 테이프, 기도책, 기도하는 방법을 자세히 적어 보내 주셨다.

그 때는 사는 게 너무나 힘들어서 '지옥에 떨어져도 좋으니 이것저것 보지 않아도 되는 죽음을 주십사' 하고 울고 있을 때였다.

스님의 답장과 선물을 보고 얼마나 감사한지 가느다란 희망을 가지고 기도를 시작하였다. 기도하는 도중 또 남편에게 얻어맞고 기진 맥진한 마음과 몸으로 그 밤에 술에 취해 성난 사자처럼 날뛰다 잠든 남편과 울고 있는 두 자식을 남겨 두고 아픈 마음으로 밤차를 타고 수원까지 서서 와서 내려 간신히 신흥사에 찾아왔다.

눈에 멍이 든 초라한 나를 스님은 따뜻이 맞아 주셨고, "다시 용기를 내어 천지가 개벽하도록 기도를 열심히 해 보자."고 하셨다.

자비로우신 신흥사 부처님께 밤을 지새며 울면서 기도하고 집으로 돌아 온 나는 새벽 3시면 일어나 찬물에 머리를 감고 지극한 마음으로 기도를 올렸다.

기도비를 올리기 위해 반찬값도 줄이고 잠자는 것도, 일하는 것도 모두 줄이고 오직 생활의 하나부터 열까지 기도 위주로 살게 되었다. 나와 자식을 살리는 길은 오직 업장을 소멸하는 기도를 하는 것뿐이라는 생각으로 가득 찼다.

이렇게 기도한 지 한 달쯤 되어 신흥사 부처님께 가서 천수 1,000독 기도를 하고 싶어 '재앙이 없어진다' 고 하여 빚이 있는 가운데서도 목에 걸었던 '卍' 자 목걸이를 팔아서 과일을 사고 기도 채비를 하여 신흥사에 갔다. 큰법당에서 밤을 새워 1,000독 기도를 하고 집에 돌아와서도 더욱 열심히 기도하는데 남편도 조금씩 나아지고 생활비도 주고 백화점 장사도 잘 되어 가정이 안정되어 가고 있었다.

그러던 어느 날 뜻밖에 어떤 사람이 평소에 남편이 그렇게도 원하던 업종의 공장 시설을 다해 놓고 운영을 못해 곤란을 겪다가 그 업종의 기술에 능숙한 남편을 초빙하여 모든 일을 맡겼다. 남편은 20년 만에 처음 찾아온 행운이라그 하면서 기쁨과 의욕이 대단했다. 일거리도 많아 남편의 마음은 점차 안정되었다. 밤마다 가족들을 괴롭히던 술 주정도 하지 않고, 절에 간다고 그렇게 욕하던 사람이 새벽에 식구들을 데리고 절에 가서 부처님께 간절히 예배드리는 걸 보고 그저 '신흥사 부처님, 스님, 감사합니다. 감사합니다' 만 마음속으로 수없이 되뇌었다.

그리고 두 번이나 더 그 먼 신흥사 부처님께 와서 1,000독 기도를 올리면서, 10년 두문불출 하루 4분 정근 9시간씩 기도를 하시는 스님을 뵙고 많은 감동을 받았다.

'우리 중생을 위해 하루 4번 많은 시간을 저토록 지극한 정성으로 기도를 해 주실 수 있을까' 하고 이렇게 달라진 우리 가정을 보고 다른 종교를 가졌던 친구도, 친정 어머니도 함께 신흥사에 오셔서 기도하고 가피를 입으셨다. 참으로 부처님의 자비는 크시고 크셔서 절망에 허덕이는 나와 이웃을 구해 주셨다.

〈1990년 신흥사보 6월호〉

기도 가피로 사십 세에 얻은 아들

보현심 윤순례

　남편은 교육 공무원으로 결혼 후 13년을 보내는 동안 평온하고 화목한 가정을 꾸며 나갔습니다. 특별히 종교를 가지고 싶은 생각도 없었고 평범한 나날이었습니다. 그러던 어느 날 남편이 학교를 그만두고 사업에 손을 대면서 새로이 시작한 사업에 대한 불안과 그 동안 정들었던 학교에 대한 미련으로 마음의 갈피를 잡지 못하고 방황하게 됐습니다.
　힘들 때면 종교가 생각나듯 시어머님이 불교를 믿어 볼 것을 권유하셨습니다. 편할 때는 안 찾다가 조금 힘들다고 부처님을 찾으려니 어쩐지 쑥스러웠습니다. 부처님을 찾는 것이 사업 잘 되고 내 한 몸 잘 되기를 기원하려는 생각이 아닌지 망설여졌습니다.
　시어머님의 끈질긴 권유로 한강 고수부지에서 열린 유등제에 참석하게 되었습니다. 돌아오는 길에 같은 아파트에 사는 신흥사에 다니는 보살님들을 만나서 부처님의 가르침을 듣게 되었습니다. 시어머님의 권유와 보살님들의 꾸준한 설득으로 절에 한 번 가 보아야겠다고 마음은 먹었으나 처음 시작한다는 것이 그렇게 생각처럼 쉬운 일은 아니었습니다.
　계속 미루고 미루다가 어느 날 나 스스로 신흥사를 찾았습니다.

주지스님을 찾아뵈었을 때 스님께서 "사람의 운명이란 타고난 대로만 살아가는 것이 아니라 기도를 통해서 얼마든지 바꿀 수 있다."고 하셔서 용기를 내어 기도 방법을 알려 달라고 부탁드렸습니다.

나는 그 날부터 주지스님의 말씀대로 하루에 3번 천수경 21편과 108참회로 21일 기도를 시작했습니다. 처음에는 108배를 한다는 것이 힘이 들어 그만둘까 하는 생각도 여러 번 했습니다. 그러나 기왕에 시작한 것 끝을 보자고 마음먹고 참고 견디며 21일 기도를 끝냈습니다. 처음엔 정말 고통과 괴로움의 나날이었습니다. 믿음도 확실치 않으면서 무작정 절만 한다는 생각도 들었습니다.

그러나 날이 갈수록 마음의 평온함을 느끼게 되었고 21일을 끝내고는 나도 할 수 있다는 자신감으로 이제는 100일 기도를 시작했습니다. 이렇게 시작된 기도가 거듭돼 지난 일 년은 기도의 나날이었습니다.

마침 신흥사에 일요 가족 법회가 있어 첫째, 셋째 일요일이면 온 가족이 부처님께 기도도 드리고, 부처님 말씀도 들을 기회도 가졌습니다. 이렇게 초발심으로 지내던 중에 90년 3월 신흥사에서 9일간의 칠성 기도를 올리신다기에 그 기도도 하루도 빠지지 않고 다녔습니다.

이렇게 기도를 하던 중 11년 만에 임신을 하게 되었습니다. 40살의 나이에 아기를 낳아야 할까? 고민도 많았습니다. 현재 14살과 12살의 두 딸이 있기에 고민을 더했는지도 모릅니다. 그러나 스님께서 말씀하시길 부처님께서 주신 자식이니 더 열심히 기도하라고 하시며, 인연이 되어 생긴 아기니 낳으라고 하셨습니다.

저는 지난 여름 무거운 몸으로 1080배를 두 번이나 했습니다.

오직 '관세음보살'을 염송하며 힘든 것을 이겨냈습니다. 그 동안 여러 번의 어려움도 있었으나 '부처님이 주신 자식이니 부처님이 지켜 주시겠지' 하는 마음으로 기도하며 나날을 보냈습니다.

이렇게 지내던 겨울날(12월 2일) 우리 아기가 세상에 태어났습니다. 건강한 사내아이였습니다. 저와 가족들은 너무나 기뻤습니다. 40대의 임신이어서 걱정과 두려움도 많았는데 순산이었습니다. '부처님 감사합니다'를 연신 외우며 감사의 눈물을 흘렸습니다. 기도로 보낸 지난 해의 결과가 우리 아기인 것 같아 부처님께 더욱 감사했습니다.

아기 이름을 병은이라고 하고 연비부터 받았습니다. 부처님이 주신 아기니 부처님께 먼저 인사를 드린 것입니다. 남편의 사업도 궤도에 올라 원만하게 풀려 나가고 시아버님께서 그렇게 기다리시던 손자도 낳았으니 이 모두가 부처님의 가피가 아니고 그 무엇이겠습니까.

마침 우리 주지스님의 1,000일 기도 회향 및 입재일에 우리 아기가 수계를 받을 수 있게 되었으며 '홍조'라는 법명까지 받았습니다. 큰스님께 깊이 감사드립니다.

요즈음도 저녁이면 우리 아기와 같이 '관세음보살 보문품' 기도를 하며 항상 우리 아기가 총명하고 건강하게 무럭무럭 자라게 해 주시는 부처님의 자비에 감사드리며 기도드립니다.

우리 아기는 부처님 아이입니다. 기도로 태어나서 부처님께 감사한 것이 아니라 내 마음속에 부처님이 충만할 때 태어난 아이라서 어릴 때부터 불법을 가까이 할 수 있어 감사합니다.

시부모님과 함께 기도를 하면서 우리 병은이가 자라서 경문을 읽고 해석해 줄 수 있는 날이 빨리 오기를 바랍니다. 병은이가 읽어 주는 법문을 들을 날이 기다려집니다.

  부처님을 몰랐던 때를 생각해 보면 기도를 통해 매일 매일의 삶을 성실하게 보내길 다짐하는 요즘의 날들이 참으로 충실하게 느껴집니다.

  이 글을 쓰면서도 '부처님 감사합니다'라는 말이 계속 나옵니다. 믿음 때문에 나날이 얼마나 좋아졌는지 믿음이 없는 분들께 정말로 알리고 싶습니다.

  "부처님 감사합니다."

〈불기2535(1991)년 신흥사보 9월호〉

부처님! 저의 아들 다만 인간다운 인간이 되게 해 주소서

김신행화

여러 가지로 힘들고 어려운 때 친구의 소개로 신흥사를 찾게 되었다. 스님께선 반갑게 맞이해 주시며 부처님 품안처럼 포근하게 감싸주셨다. 열심히 기도하라는 스님의 말씀에 무언가 마음에 와 닿기에 우리 부부는 서울에서 경기도 화성 신흥사까지 매주 한 주도 거르지 않고 열심히 다니게 되었다.

그러던 어느 날 내 가슴속의 너무 답답한 사연을 스님께 말씀드리게 되었다. 큰아들 윤호 얘기였다. 윤호는 퍽이나 온순하고 말이 없는 편이었다. 학업 성적도 상위권에 속했고 언제나 내 마음에 들게만 행동을 했었기에 마음놓고 직장 생활을 할 수 있었다.

그런데 어느 날 윤호가 폭발을 했다. 나에게 대들며 어머니는 남의 자식 가르치려고 하지 말고 자기 자식들이나 제대로 가르치라는 윤호의 말에 나는 너무나 큰 충격을 받아 온몸에 맥이 풀려 그 자리에 주저앉고 말았다.

윤호는 학교 갔다 오면 책가방을 문짝이 부서져라고 내던졌고 방문을 닫고 소리소리 지르며 울곤 했었다. 나는 영문을 모르고 타일러도 봤고 같이 울어도 봤고 애원도 해보았으나 날이 갈수록 윤호의 횡포는 심해져서 도저히 견딜 수 없어 20여 년 동안 몸담아 오던 직장을 드디어 정리하고 집에서 살림을 살게 되었다.
　윤호가 귀가할 시간이면 책가방을 받아 주며 반가이 맞아 주었고 그 동안 못했던 엄마 노릇을 해 보려고 안간힘을 다 쏟았으나 그것도 잠시뿐 도저히 감당하기 힘들 정도로 나를 괴롭혔다. 그러나 한 가지 희망은 윤호는 울면서도 공부는 했었고 울면서도 책은 손에서 떼지 않았기에 그래도 윤호의 그 태도에 희망을 걸고 의지를 했었다.
　나는 언제나 쫓기는 사람처럼 불안, 초조했었고 윤호가 학교에서 돌아올 시간이면 안절부절하며 온몸에 식은땀이 흘렸고 기말시험 때가 돌아오면 온 집안 식구들을 초긴장 속으로 몰아넣었다. 자식이 아니라 상전이었다. 어느 때부터인가 우리 집안은 웃음을 잃게 되었다. 내 자식 험담을 어디다 하소연할 때도 없었고 설령 있다 하더라도 창피한 일이라 속상한 마음은 이루 말할 수 없었다.
　견디다 못해 스님께 말씀드렸더니 윤호를 한 번 데리고 오라는 말씀에 나는 수단과 방법을 동원해서 윤호를 스님에게 데리고 가게 되었다. 스님께선 우선 조상님께 천도재를 올리고 구병시식을 해보라는 말씀에 감사한 마음으로 받아들이게 되었다. 물론 윤호에게 좋은 말씀과 좋은 글귀를 주시며 많은 설법도 해주셨다.
　그 뒤로 윤호는 부처님 말씀의 뜻이 조금은 이해가 가는지 차츰 수그러들며 부처님께 기도하는 마음을 가지기 시작했다. 나는 얼마나 반가운지 이 때다 싶어 스님께서 말씀해 주신 대로 새벽기도를 시작했다. 새벽 4시에서 5시까지 천수경 21편을 독송하고 관세음보살님 주력을 천 번 독송하고 끝으로 발원하기를 부처님께, '우리 윤호를 올바른 인간이 되게 지혜를 주시옵소서'라고 3년 기도를 시작하게 되었다.

기도 중에 몇 번이고 아들은 나를 좌절시켰지만 꾹 참고 또 참으며 부처님께 혼신을 다해 정성껏 기도를 드렸다. 기도하는 3년 동안 어느 누구의 애경사에도 참석하지 않았고 오로지 윤호를 위해 기도에만 전심전력을 다 쏟았다. 시댁에도 미리 양해를 얻어 생신 때나 명절 때도 당일날 갔다 오는 등 목숨을 걸고 부처님께 기도에만 전념했었다.
　그런데 어느 날 윤호는 3년 동안 저축해 둔 통장을 내게 주면서 부처님께 올리고 싶다고 했다. 나는 너무 감사하고 반가운 일이라 신흥사 스님께 달려가 말씀드렸더니 너무 기뻐하시며 풍경 시주를 하면 공부하는 아이들에게는 좋다고 말씀하셨다. 그 후로 윤호는 폭풍우 같았던 성격이 조금씩 수그러져 갔었고 어느덧 3년이 지나 대학 입시라는 관문이 가슴을 꽉 막히게 했었다. 나는 생사를 걸고 언제나 정확한 새벽 4시에서 5시까지 새벽기도를 했기 때문에 그래도 부처님께서 도와주시리라는 마음 든든한 곳은 있었다. 윤호는 이제부터는 폭력은 수그러지면서 자기 자신에게 불안해 했었다.
　나는 윤호에게 우리는 든든한 부처님 배경이 있으니 조금도 걱정하지 말라고 했었다. 그리고 윤호에게 기도하는 방법을 가르쳐 주었다. 새벽시간은 잠이 부족하니까 잠들기 직전에 기도하라고 일러주었다. 다행히도 거부하지 않고 열심히 기도해 주는 윤호가 측은하기도 하고 기특하기도 했다. 고3이 되니 짐이 무거운지 이제 신경질은 아주 멀리 가고 기도에만 전념을 하게 된 윤호는 제법 어른스런 말들도 했다.
　나는 3년 동안 기도하면서 단 한 번도 부처님께 윤호가 대학에 합격하게 해 달라고 기도하지는 않았다. 다만 '인간다운 인간이 되게 해주소서.'라고만 간곡히 기도 드렸다. 어느 때는 기도 중에 내 설움에 복받쳐 흐느낀 적도 한두 번이 아니었다. 힘들고 고된 하루하루를 보내다 보니 드디어 대학 입시 일주일을 앞두고 입학 원서 결정을 하게 되었다.

  학교에서는 서울대를 지원해보라는 담임 선생님의 의견에 완강히 거부하고 나는 연세대 원서를 사 왔다. 윤호의 평균 점수보다 20점을 낮추어 접수를 하고 나니 마음이 아주 편했고 윤호도 편한 마음으로 공부를 하게 되었다. 우리 네 가족은 모두 마음을 비우고 똑같이 한마음으로 입시생을 위해 기도했다.

  나는 입학 원서를 기도상 위에 놓고 매일 기도했었고 접수하고 난 후에도 매일 기도했었다. 초조하게 기다리던 12월 17일 숨막히는 대학입시날이 왔었다. 가족들 모르게 새벽에 약수터 물을 길어다 기도상에 올려놓고 기도 올린 후 그 물로 보리차와 커피를 끓여서 입시생 도시락에 넣어서 고사장에 들여보냈다. 고사장에 아들 녀석을 들여보내고 나니 웬 눈물이 그렇게도 펑펑 쏟아지는지 눈물을 도저히 감당하기 어려워 또 기도드렸다.

  '부처님? 아들 녀석은 일생을 좌우하는 시험을 치르는데 어미가 돼서 방정스럽게 눈물이 마구 쏟아지니 이게 웬일입니까!' 하면서 마음속으로 외치며 혀를 깨물고 운동장에서 기도를 또 시작했다. 다른 부모들은 집으로 돌아가고 몇몇 부모들만 운동장에 남아 있었다. 그 날 유달리도 비가 주룩주룩 내렸으나 추운 줄도 모르고 배고픈 줄도 모르고 기도를 했다.

  1시간 하고 10분 쉬고 해서 10시간 정도 기도를 하고 나니 입 안에 모래알 같은 혓바늘이 돋았다. 어느덧 저녁 때가 되어 가니 수험생이 하나둘 밖으로 나오는데 윤호만 나오지 않아 그 순간 초조한 그 마음은 이 세상 수험생을 둔 부모님들은 다 아시리라 믿는다.

맨 마지막에 윤호의 얼굴이 보여 조심스럽게 다가갔더니 빙긋이 웃으며 첫마디가 "어머니, 합격할 것 같아요."였다. 그 순간 나는 폭포수 같은 눈물을 감당할 수가 없어 마음놓고 실컷 울어 버렸다. 평소에 시험을 아무리 잘 봐도 못 봤다고 하는 아들이었기에 이번엔 과연 잘 봤구나 싶어 '부처님 감사합니다'를 수백 번도 더 외치며 우리 가족들은 그 날 바로 외식하러 야외로 가자고 하여 간단한 파티를 했었다. 합격자 발표도 나기 전에 웬 파티냐는 생각도 들었지만 나는 크나크신 부처님의 은혜를 한 몸에 받았다는 확신이 있었기에 그 날 이후로 합격자 발표 때까지 조금도 불안하지 않았고 더구나 우수한 성적으로 합격했기에 지금도 부처님의 은혜를 어떻게 갚느냐를 가슴속 깊이 새기며 하루하루를 살고 있다.

그 후 윤호는 나에게 간단한 편지를 주었다.

"어머니! 어머니께서 저를 위해 피눈물나게 기도해 주신 은혜를 평생 다 갚을 수 없을 거예요."

이 한 마디에 그 동안 쌓였던 응어리는 봄눈 녹듯이 다 녹아 버리고 오로지 지금은 '부처님 감사합니다'라는 기도에만 전념하며 하루 일과를 보람있게 보내고 있다. 부처님의 가피로 윤호는 대학 합격 후 아르바이트로 번 돈은 모두 다 부처님께 올리라고 나에게 주며 "어머니, 그 동안 수고하셨습니다." 하는 그 말에 나는 또 한 번 부처님께 감사드렸다.

윤호는 꿈이 있다면 앞으로 공부 열심히 해서 부처님 은혜를 갚는 게 꿈이라며 우리 나라에서 제일 큰 신흥사 법당을 만들어 보겠다고 포부를 말했다. 나는 또 한 번 외치고 싶다. 이렇게 부처님의 은혜는 불가사의하다고….

부처님 정말 고맙습니다.

〈불기 2537(1993)년 신흥사보 4월호〉

두 달밖에 살지 못한다는 남편, 기도 정성으로 살아나다

노승란

지나간 겨울은 제게는 그 어느 해보다도 춥고 지루했던 계절이었습니다. 지금은 꿈이었던가 싶습니다. 늘 진이 아빠의 건강을 염려해 왔지만 C.T 검사 결과가 너무나도 엄청났고 뜻밖이었기에 오진일 거라고 믿고 싶었습니다. 간경화 말기 지방간 신장과 위장장애 등 합병증으로 소견서를 내미는 의료진 앞에서 "어떻게든 살 수만 있게 해주십시오." 매달려 보았지만 여전히 고개를 내젓는 의료진들은 병원에서는 손을 쓸 수 없는 단계이니 댁으로 돌아가라는 말밖에는, 의학의 한계를 느낀다는 것이었습니다.

"입원이라도 하게 해주십시오, 어떻게 단 하루 입원도 해보지 않고 귀가 조치입니까?"

"환자의 상태 정도로는 입원했던 분도 퇴원 조치밖에는 없습니다."

"그렇다면 솔직하게 다 말씀해 주십시오."

"환자는 이제 모든 것을 정리해야 합니다. 가족들과 함께 할 수 있는 시간은 아주 짧습니다. 길면 2개월 정도입니다."

위와 같이 갑작스럽게 닥쳐온 현실 앞에 흔들리는 마음을 달래려고 신흥사에서 가져온 영험록 테이프를 들었습니다. 어려운 일이 있을 때는 부처님 앞에 기도를 해야 한다고 법문하시는 스님 말씀에 '그래, 이렇게 우왕좌왕 시간을 보낼 것이 아니라 신흥사로 가자, 부처님 도량에 가면 길이 있겠지.' 하는 생각으로 마다하는 진이 아빠에게 "마지막 소원입니다. 단 한 번도 제 말을 들어 준 적이 없으니 마지막 소원을 들어주십시오."라고 남편에게 부탁해서, 마지막 소원이라면 들어주겠다는 남편과 함께 신흥사에 와 기도입재를 했습니다.

처음에는 남편이 몸을 가누지 못해 절을 못하던 생각을 하면 '늘 지혜와 자비의 길을 열어 주신 부처님께 수없이 감사를 드립니다.' 라는 말이 절로 나옵니다. 기도 중 1차 중간 검사와 2차 중간 검사를 받은 결과 병원 측은 깜짝 놀랐습니다. 병간호를 어떻게 했기에 이런 좋은 결과가 나올 수 있느냐는 물음이었습니다. 병이 거의 다 나아져 있다는 의사 선생님 말씀에 "부처님 가피입니다."라고 대답했습니다.

"세상에는 불가사의한 일이 있다더니 정말이군요."하며 천주교 신자인 의사 선생님께서도 부처님 가피에 감탄하셨습니다.

이렇게 남편이 회생한 것은 신흥사 스님들과 진이 아빠가 열심히 하루 사분 정근을 지극 정성으로 기도한 덕분입니다. 부처님 오신날 준비를 하는 진이 아빠를 보았습니다. 제등행렬에 쓰일 연꽃 수레를 준비하고 있는 모습은 건강하고 신심이 가득한 그런 든든한 모습이었습니다.

이제 며칠 있으면 백일기도 회향일입니다. 함께 살아서 숨쉴 수 있도록 가피를 주신 부처님께 감사할 따름입니다. 스님 여러 가지로 마음 써 주셔서 감사합니다. 힘과 용기를 주신 자비로움 잊지 않고 열심히 부처님 말씀 배우며 타의 모범이 되도록 살겠습니다.

지금은 감사하다는 글밖에는 드릴 것이 없습니다. 올 때의 마음이나 돌아갈 때의 마음이나 스님께 부끄럽기만 합니다.

　스님 정말 감사합니다. 부처님 감사합니다. 어떤 어려움이 있더라도 부처님께 감사드리며 열심히 살겠습니다.

〈불기 2537(1993)년 신흥사보 8월호〉

실직의 아픔을 기도와 봉사로 극복하고
부처님의 가피로 새 직장에 나가다

정법 신현덕

　큰 제약회사의 부장직에서 열심히 일했던 나는 IMF한파가 닥치면서 바로 실직의 아픔을 겪게 되었다. 올해 대학과 고등학교에 입학한 두 아들이 있고 보니 한창 돈들 때인데 실직은 청천벽력이었다. 며칠새 명랑한 얼굴에 수심의 그림자와 눈에 띄게 수척한 내 모습에 주지스님은 더 걱정스러워하셨다. 그 동안 절에 열심히 다녔고 법회와 수련 때 시간과 성의를 다하여 신흥사 포교를 도왔는데 이 일을 어쩌나? 하고 나에게 자상하게 말씀해주셨다.
　"많은 사람들이 함께 겪는 일이니까 너무 마음 상하지 말고 100일 기도 시작하여 지성껏 기도하고 법회에 봉사 열심히 하면 우선 마음이 안정될 겁니다. 그 동안 어려울 때를 대비해서 저축한 것으로 아껴 생활하다 보면 기도 가피로 새 일자리가 생겨 일할 수 있습니다. 하지만 지금 고통스럽다고 해서 정신적 육체적인 건강을 잃으면 나중에 일자리가 나서도 하지 못합니다. 항상 밝은 마음 밝은 얼굴로 생활하시면 부처님께서 다 돌보아 주실 것입니다."
　라는 스님 말씀을 듣고 기도를 시작한 나는 직장도 열심히 알아보면서, 우선 아파트 건축 현장에 나가 힘든 막노동을 하였고 아내는 평소에 취미로 배워 두었던 홈패션 솜씨를 살려 봉재공장에 취직하고, 아이들은 열심히 공부하여 장학생이 되었다.

불심으로 다져진 온 가족은 한마음이 되어 용기를 잃지 않고 자기들 일을 열심히 하였다. 학생회 회장인 큰아들 녀석도 일요법회에 와서 아버지 직장 잘 되게 해 달라고 부처님께 열심히 기도하였다고 나중에 이야기하였다. 처음 해 보는 고된 막노동을 하루 종일 하고 저녁에 돌아오면 너무 힘들어서 내일 일어나지 못할 것 같았지만 기도는 열심히 하였다. 기도 시작한 지 80일 되던 날 드디어 큰 제약회사 부장 자리에 새로 취직이 되었다. 그 기쁨이란 말로 다할 수가 없었다. 부처님께 너무나 감사하였다.

아파트 현장에서 40일 막노동한 적은 노임과 봉재공장에서 받은 아내의 두 달 월급을 고스란히 그대로 절에 가지고 와서 우리 부부는 "이 돈은 너무나 힘들게 번 돈이라서 우리가 한푼도 쓸 수가 없었습니다. 모두 불사비로 써주십시오."

새 회사에서는 사장님 이하 경영진과 여러 이사님들이 모두 좋아하시면서 "열심히 공부하여 여기까지 온 것이 대견하군요. 우리 회사는 정년 퇴직이 없어요. 가능하다면 박사 학위까지 계속하시지요. 시간을 투자할 테니까." 하신 말씀들이 나를 더욱 열심히 살도록 하는 힘이 되었고 퇴직금을 제일 먼저 성의껏 부처님께 올리면서 더욱 더 열심히 정진하여 신행 생활할 것을 다짐하였습니다.

"부처님, 이번 학기가 석사 논문 마지막 학기입니다. 비록 시간은 부족하지만 신흥사에서 할 수 있는 일을 열심히 하도록 용기를 주십시오." 이러한 모든 어려움을 부처님의 가르침으로 인내하고 극복할 수 있고 또 좋은 일이 있게 해 주신 부처님 감사합니다.

〈불기 2542(1998)년 신흥사보 6월호〉

남매 다 명문 대학에 입학한 것은 부처님의 가피입니다

자연성 정지윤

　서울대 의예과에 원서를 넣고 난 다음날 새벽 꿈에서 서류를 넘기고 돌아간 남편을 보았습니다. 저는 그걸 보면 뭘 아느냐고 물었고 그는 "잘 알지" 하고 대답했는데 겉 표지에 딸과 함께 전교에서 등수를 다투는 2명과 함께 딸 이름이 크게 부각되어 보이면서 딸 이름 칸만 네온사인이 들어온 것처럼 환해 보였습니다. "딸도 기도를 했지만 당신이 열심히 부처님께 기도해서 그렇지!" 하면서 그는 사라져 버렸습니다. 그 해 여름 신흥사에서 천도재를 지내고 난 뒤 계속 기도해 온 것을 의미하는 듯했습니다.
　그 이후 딸은 대학 입시 전후로 너무 긴장해서인지 열 이틀간이나 신경성 대장염을 앓았는데 정작 시험치는 당일에는 멀쩡해졌고 최상의 컨디션으로 시험을 잘 치렀습니다.
　그 뒤 또 한번 부처님의 은덕에 감사드릴 일이 있었습니다. 딸이 서울대학교 의과대학을 다니면서 영하의 추운 날에도 실험실의 포르말린 냄새 때문에 창문을 열어 놓고 실험을 하는 날이 많았는데 팔다리에 냉기가 장기간 스며들었던지 6개월 이상이나 양약 치료도 한방 치료도 듣지 않아 신흥사 주지스님께 특별 기도를 부탁했습니다. 신기하게도 기도한 날부터 몸이 가벼워지는 듯하더니 점차 나아졌습니다.

　이번 입시에 서강대 전자 컴퓨터 공학과에 특차로 합격한 아들은 딸이 대학에 들어가던 해에 중 1이 되었습니다. 아들이 14개월일 때 남편을 여의었는데 어릴 땐 분리 불안 증세가 심해서 낮이고 밤이고 잠을 잘 안 잤고 시댁에서 유래 없는 떼쟁이라고 불릴 정도로 고집이 세어서 키우기가 어려웠습니다. 그랬었기에 우등생으로 초등학교를 졸업하고 중학교에 입학하는 날은 감회가 남달랐습니다.

　중1 겨울 방학을 넘기면서 공부를 소홀히 한다는 느낌을 받았는데 명랑한 성격이라도 속마음을 잘 안 털어놓는 성격이라 드문드문 지나가듯 하던 말과 관찰한 것을 토대로 종합해 보니 고등학교 때는 컴퓨터 프로그램을 개발하고 졸업하자마자 사업을 할 생각인 것 같았습니다. 최근에는 컴퓨터 프로그램을 개발하는 회사를 차린 고등학생 사장도 있지만, 그 시기에 아들은 여느 아이들처럼 막연히 그런 꿈만 꾸면서 어느 정도 수준에서 컴퓨터를 다루는 정도였지 거기에 미치도록 몰두하는 것도 아니었습니다.

　아들이 어느 시기엔가 철이 들어서 공부하려고 할 때쯤 중요 과목 기초가 약하면 정작 자신이 대학에 진학하려고 할 때 컴퓨터 분야 전공의 꿈이 멀어질지도 몰라서 걱정이 되었습니다. 학원 과외든지 개인 과외든지 다 거절해 버리니 방학에라도 수학은 쓰며 풀도록 하고 영어는 저와 딸이 기초를 잃지 않도록 도와주었지만 혹 아들이 엄마가 자신을 공부 잘하는 누나와 비교하여 미덥지 않게 생각하고 있다고 오해할지 몰라서 조심스럽게 대했습니다. 때로는 안타깝고 불안한 마음이 들어서 기도를 하며 기다리기로 했습니다.

　중3 여름방학 전 아들이 자신은 사회 경험도 없고 우리 나라 현실상 대학을 진학해야 할 것 같다면서 지금부터 공부를 열심히 하겠노라고 학원을 보내 달라고 요청했습니다. 그 뒤로는 공부를 나름대로 하기는 하는 것 같았는데 고3이 되기 전까지 성적이 계속 하향 곡선을 그리는 것은 스스로 머리가 좀 좋다고 믿는 구석이 있어서 치밀하게 공부하지 않은 탓도 있는 듯했습니다. 고2 겨울 방학 때는 본격적으로 당구장 출입을 자주 하는 것을 눈치채고 직접 가서 데리고 오고 싶었지만 나이도 어느 정도 든 만큼 친구들 앞에서 체면도 말이 아닐 거고 마음속으로 스스로 깨달아야지 몸만 와서는 될 일도 아니다 싶어서 참았습니다.

고3 여름 방학이 시작되면서 예전보다는 나아진 학습 태도를 보였지만 안심할 만한 정도는 아니었습니다.

가만히 생각해 보니 걱정하는 마음도 기도에 장애가 될 것도 같고, 시댁 종손인 장조카가 집안 어른들의 반대를 무릅쓰고 몇 년째 조상님들의 기제사를 몰아서 한 날에 지내고 있기에 더 기도를 열심히 하는 계기를 삼아야겠다고 생각하고 정초에도 천도재를 지낸 적이 있었지만 대학 입시 한 달을 앞두고 신흥사에서 또 천도재를 지냈습니다. 그 이후 아들은 마음을 잡고 눈에 띄게 열심히 공부했습니다. 수능시험을 보러 가던 날 아들이 친구 좋아하고 노는 걸 좋아하는 자신을 끝까지 포기 않고 이끌어 준 어머니께 감사드린다고 했습니다. 합격 통지서를 받던 날, 어머니의 정성이 오늘의 자신을 있게 했다고 말하더군요.

남편을 여의고 18년이 다 되어 갑니다만 어려움에 처할 때마다 부처님전에 기도했습니다. 오늘날까지 저희 가족이 잘 지내게 된 것은 저희를 이끌어 주신 스님들과 불보살님의 지극하신 은덕이라고 생각합니다.

〈불기 2543(1999)년 신흥사보 2월호〉

진정한 참회와 간절한 기도로
남편의 어려웠던 직장은 안정이 되고

묘련화 이은희

제가 신흥사와 인연을 맺은 것은 11년쯤 되었습니다. 그 동안 크고 작은 부처님의 가피도 많았지만, 그 중 작년의 일은 아직도 너무 깊은 감사로 남아 이렇게 이야기하고자 합니다.

작년 말경쯤 남편은 제게 회사에 문제가 있어 그만두어야 할 것 같다며 마음의 준비를 하라고 하더군요. 당시 상황은 뇌물을 받았다는 모함의 투고가 사장님에게 들어갔다는 것이었습니다. 평소 남편의 성품을 아시던 사장님께서는 묵고해 주셨죠. 그러자 일주일에 거쳐서 2차, 3차 투고가 회장님 앞으로 들어왔다는 것이었어요. 조금은 고집스럽고 융통성은 부족하지만 어떠한 경우라도 사리 분별은 분명한 사람이기에 확신을 갖고 싶은 마음에 큰스님께 여쭈어 보기로 마음을 먹었답니다. 그리고 스님께 "제 남편이 잘못이 없는데 회사에서 이런 저런 일로 힘들어하니 어찌하면 좋을까요."라고 여쭈었습니다.

헌데 의외로 저희 사정을 믿어 주시고 위로해 주실 줄 알았던 주지스님께서는 단호한 모습으로 제게 호통을 치셨습니다.

"네가 어떻게 네 남편이 잘못이 없다고 말할 수 있겠느냐. 잘못이 없다면 그와 같은 억울함을 받을 수 있겠느냐?"는 말씀이셨어요. "네…." 하고 목을 움츠리며 돌아오는 저의 마음은 너무도 공허하고 서운하였습니다. 그래도 우리 스님께서는 진실을 믿어주시리라고 믿었는데 하는 마음이 주지스님의 호통과 함께 저의 귓전과 가슴을 아프게 두들기는 것이었어요.

그 날 밤을 하얗게 밝히면서 생각했습니다. 그리고 깨달았습니다. 스님께서 저에게 호통을 치셨던 의중이 무엇인지 조금씩 알게 되었습니다.

'그래 맞아. 나는 그 동안 부처님의 가르침과 스님께 그 많은 시간 동안 법문을 들었는데 무엇을 들었단 말인가. 전생의 업연과 과보, 바로 그 말씀이셨는데 내가 미처 깨닫지 못하고 섭섭한 마음을 내었다.'
라고 생각하니 주지스님께 죄송하고 부끄럽기 그지 없었습니다. 그래서 정성껏 신중 기도를 올리고 그 날부터 21일간 부처님전에 108배, 신중님전에 324배를 올리며 기도에 들어갔죠. 헌데 회사 사정은 더욱 급박하게 움직이고 그 동안에 성실했던 남편의 삶은 거짓이 되어 버리는 상황이 계속됐습니다.

저의 권유로 남편은 아침마다 부처님전에 예를 올리고 모든 것을 부처님께 믿고 의지하기 시작했습니다. 그리고 저는 업연을 풀기에 부족함이 많다는 생각에 1000독 다라니 기도를 시작했습니다. 그래도 남편의 일은 다른 계열사까지 감사에 들어가고 여러 문제로 확산이 되어 협박과 지탄의 목소리가 거세져만 갔습니다. 급기야 남편은 가족들의 신변까지 걱정하더군요. 정말 걱정이 되었습니다.

하지만 부처님께 모든 것을 맡겼지요. 그리고 기도 드렸습니다.

마음속 깊은 곳에서 업연을 쌓은 전생 업보에 대하여 진정한 참회를 하였고, 또 우리를 해하려고 하는 그 분의 마음 가운데 부처님의 자비와 가피 원력으로 쌓인 업을 소멸하고 뜻하는 바를 진정으로 이루어지게 되기를 부처님께 발원하였어요. 그리고 하루에 3,240배의 절과 신중님전에 324배를 시작했습니다.

그러자 다음날 투고를 보낸 사람이 찾아와 협상을 요구하는 것이었습니다. 제가 3일간의 3,000배를 마치고 신중님전 21일기도를 회향하고 깨끗한 마음이 나질 않아 다시 집에서 다라니 기도 1,000독을 마치자 남편이 전화를 하였더군요. 투고를 낸 사람이 남편 일에 대한 잘못을 시인하고 회사를 그만두었다고 말입니다.

그 분이 사표를 냈다는 말에 기쁘지는 않았습니다. 죄송하였어요. 그렇지만 감사했습니다. 부처님의 가피력으로 조금이나마 쌓인 응어리가 풀리는 듯하였기 때문이었지요. 그러한 문제들이 있은 뒤에도 회사에는 인사문제 등 여러 가지 현안들이 아직 산재해 있었습니다. 여러 사람들이 명퇴나 잇따른 책임을 추궁 당해 회사를 그만두었지요. 하지만 저의 남편은 되려 1999년 마지막날에 모든 문제가 전화위복의 상태로 무사히 마무리되어 건강히 직장 생활을 하고 있습니다.

정말 부처님께서는 진정한 참회와 간절한 마음을 담아 불보살님전에 기도하면 어떠한 경우라도 우리들의 서원을 들어주십니다. 작은 것을 작다고 하지 않으시고 정성과 마음을 보시는 부처님은 언제나 우리 곁에 계신답니다. 구석진 어느 자리에서 드러내지 못하고 올리는 작은 기도도 모두 기억하고 계시며, 마음 자리 편치 못한 중생들의 마음을 넘나들며 우리의 마음을 챙기고 계시는 부처님. 그리고 항상 속세의 늪에서 헤매는 우리들을 깨닫게 하고 보듬어 주시는 주지스님. 수많은 시간과 정성으로 우리들을 구제하고자 끊임없이 정진하시는 주지스님의 크신 가르침으로 이 어려운 고비를 잘 넘길 수 있게 되었습니다. 이 감사함을 무엇으로 형용하겠습니까.

여러분, 세상에는 시련과 고통으로 신음하게 되는 일이 빈번히 발생합니다. 그러나 모든 것은 나의 전생과 부지불식간의 나의 잘못들 때문입니다. 그리고 그 모든 업장들은 나의 참회와 간절한 기도로 극복이 된다는 것을 저는 배웠음을 말씀드립니다. 그리고 여러분들도 저와 같은 감사함을 느끼게 되고, 모든 도반과 서원이 함께 이루어지길 부처님전에 간절히 발원합니다.

〈불기 2544(2000)년 신흥사보 1월〉

10년기도 회향 만등불사에 등 달고 남편이 취직되다

서울 김영순

우선 제 소개를 해야겠어요. 저는 영등포구 신길1동에 사는 김영순이라고 하는 신자입니다. 삼사 년 전 큰언니의 권유로 신흥사에 축원을 드리기 위해 등을 단 적이 있습니다. 남편이 실직을 하여서 축원을 드리기 위해서였습니다. 스님의 정성어린 축원과 저희 부부의 기도를 부처님께서는 들어주셨습니다. 남편이 새 직장을 얻어 새로운 인생이 열린 기분입니다.

저희 부부가 경제적인 어려움을 겪는 통에 부처님전에 시주 한 번 제대로 올리지 못하는데 스님께서 정성껏 보내 주신 신흥사보를 매달 열심히 읽었습니다. 힘들고 어려울 때 큰 위로가 되었고 원망을 할 때는 용서를 하는 법을 가르쳐 주셨고 기도를 할 때는 마음이 부자가 되게 하였습니다.

그 당시만 해도 저는 믿음이 부족한 신자로 절에 지성을 드리러 가는 것을 부끄럽게 생각하던 때였답니다. 그러나 스님께서 보내 주신 사보를 읽고 이제는 부처님께 기도를 드리는 일을 부끄러워하지 않습니다. 요즘은 시간만 나면 절에 가서 기도를 드리는 걸 즐거워하고 있습니다.

부처님 은덕에 남편도 취직이 되고 넓지는 않지만 전에 살던 집

보다는 따뜻하고 아늑한 집으로 이사도 했습니다. 이제는 부처님의 공덕을 의심하지 않습니다.

  진심으로 스님께 감사드립니다. 언젠가 저희 부부에게도 조금이나마 여유가 생긴다면 신흥사에 찾아가 기도를 드릴 날도 생기겠지요. 이만 줄이겠습니다. 스님의 축원에 감사드립니다.

〈불기 2543(1999)년〉

2500일 기도가피로 남편의 사업은 번창하고

보련화 장세란

　모든 기도와 공양과 보시는 집착함 없이 하라고 부처님께서 말씀하셨습니다. 그래서 더욱 부끄럽습니다. 부족한 글 보시고 한 불자님이라도 기도를 하겠다고 신심을 내신다면 그 또한 큰 포교라 생각하기에 부족한 글을 씁니다.
　처음에는 좋다고 하니까 기도상을 갖추지도 않고 몇 년 동안 집에서 기도하던 중 94년 5월에 신흥사 큰스님 설법 테이프를 전해받아 열심히 들었습니다. 정말 큰스님 설법 테이프는 무명에서 헤매는 한 중생을 새로운 부처님 세계에 다시 태어나게 했다고 해도 과언이 아니었습니다.
　큰스님 테이프를 듣고 기도에 확신이 생긴 그 해 6월, 둘째 아이를 출산하고 2개월도 되지 않아 신흥사 법당에 아이를 눕혀 놓고 기도를 하는데 너무나 많은 참회와 감동에 가슴이 벅차 왔습니다. 나도 이제는 부처님 곁에서 부처님을 느끼면서 기도를 할 수 있겠다는 생각으로 스님께 기도를 입재하였습니다. 열 마디도 하시지 않았지만 수만 마디의 말보다 더 큰 확신과 신심을 주셨습니다.
　그 기도로 인해 저희 가정은 많이 좋아졌습니다. 절에 가는 날 외에는 외출 없이 남편 사업 번창, 귀인 상봉이라는 발원을 가지고 열심히 기도한 가피로 스님께서 항상 말씀하신 '나를 도와주는 사람을 만나는 것이 귀인 상봉이다.' 는 것이 꼭 맞았습니다. 국내외 가는 곳곳마다 귀인 상봉하여 LG연구소에서 나온 네 명 중에 가장 빨리 자리잡는다고 모두가 다 부러워하기도 했습니다.

남편이 무역 쪽의 일을 하게 되었는데 사무실도 조금 큰 곳으로 옮기고 집도 사게 되었습니다. 어느 날 기도 중에 문득 스님께 가사 한 벌을 해 드리고 싶다고 마음먹고 있었는데 그 중 큰일 하나가 다른 팀으로 넘어갈 것 같다기에 실망도 되었지만 부처님과의 약속이라 부처님 전에 올리고 오니 다 넘어가던 일이 다시 우리에게 오게 되었다기에 저는 합장하고 부처님께 감사의 기도를 했습니다.

IMF로 인해서 모두가 다 어렵다고 할 때 무역 쪽 일이라 조금 덕도 보았고 아파트도 생각지도 않았는데 시(市) 자금을 얻어서 쉽게 살 수 있게 되어 주위의 부러움을 샀습니다. 그 또한 귀인 상봉 덕분이었습니다.

저의 기도는 날로 더해 갔고, 감사해서 기도하고, 좋아서 기도하고, 좋아지라고 기도하고, 아픈 사람 건강해지라고 기도하고, 온통 기도할 일 뿐이었습니다. 기도 중 신심이 떨어져 기도가 정말 힘들어질 때마다 큰스님 테이프를 들으면서 큰 신심을 얻어 업장소멸 기도하고 보시하고 부처님 법을 조금이라도 더 전하려고 노력했습니다. 정말 큰스님 설법은 부처님 화현 그대로이며 이 생 무명에서 헤매는 모든 이들의 꺼지지 않는 영원한 등불이며 감로수입니다.

때로는 자금 사정이 어려울 때도 부처님께 열심히 기도한 가피력으로 전날 아니면 그날 필요한 만큼의 자금이 들어올 때 정말 신기하고 부처님께 감사했습니다.

　이런 일이 어찌 우리 부부의 힘으로 가능하겠습니까? 그래서 초하루에는 꼭 신흥사 부처님께 기도비 올리고 한 달 일 년 평생을 부처님의 가피력으로 남에게 피해 주는 일없이 복 지으며 살 수 있기를 간절히 발원하고 발원하옵니다.

　그러던 중 우연의 일치라고 하기에는 너무도 이상한 일이 생겼습니다. 지장기도 중이라 초하루에 신흥사 부처님께 기도를 올리지 못하였더니 그 달은 정말 자금이 많이 어려워서 혼난 적이 있었습니다. 처음으로 남편의 일을 힘들게 하는 사람을 만나 고생하게 되어 열심히 참회하고 잘 되라고 기도했더니 며칠 안 가 해결되고 지금도 그 인연으로 일하고 있습니다.

　남편이 진급 시험을 본 지 몇 년 안 되어서 고민하는 이웃 불자를 만나 열심히 포교 끝에 기도 입재하던 날 큰스님께서 "백일기도하면 되겠네." 하시더니 정말 합격하여 부처님께 감사 기도 올리고 주변의 사람들에게 기도의 마음을 전하여 진정한 참회를 하고 소원 성취하여 부처님 법따라 수행할 때, 그리고 덕분에 새로운 삶에 감사하다고 전할 때, 나 자신도 깜짝깜짝 놀랍니다. 말없고 조용하기로 소문난 제가 이런 신심의 큰 에너지를 다른 사람에게 전할 수 있다는 것에 감사합니다. 이 모두는 신흥사 부처님의 크신 가피라 생각합니다.

　이천 일이 넘게 기도하면서 꼭 지킨 것이 있습니다. 기도 중에 부처님이 주신 많은 지혜—기도의 지혜, 공양의 지혜, 보시의 지혜—는 어렵지만 꼭 지킬 수 있도록 노력합니다.

　조용한 새벽 깨끗이 단장하고 기도상 앞에 앉아 가슴 벅찬 신심과 정성으로 부처님께 삼배하고 남편께 삼배하고 기도한 다기 물로 아침 밥 짓고 기도한 기운을 조금이라도 더 전하고자 두 손 모아 합장하고 관세음보살 주력하며 남편 안마해서 깨워 정성껏 지은 밥으로 식사하게 하고 출근길에 삼배하고 대다라니 한 편 하며 가는 곳곳마다 귀인 상봉하고 일마다 원만 성취 발원하고, 아이들 기도시켜 학교 유치원 보내고, 저는 대부분 절에서 기도하고, 오후에 집에 와 관세음보살보문품경을 노트에 한 편 쓰고, 저녁기도 다라니 108독, 관세음보살 주력 3000독을 하고 나머지 시간에 일하면서 다라니 200독을 12시까지 채우고 부처님께 일 배 하고 잠자리에 듭니다.

그 기도 가피로 좋은 선몽도 많이 받았습니다. 요즘 많이들 어렵다고 합니다. 저는 그 대책으로 기도를 더 열심히 정성껏 할 생각입니다. 오늘까지 큰 신심으로 기도할 수 있게 해 주신 부처님과 큰스님께 정말 깊이 감사드립니다.

스님!

이 생 무명에서 깨어나지 못하고 바보처럼 사는 수많은 불자들이 큰스님 설법으로 다 깨우치기 전에는 성불하지 마세요. 어리석은 중생과 부처님과의 신심의 끈을 영원히 이어주시길 예쁜 마음으로 발원합니다.

건강하세요. 모든 스님들 성불하세요. 모든 영가님들 극락왕생 발원합니다. 바른 마음 바른말 바른 행으로 열심히 기도 정진하겠습니다.

나무 석가모니불.

〈불기 2544(2000)년 신흥사보 1월〉

영험록 테이프를 듣고

선정심 이형선

오성일 스님 전 상서

저는 서울 상계동에서 살고 있는 이형선입니다.

이제 24세가 다 되어 가는 직장 여성이며 서울 불청회에 나간 지는 이제 3개월이 지났습니다. 나름대로 열심히 하려고는 하지만 너무 어려운 것 같습니다.

아직 불교라는 종교가 어떤 것인지 잘 모르지만 우연한 기회에 스님의 책자 테이프를 듣게 되었답니다. 어느 출판사 사장님이 당신은 성당에 나가시는데 스님의 설법이 너무 좋아 자꾸 불교로 기울어진다며 저에게 주시더군요.

뭐라고 말씀드리지는 못하겠지만 제 마음이 너무 답답하고 하여 스님도 한번 뵙고 설법하시는 것도 듣고 싶은 생각에 불청회 법우들에게 스님 설법하시는 게 너무 좋아 한번 가려고 한다 하니 저와 같은 지부 소속 법우가 스님을 잘 안다고 하더군요. 같이 동행해 줄 것을 부탁했더니 스님께서 너무 바쁘시다고 다음 기회에 가자고 하셨습니다.

그래서 조급한 마음에 편지로라도 인사를 드려야 될 것 같아 실례되는 줄은 알지만 이렇게 인사를 드립니다. 그리고 스님으로 인해 너무 많은 것을 배우게 됨을 감사드립니다. 이 편지가 스님 수도하시는 데 방해되지 않기를 바라며 항상 건강하시기를 기원합니다.

  다음에는 스님을 뵙고 꼭 인사드릴 수 있는 복이 저에게도 주어지길 간절히 기도 드립니다.

50년을 다닌 고향 절

자원봉사단장 자인혜 홍정자

어머니의 병이 낫자 우리 모녀는 신흥사에 열심히 다녔다.
내가 태어난 곳은 서신면 사곳리. 어렸을 적, 우리 조부께서는 홍법사에 다니셨고 스님을 '대사'라고 부르셨다. 나는 세 살 때부터 갑자기 걷지를 못하고 앉아서만 살았는데, 서울 세브란스 병원에서 물리치료와 갖은 약을 다 써도 듣질 않았다. 그 당시 어머니는 새댁이라서 문 밖에 못 나가시고 조부님과 아버지께서는 새벽에 절에 기도하시러 다니셨던 기억이 난다.
양약으로 치료가 어렵게 되자 나를 절에 데리고 가서 스님의 지압을 받게 해주셨다. 그래서 그런지 차츰 땅을 딛고 서기도 했다. 어쨌든 불편한 몸 때문에 초등학교 3학년까지 아버지께서 학교엘 데리고 다니셨다. 절과 인연은 이렇게 시작되었고, 신흥사와는 4학년 때에 구봉산으로 가을 소풍을 갔다가 처음 들렀다. 법당 앞 계단은 뗏장으로 만들어서 풀이 무성했고, 돌 축대와 뜰이 좁아서 여럿이 법당 안을 구경하기가 힘들었다. 법당 안엔 부처님 두 분이 서 계셨는데, 개금을 안 해서인자 검고 안이 컴컴해서 무섭기만 했다.
그 해에 나는 건강해졌지만 어머니가 많이 편찮으셨다. 이사를 해야 병이 낫는다고 해서 할 수 없이 매화리로 옮겼다. 아버지께서 아픈 어머니를 업고서 신흥사에 가셨는데 어머니는 법당에도 못 올라가실 정도로 거동이 불편하셨고, 아버지만 부처님전에 기도를 열심히 하셨다. 그런데 어머니는 3일이 지나자 공양도 드시고 법당에도 간신히 앉아 계시다가 7일이 지나니 절을 하실 정도로 차도가 있으셨으며, 한 달 후에는 걸어서 집에 오셨다. 그 다음부터 우리 모녀는 늘 신흥사에 다니면서 기도를 열심히 했다.

그 때 신흥사는 초라하고 침침한 기와법당과 초가 요사채 한쪽엔 소, 돼지, 개를 기르는 가축장이 있어서 절에서도 가축을 기르는 줄 알았다. 나는 수원에서 여학교를 다니면서도 방학이면 신흥사에서 며칠씩 공부를 하면서 지내기도 했는데 공부란 것이 학교 공부뿐이었다. 그 때에는 『천수경』을 비롯한 불교에 관한 서적이라곤 하나도 보지 못했다. 그저 법당에서 소원성취나 빌었고, 생각나면 쉬지 않고 절하는 것뿐이었다. 절을 많이 해야 부처님이 쳐다보신다고 해서 하루 종일 한 적도 있다. 그러는 동안 스님이 여러 번 바뀌셨고 신도는 20여 명 정도였으며, 절의 규모도 작았지만 깨끗했다.

그 때 서신중학교는 신설학교라서 학생 수도 적었는데, 그 중에 여학생은 2명이었다. 여자는 학교에 잘 안 보내던 시절에 여자 선생님이 있다는 소식을 듣고 그 후부터 한 반에 여학생이 20명씩 오기 시작해서 학생 수가 많아졌다.

신흥사가 나의 유일한 휴식처인 양 내 몸이 조금만 고단해도 어머니는 신흥사에 날 보내셨고 나 또한 부처님 앞에 오는 것이 제일인 것 같았다.

나는 학교 선생님과 결혼을 했고, 남편은 송산 중·고등학교에 근무를 하였다. 결혼 후, 큰 아이를 갖게 되어 학교를 그만 두었다. 둘이서 신흥사에 가면, "부처님께 기도를 잘 하더니 신랑을 잘 맞았다."고 스님은 늘 말씀하셨다. 다음엔 셋이서 몇 년 후엔 넷이서 또 다섯이서, 우리들은 친정 어머니와 신흥사 일을 도우면서 일요일마다 찾아가 기도를 했다.

그러다 언젠가 아이들을 데리고 신흥사에 갔을 때 지금의 주지 스님이신 성일 스님이 와 계셨다. 그 때부터 신흥사는 변화를 맞았다. 신흥사 불사가 시작된 것이다. 전기불사, 전화불사 등등 불사라는 말조차 몰랐던 나는 그 때 스님께서 매달 챙겨주시던 불광잡지 창간호부터 신행생활 잡지, 불교신문 등을 받아들고 불교공부를 시작하였다. 가로10cm, 세로15cm 되는 노란 표지의 작은 경전 『천수경』. 지금도 이것은 소중히 간직하고 있다. 또 교리문답, 불교성전, 불교사전 등을 스님께 받아서 공부를 하면서 열심히 기도하였고 창호지에 붓으로 『천수경』을 사경해서 그 책을 묶어 다른 보살님들이 보시고 공부할 수 있도록 하기를 몇 년, 스님께서 너무 힘겹게 모든 일을 하셔서 나도 한 주일에 반은 절에 가곤 했었다.

처음 어린이 불교학교 시작

또 처음 어린이 수련회가 시작되었는데 우리 아이들 셋, 서울 신도님네 2명, 모두 8명이 1회, 그것도 1주일씩이나 수련을 했다. 나도 아이들을 매일 데리고 다니면서 같이 수련을 했다. 그 다음 해부터는 많아진 것이 지금은 수백 명, 얼마나 스님의 힘이 크신지….

우리 아이들은 늘 기도하면서 절에 잘 다녀서 세 아이가 모두 공부를 잘하고 착하여 포교의 모범이 되었다. 그 덕분에 사강에서는 세 집밖에 없었던 불자가정이 우리가 사는 동안 150가정으로 늘어났다. 스님이 명명하신 '신흥사 포교당'이라는 이름이 그렇게 생긴 것이다.

지금까지 장애없이 건강하시며 10년을 하루같이 기도정진하시는 우리 스님, 지하수 공사, 진입로 포장, 절터인 산 때문에 힘겨운 재판하신 일, 수련원 건립, 삼천불 기도, 가사불사, 큰법당 교육관, 어린이 법당, 사리탑, 범종불사, 종각불사, 수선당 불사 등등. 우리 주지스님은 성불하시리라 믿는다.

스님의 포교활동을 돕기 위해 자원봉사단 조직

스님을 늘 뵙는 나로서도 보고만 있을 수 없어서 합창단을 만들어 단장도 해 보고, 합창단 단합을 위해서 합창단복을 만들기 시작하여 어린이단복, 청소년 사물복, 여래회 10대 제자복, 법복, 간사조끼, 3000불 방석, 가사불사 2번, 신도방석 500개, 수련법복 300벌 등 신흥사에서 바늘로 하는 일은 다하면서….

이제는 절이 많이 발전되고 신도 수도 늘고 해서 다른 일을 하고자 마음을 먹었다. 뜻이 같은 보살님들과 정재소 일 등 몸으로 할 수 있는 궂은 일을 다하니까 스님께서 신흥사 자원봉사단이라고 이름을 지어 주셨다. 지금은 단원이 50여 명, 크고 작은 일 모두를 해낼 수 있는 위치가 되었다. 모두가 우리 부처님 가피로….

그러는 동안 남편은 퇴직해서 사업을 하다가 경험이 없어 실패를 했는데, 그 후유증이 10년 동안 지속되었다. 어려서부터 고생을 모르고 살다가 처음 겪는 마음 고생은 부처님과 남편만 알고 아들이나 스님, 친한 친구들도 모른 채 집은 경매까지 가고 돈은 없어도 2,000원이면 신흥사를 찾았다. 차비 1,000원, 불전 1,000원. 말없이 다니면서 부처님께 기도를 드렸다. "제게 살아갈 수 있는 힘을 주십시오."라고.

낮에는 바느질하고 밤에는 대학입시생 아이들을 위해 사경하면서 아이들보다 먼저 잠자리에 드는 일이 없이 지냈다. 그러는 동안 아이들은 자라서 부모를 돕겠다고 전액 장학생으로 공부하면서 큰아이는 법대를, 둘째와 셋째는 서울의대에 입학했다. 고생은 했지만 다 좋은 성적으로 졸업을 하고 국제 의사 면허시험까지 합격을 하였다. 남편도 지금은 직장에 잘 다니고 있다.

우리 가정은 부처님의 가피가 충만한 곳

이만하면 우리 가정은 부처님의 가피가 충만한 곳이라 자부한다. 자부(子婦)들도 모두 불자이고 손주 아이들도 어려서부터 할머니따라 절에 다녀서인지 부처님을 자주 찾고 불명을 '정행'이라며 자랑을 하기도 한다.

이제는 용기를 주신 부처님께 감사를 드린다. 우리가 가장 어려울 때에 스님은 책과 편지를 주셨다. "험한 길 뒤에 평평한 길이 있고, 밤이 있으면 낮이 있듯이 보살님댁에는 곧 밝아올 깜깜한 밤"이라는 글귀가 있었다. 힘들고 어려울 때 참고 견디면 된다는 스님의 말씀이 아직도 생생하다. 이 말씀은 우리 아이들에게도 자주 말해 준다.

오늘이 있기까지 우리 주지스님과 신흥사 부처님께서 나를 항상 지켜주셨다. 앞으로도 언제나 도와주실 것을 믿는다. 그리고 이젠 "부처님 제게 용기를 주십시오."라는 기도가 아니라 "제게 힘을 주셔서 감사합니다."는 기도로 어느새 바뀌어 버렸다. 그 은혜에 감사를 드리며 열심히 절 일을 돕고 있다. 움직이는 것이 다 부처님 일이기 때문이다. 주변에 늘 생각해 주는 우리 도반들과 모든 이에게 부처님의 가피가 충만하길 빈다.

〈불기 2542(1998)년 10월호〉

현대 관음기도 영험록

2001년 11월 3일 초판 발행
2011년 3월 24일 초판 5쇄

지은이/오성일
발행인/박상근(至弘)
펴낸곳/불광출판사

110-140 서울시 종로구 수송동 46-21 (3층)
대표전화 (02) 420-3200
편 집 부 (02) 420-3300
팩스밀리 (02) 420-3400
http://www.bulkwang.co.kr

등록번호 제1-183호(1979. 10. 10)
ISBN 978-89-7479-952-6

● 잘못된 책은 바꾸어 드립니다.
값 12,000원